PACIENCIA CRISTIANA

La fuerza y la disciplina del alma

Obispo Ullathorne

SENSUS FIDELIUM PRESS
Gonzales, North Carolina

Paciencia cristiana: La fuerza y la disciplina del alma fue publicado originalmente por Burns and Oates, Ld. en 1886, y es de dominio público.

Edición de Sensus Fidelium Press © 2023.

Todos los derechos reservados. La composición tipográfica de esta edición es copyright de Sensus Fidelium Press. Queda prohibida la reproducción total o parcial de esta obra en formato impreso o electrónico sin el permiso expreso del editor, a excepción de citas para reseñas en revistas, blogs o uso en el aula.

ISBN impreso: 978-1-962639-36-1

SensusFideliumPress.com

DEDICACIÓN

A Su Eminencia,
   el Ilustrísimo y Reverendísimo
CARDENAL NEWMAN.

Mi Querido Señor Cardenal,

No olvido que su primera aparición pública en la Iglesia Católica fue en mi consagración al Episcopado, y que desde entonces han pasado cuarenta años de nuestras vidas, durante los cuales me ha honrado con una amistad y una confianza que han enriquecido mucho mi vida. Profundamente consciente de los incalculables servicios que ha prestado a la Iglesia en general por sus escritos, y a esta Diócesis de su residencia en particular por el carácter elevado y completo de sus virtudes, por su celo por las almas y por la influencia de su presencia entre nosotros, deseo transmitirle la expresión de mi afecto, veneración y gratitud, mediante la dedicación de este libro a su nombre. Es la última obra de importancia que escribiré, y sólo puedo desear que sea más digna de vuestro patrocinio.

Soy siempre, mi querido Señor Cardenal,

su devoto y afectuoso servidor en Cristo,
...WILLIAM BERNARD ULLATHORNE..,
Obispo de Birmingham.
Birmingham, 18 de julio de 1886.

PREFACIO

Este volumen completa la serie originalmente contemplada. El objeto del Autor ha sido explicar e inculcar aquellos principios fundamentales de las virtudes cristianas que, por su profundidad, son menos comprendidos, pero que más contribuyen al perfeccionamiento del alma humana. El primer volumen, bajo el título de Las dotes del hombre, establece los fundamentos doctrinales de las virtudes cristianas. El segundo, bajo el título de Fundamentos de las virtudes cristianas, trata principalmente de la humildad cristiana como fundamento receptivo de las demás virtudes. Este tercer volumen trata de la Paciencia cristiana como fuerza positiva y poder disciplinario del alma. La virtud soberana de la caridad se explica a lo largo de los tres volúmenes. En la producción del último volumen, el Autor ha encontrado mucha menos ayuda de los Padres de la Iglesia y de los grandes escritores espirituales que en los dos anteriores. Por regla general, han limitado sus instrucciones al lado de la virtud que se ejercita bajo los sufrimientos; y sólo un número limitado de ellos, entre los que puedo mencionar a San Zenón, Tertuliano, San Gregorio Magno, San Buenaventura y Santa Catalina de Siena, han tratado del lado más importante de la virtud por el que da fuerza y disciplina a todas las potencias mentales y morales, y perfección a todas las virtudes. Una observación merece el lector. La única manera sólida de explicar las virtudes es por sus principios y sus conexiones mutuas. Pero para hacerlo eficazmente es necesario repetir a menudo los mismos principios, tanto para fijarlos en la mente como para mostrar su conexión con los detalles prácticos y dar a esos detalles una mayor luz. En el prefacio a su traducción del famoso tratado de Alberto Magno, Sobre la adhesión a Dios, Sir Kenelm Digby observa: "A menudo repite lo mismo, pero con alguna adición y mayor explicación del asunto, para inculcarlo más profundamente".

CONTENTS

1. La obra de la paciencia en el alma — 1
2. Sobre la naturaleza y el objeto de la paciencia cristiana — 18
3. Sobre la paciencia como virtud universal — 40
4. Sobre la fortaleza cristiana — 58
5. Sobre la paciencia del Hijo de Dios — 77
6. Sobre la paciencia como disciplina del alma — 95
7. Sobre la paciencia como perfeccionadora de nuestros deberes cotidianos — 115
8. Ánimos a la paciencia — 134
9. Sobre los dones del Espíritu Santo — 152
10. Sobre la oración — 175
11. Sobre la paciencia en la oración — 197
12. Sobre la alegría de la paciencia — 219

1
LA OBRA DE LA PACIENCIA EN EL ALMA

"La prueba de vuestra fe produce paciencia. Y la paciencia tiene una obra perfecta, para que seáis perfectos e íntegros, sin desfallecer en nada" -Santiago i. 3-4

La perfección del alma cristiana consiste en esa caridad completa y exquisita por la que amamos a Dios sobre todas las cosas, y a nuestro prójimo como a nosotros mismos, por amor a Dios. Este amor, esta caridad que perfecciona el alma, es el don más sublime que podemos recibir de Dios en este nuestro destierro, porque Dios mismo es caridad, y la vida de Dios es caridad. Al participar de su caridad, según nuestra condición y capacidad, como dice San Pedro, "somos hechos partícipes de la naturaleza divina"[1], es decir, por una participación creada, y somos hechos hijos de Dios. Porque por la caridad Dios vive en nosotros y nosotros en Él. El don divino de la caridad es el fruto más rico del sacrificio de nuestro Señor Jesucristo, que con humildísima y paciente caridad entregó su vida a su Padre, no sólo para librarnos del pecado, sino para obtenernos la vida sobrenatural de la caridad. Esta vida es obra del Espíritu Santo de Dios, que habita en nosotros, permanece en nosotros, actúa en nosotros, une nuestra vida a la vida de Dios y eleva nuestra voluntad a una santa cooperación con los indecibles movimientos de su amor divinamente dado. "Si alguno me ama -dice el Señor-, guardará mis mandamientos, y mi Padre le amará, y vendremos a él, y haremos morada en él"[2].

El amor de caridad es lo más grande que podemos dar a Dios, porque tiene su origen en Él, y es movido por la acción de su Espíritu Santo; con él nos entregamos libremente a Dios, y por sus medios le devolvemos todo lo que Él nos ha dado.

El amor de Dios es nuestra vida espiritual; hace buena la voluntad, buenos los afectos, buena el alma y buena la obra del alma. San Pablo llama a la caridad el vínculo de la perfección; nos une con Dios, nos une en nosotros mismos, nos une con todos los espíritus que aman a Dios y con todas las cosas que Dios ama. Es el mandamiento antiguo, el mandamiento nuevo, el mandamiento más grande, la comprensión de todos los mandamientos, la vida de todas las virtudes, el cumplimiento de toda la ley de Dios.

Por tanto, todos los demás mandamientos y todas las demás virtudes por las que se cumple la voluntad de Dios, miran al amor de Dios, se perfeccionan por el amor de Dios y tienen su fin en el amor de Dios, porque la caridad los lleva a todos a Dios. La fe es la luz firme e infalible que guía al alma hacia el amor de Dios; sus verdades divinas son las razones de ese amor, y resplandecen en el alma creyente desde la luz del Verbo Eterno encarnado, y fluyen de la enseñanza de su Iglesia. La esperanza eleva nuestras aspiraciones hacia el Bien Eterno que está prometido a nuestro amor. La humildad somete a Dios nuestra naturaleza en la conciencia de sus grandes necesidades, para que seamos sujetos de su amor. La caridad nos hace semejantes a Dios por la llama del amor vivo y vivificante, sobre el cual ascendemos en voluntad y deseo a Aquel cuya naturaleza es amor, y cuyo amor es su indecible bondad.

Todo afecto pecaminoso o deshonroso para Dios y para el alma es indigno del sagrado nombre de amor, porque es enemigo de la caridad. Su verdadero nombre es la avaricia, que es vil, o el orgullo que se ama a sí mismo, que es una perversión vil de nuestra naturaleza. Son afectos que se mueven contra la luz de la fe y la razón misma de las cosas, y son hostiles a las leyes soberanas del amor. Pero la caridad de Dios hace al alma casta, bella y sabia, mientras tiende hacia Dios los brazos del amor por el corazón mismo de la gracia. Innumerables consideraciones de la bondad, misericordia y compasión de Dios pueden unirse a las emanaciones de su caridad para mover nuestros corazones a amarle; pero cuando una vez hemos entrado en su bondad y misericordia, hemos sentido su amor y gustado su dulzura, le amamos por su propia excelencia purísima y perfecta, y pasamos del sentido al espíritu, del yo a Dios, y de pensar en Él a adorarle, que vive por los siglos de los siglos. Esta es la infancia de la bienaventuranza; la primera aurora del principio de la gloria venidera; el principio del cielo en medio de las lóbregas tinieblas y de la desolada confusión de este mundo ciego.

En la Santísima Trinidad la caridad es el principio de la Unidad Divina, y la energía sustancial de la Vida Divina. Sin embargo, ¿quién puede formarse un verdadero concepto de esa caridad increada? En esta vida sólo podemos conocerla por el sentido que tenemos en nuestro espíritu de la semejanza del don de la caridad con el Divino Dador. En las Sagradas Escrituras se la compara con el fuego, pero con un fuego vivo, vivificante e incombustible. En la visión de Daniel sobre el Anciano de días, el trono en el que se sentó es "como llamas de fuego, y sus ruedas como fuego ardiente". En la visión de Ezequiel está sentado sobre querubines resplandecientes que se mueven sobre ruedas de fuego, para representar la acción incesante de Su caridad hacia Sus criaturas inteligentes. El profeta Daniel contempló "un veloz torrente de fuego que salía delante de Él; millares de millares le servían, y diez mil veces cien mil estaban delante de Él "3 . Cuando San Juan contempló la gloriosa visión del Hijo de Dios, "Sus ojos eran como una llama de fuego "4. Los Serafines, esos espíritus cercanos al trono de Dios, son, como su nombre significa, espíritus de fuego, es decir, de amor. Nuestro Divino Señor declaró que había venido a arrojar fuego sobre la tierra, y prometió que sus discípulos serían bautizados con fuego, es decir, con el ardiente ardor de la caridad. Por eso el Espíritu Santo descendió del cielo sobre los Apóstoles en lenguas de fuego, expresando así exteriormente el ardor interior de la caridad que encendía sus corazones con el amor inconquistable a Dios y a las almas. Ese fuego consumía las debilidades de su naturaleza y les daba fuerza para vencer en el poder de Dios. De ahí la oración del alma amante: "Envía el fuego de tu caridad".

De la caridad creó Dios todas las cosas, y por la caridad mueve todo lo que ha creado. Hizo el mundo material para la prueba de las almas, a fin de que, prefiriendo a su Creador a las cosas creadas, se mostraran dignas de su amor y de recibir las recompensas del amor. Porque las almas están hechas para la alta y noble prerrogativa de recibir y devolver el amor de Dios. La providencia salvadora de Dios se mueve a través de sus criaturas desde el seno de su caridad. Sus misericordias, que están por encima de todas sus obras, son los tiernos anhelos de su caridad. Soporta los males del pecado y de la ingratitud con la paciencia de su caridad, esperando como Padre misericordioso el retorno de sus hijos del mal al bien que tiene preparado para su arrepentimiento.

Ay, pues, de esa falsa ciencia que antepone la materia al espíritu, el sentido a la conciencia, las tinieblas a la luz y la criatura a Dios, y pretende encontrar la causa de la luz y del amor, los dones más sublimes de la eterna caridad de Dios, en los elementos más bajos y menos espirituales de su creación. Es una prueba espantosa de hasta qué punto los intelectos cultivados, perdidos para la caridad, pueden ser ganados para el orgullo, y de la perversión total de esa luz de inteligencia que sus mentes han recibido de Dios. "El necio dijo en su corazón: No hay Dios "5. El sabio exclama: Sin la caridad de Dios no somos nada.

La caridad de Dios no sólo es omnímoda, sino que es abundantísimamente comunicativa. El seno de nuestro Padre celestial está abierto a todos sus hijos hechos a su divina imagen, para oír sus suspiros, recibir sus deseos, aceptar sus oraciones, aliviar sus necesidades, librarlos del mal, rescatarlos de la miseria. Entonces los alegra con la luz y enciende sus almas con el amor. No pide más que su buena voluntad, y a su buena voluntad da todo lo que son capaces de recibir. A las almas que le aman y buscan su presencia, les envía desde lo alto de sus cielos perpetuos torrentes de luz y de gracia, para atraer a los santificados en la Sangre de su Hijo más estrechamente a su amor, para perfeccionar su caridad.

En vuestro amor debéis necesariamente amar también esa caridad por la que amáis a Dios, porque es el más bello e inspirador de los dones de Dios. ¿Qué puede haber tan bello, qué puede haber tan amplio, qué puede haber tan delicioso como esa caridad que todo lo abarca, que desciende como fuego de Dios, nos une en vida con Dios, y también con todos sus ángeles y santos buenos, y con todas las almas piadosas de la tierra, en un sagrado y vivo vínculo de unión y comunión de bienes? Todo el que es sacado de la región oscura del pecado al círculo divino de la caridad universal, no sólo es embellecido en su alma por el amor de Dios, sino que esa alma participa en su grado de toda la caridad con la que está en comunión por su caridad, sean los poseedores de esa caridad en el cielo, en la tierra o en la región de la purificación. Porque participamos de la caridad de todos los que amamos y nos aman en Dios; y la verdadera caridad ama todo lo que Dios ama. ¡Qué sublime visión abre la caridad a la comunión de los santos!

Ni se contenta la caridad con este inmenso círculo de la vida espiritual, sino que, como el Dios de toda caridad es misericordioso, paciente y generoso aun con los que no le aman, y está siempre dispuesto a perdonar sus pecados y a darles su indecible amor, así obra la caridad de Dios impartida a las almas cristianas. Esa caridad imita Su bondad, Su paciencia, Su benignidad, Su generosidad, y es paciente, amable y benéfica con todos. "Amad a vuestros enemigos, haced bien a los que os odian y orad por los que os persiguen y calumnian, para que seáis hijos de vuestro Padre que está en los cielos, que hace salir su sol sobre buenos y malos, y llover sobre justos e injustos".6

Pero una cosa es recibir el don divino de la caridad, otra tener la virtud de la caridad, y otra tenerla en perfección. En efecto, aunque el don es el principio de la virtud, no es la virtud propiamente dicha, no es lo que hace nuestra la caridad. Sólo puede llegar a ser virtud actual cuando la voluntad entra en el don, actúa con el don y realiza las obras interiores y exteriores de la caridad. Porque la voluntad es la sede y la potencia del amor; de modo que lo que la voluntad desea, la voluntad lo ama, y lo que la voluntad busca sobre todas las cosas, la voluntad lo ama sobre todas las cosas. Por tanto, cuando la voluntad entra en la gracia de la caridad y se reviste de ella, recibe un poder divino, que la exalta por encima del orden de la naturaleza y le da la llama sobrenatural del amor divino. El corazón es la sede de nuestros afectos sensibles, pero estos afectos sensibles se purifican y se hacen espirituales, cuando son movidos por la voluntad y revestidos de caridad hacia Dios, objeto supremo de nuestras acciones y deseos. Y es por el ejercicio puro y perfecto de la voluntad, libre de toda mezcla de lo que es contrario al amor de Dios, y ejercitada en el don perfecto de la caridad, como se perfecciona esta santísima virtud.

También debemos tener presente esta solemne verdad: que el objeto supremo y final de todo servicio caritativo al prójimo es Dios mismo. Porque toda caridad se mueve hacia Dios, como origen divino y fin último. Se mueve como en un círculo, de Dios a nosotros, y de nosotros a Dios, luego a nuestro prójimo, y a través de nuestro prójimo a Dios, en virtud de la intención de la caridad. Así imitamos el amor que nuestro Padre celestial nos tiene, y nos unimos a ese amor, y somos ministros de su amor, bondadosos, pacientes e indulgentes con todos por su don; y especialmente cuando, por su causa, prestamos nuestra ayuda y servicio a los que están en aflicción, en pobreza, en ignorancia o en angustia. Esta es una santa comunión en la que participamos del bien que impartimos, y recibimos aumento de amor del amor que ponemos, creciendo en el bien que comunicamos, y ganando fuerza de la resistencia que hacemos contra la renuencia de nuestra naturaleza, y del mal que vencemos en otros.

"7 Esta hija del Rey es el alma nacida de la caridad. La gloria de esa alma está en la presencia permanente del Espíritu Santo, y en el principio y la promesa de la gloria eterna. La caridad es la belleza viva del alma que busca a Dios a través de todas las virtudes; es el dulce olor de Dios, la llama viva que brota de Su verdad, estableciendo en el alma el orden, la pureza, la justicia, la bondad y la sabiduría. Es el fuego sagrado puesto por el Espíritu Santo sobre el altar del corazón. ¿Qué es toda filosofía comparada con la caridad? La caridad es la filosofía más práctica, que desde el corazón ilumina el entendimiento, porque es la acción más noble de la verdad, y llega amorosamente a la Causa Divina de todas las cosas.

Pero si la perfección del alma consiste en la caridad completa y exquisita, ¿qué lugar hay para otras perfecciones? ¿Por qué Santiago enseña que "la paciencia tiene una obra perfecta "8? ¿Por qué insiste en que por la paciencia somos hechos "perfectos e íntegros, sin faltar en nada"? San Pablo refuerza la misma doctrina, cuando dice: "Os es necesaria la paciencia, para que haciendo la voluntad de Dios, obtengáis la promesa "9 Y nuestro Santísimo Señor nos da esta solemne instrucción: "En vuestra paciencia poseeréis vuestras almas "10 ¿Cuál es, pues, la obra de la paciencia en el alma?

En primer lugar, debe observarse que la caridad se apodera de las demás virtudes, las anima con su fuego, las inspira con su móvil, las atrae a su servicio y las emplea, ya sea la fe, la esperanza, la humildad, la paciencia o cualquier otra virtud, para su propio cumplimiento y perfección. En segundo lugar, es tal la irritabilidad, inquietud, debilidad e inconstancia de las potencias de nuestra naturaleza, consideradas en sí mismas, que requieren el firme dominio de la paciencia para vencerlas y someterlas a la virtud soberana de la caridad. De ahí que San Pablo enseñe que "la caridad es paciente";11 y que es la caridad paciente la que nos permite "soportarlo todo" y "soportarlo todo". Por eso, los Padres y los grandes sabios espirituales han llegado a la conclusión de que la gracia de la paciencia se da con la gracia de la caridad, tanto para protegerla como para perfeccionarla. La verdadera paciencia por amor de Dios es, por tanto, la prueba más elevada y evidente de la presencia de un noble grado de caridad; porque la paciencia es su cualidad perfeccionadora, que la hace íntegra y completa, sin fallar en nada. Es la prueba más segura, porque no puede equivocarse fácilmente, ya que sólo puede obtenerse, aun con la ayuda de la gracia, a fuerza de trabajo, de lucha propia y de esfuerzo; pero tenemos el resultado sensible en la posesión de uno mismo y en la paz del alma.

¿Qué nos parece tan difícil como mantenernos en nuestra propia posesión, para que ninguna parte de nuestra naturaleza se sustraiga al mandato de la voluntad, o al imperio de la caridad? Nuestro Divino Señor rara vez da las razones de sus preceptos, porque llevan en sí su propia luz; pero nos ha dado toda la razón de por qué necesitamos la virtud de la paciencia, cuando nos dice que por esta virtud tenemos la posesión de nuestras almas.

Esta vigorosa virtud de la paciencia es el remedio espiritual que Dios ha provisto contra la debilidad, perturbación e inconstancia de nuestra naturaleza, expuesta como está a irritaciones, temores, tentaciones, cupideces, vanidades, orgullo y tristeza. Toda criatura, a causa de su origen en la nada, cuando es abandonada a sí misma, está expuesta a la división, a la disolución y al fracaso, a menos que reciba un apoyo divino y una fortaleza de paciencia que la mantenga unida, para que pueda perdurar y perseverar. Pero en nuestra naturaleza caída, y especialmente en aquella parte de ella que es material y animal, hay una oscuridad, un fuego maligno de codicia, una raíz de egoísmo, y una inquietud, que luchan contra la luz y la ley de Dios en el alma, oscurecen su luz, disipan y perturban sus poderes, y la alejan de la posesión de sí misma. Pero cuanto menos se posee a sí misma, tanto menos capaz es el alma de ascender a Dios y, por consiguiente, tanto menos capaz es de conocer a Dios y amarle.

El alma no puede poseerse a sí misma cuando está en posesión de sus sentidos, apetitos o pasiones mortales, o cuando está esclavizada a criaturas que son menores que ella, y que perturban, degradan y dividen al alma, y apartan su mente y voluntad de lo que es mayor y mejor que ella. Tampoco puede el alma poseerse a sí misma dentro de sí misma, porque está hecha para Dios, y sin Dios como objeto principal de su mente y afectos es pobre, perturbada y descontenta. Sólo puede poseerse a sí misma en Dios mediante la caridad y la paciencia, adhiriéndose a Dios con amor, perseverando en esa adhesión con paciencia a pesar de todas las perturbaciones y temores de su naturaleza inferior. Entonces el alma encontrará sus potencias unidas y en posesión de su voluntad por razón de su unión con Dios; pero esto sólo será en proporción a su paciencia.

De ahí que San Juan Clímaco observara que "para el hombre espiritual la paciencia es más esencial que el alimento"[12], y con razón; porque el alimento fortalece el cuerpo y lo preserva de la debilidad, pero la paciencia fortifica el alma, y sin ella ninguna virtud puede ser firme y sólida. Pero como estamos obligados a cuidar más del alma que del cuerpo, es evidente que debemos ser más solícitos con la paciencia que con el alimento. Porque, en palabras de San Pedro Damián, "el hombre cuya paciencia se quiebra puede tener otras virtudes, pero nunca tendrá su fuerza y solidez"[13]. La paciencia tiene que ver con todo lo que tenemos que resistir, con todo lo que tenemos que negarnos a nosotros mismos, con todo lo que tenemos que soportar, con todo a lo que tenemos que adherirnos y con todo lo que tenemos que hacer. Esto incluye todos los actos humanos que llevan el carácter del deber o de la devoción, tanto si esos actos son puramente interiores, como si se manifiestan en la vida y conducta exteriores. Porque donde falla la paciencia, el acto es débil y la obra imperfecta.

Esta amplia visión de la obra de la paciencia en el hombre es ampliada por el profundo pensador Tertuliano en los siguientes términos: "La paciencia protege toda la voluntad de Dios en el hombre y entra en todos sus mandamientos. Fortalece la fe, gobierna la paz, ayuda a la caridad, prepara la humildad, conduce a la penitencia, lleva a la confesión, gobierna la carne, preserva el espíritu, refrena la lengua, controla la mano, abate las tentaciones, expulsa los escándalos y consuma el martirio; consuela al pobre, modera al rico, no permite que el enfermo se hunda bajo su debilidad, ni que el fuerte consuma sus fuerzas; deleita al creyente, atrae al incrédulo, adorna a la mujer y aprueba al hombre; es amada en la juventud, alabada en el hombre maduro y admirada en el anciano. La paciencia es bella en ambos sexos y en todas las edades. Los rasgos del paciente son tranquilos y agradables; la frente es pura, porque está libre de signos de tristeza e irritación; los ojos son pacíficos; la boca está sellada con discreción.14

Sin embargo, junto a la virtud de la humildad, no hay virtud cristiana más necesitada de una exposición cuidadosa que la virtud de la paciencia. Aunque bien conocida popularmente, y en la superficie, como opuesta a la ira, o como nuestro sostén en los sufrimientos, es muy poco comprendida como virtud fundamental del alma, y esto sólo por aquellas personas verdaderamente espirituales que están bien ejercitadas en la autodisciplina interior, de la cual esta virtud es la base. Es, pues, de gran importancia que seamos instruidos en sus caminos y en los métodos por los que se obtiene.

Tan íntima es la conexión entre la paciencia y la humildad, que ninguna de estas virtudes puede progresar mucho sin la otra; ni la caridad puede avanzar hacia su perfección sin su ayuda. El seráfico San Francisco, tan profundamente fundado en estas dos virtudes, solía exclamar: "¡Viva la humildad con su hermana la paciencia!". Lo que la humildad comienza, la paciencia lo consolida. La humildad purifica el alma, la paciencia fortifica la voluntad; la humildad somete el alma a Dios, la paciencia la apoya en Dios; la humildad hace al alma sencilla y sincera, la paciencia la hace firme y constante; la humildad mantiene al alma en su justa y verdadera posición, la paciencia la protege en la pacífica posesión de esa posición. No es, pues, la humildad sola, ni la paciencia sola, sino la humildad y la paciencia en su feliz combinación con la caridad, lo que establece el fundamento de las virtudes cristianas; y sobre esta base segura podemos obrar nuestra perfección. De ahí que Santa Catalina de Siena llame a la paciencia "la médula de la caridad".

Si examinamos las Ocho Bienaventuranzas, encontraremos que la paciencia es un constituyente esencial en cada una de ellas; si oímos a la esposa de Cristo, el alma amorosa, declarar en los Cánticos: "Él ha puesto en orden la caridad dentro de mí",15 el orden de la caridad está asegurado por la paciencia. Por la paciencia fue edificada la Iglesia de Dios; por la paciencia es edificada toda alma santa. En su gran visión del combate a través de los siglos de la Iglesia con el mundo, San Juan resume el triunfo final de los siervos de Dios con estas palabras: "He aquí la paciencia de los santos, que guardan los mandamientos de Dios y la fe de Jesús "16 .

Pablo enseña en varios lugares que la paciencia es la virtud que completa y perfecciona la caridad, sino que en una oración especial por sus discípulos pide para ellos la combinación de estas dos virtudes: "Que el Señor dirija vuestros corazones en la caridad de Dios y en la paciencia de Cristo".17

Si contemplamos la acción providente de Dios a través de su creación, veremos en todas partes los signos de su divina paciencia, que sostiene lo que es débil por naturaleza, sostiene lo que abandonado a sí mismo debe caer, soporta el mal y el desorden en aras del bien final, provee a todas las cosas según sus necesidades y conduce todas las cosas a sus destinos según sus designios eternos. Si contemplamos los caminos de Dios en las almas, ¡con qué paciencia soberana soporta sus locuras caprichosas y sus crímenes ingratos, para llevarlas de su mal a su bien! Si contemplamos esas mismas almas, o miramos cuidadosamente las nuestras, nuestra experiencia de la debilidad e inconstancia de nuestra naturaleza nos enseñará cuán necesitados estamos del don y virtud de la paciencia. Esta verdad ha sido tan admirablemente expresada por un santo Obispo y Mártir del siglo III, que aquí damos sus palabras.

San Zenón dice: "Mientras buscamos la vida bienaventurada con los fervientes suspiros de nuestra naturaleza, y la buscamos a través de las diversas virtudes, todas ellas son llevadas a su descanso a través de la paciencia. Sin paciencia nada puede ser concebido por la mente, nada puede ser comprendido, nada puede ser enseñado. Pues todas las cosas miran a la paciencia. Ni la fe, ni la esperanza, ni la justicia, ni la humildad, ni la castidad, ni la honestidad, ni la concordia, ni la caridad, ni ningún acto de virtud, ni siquiera los elementos de la naturaleza, pueden mantenerse unidos o conservar su consistencia sin el nervio, el freno y la disciplina de la paciencia. La paciencia es siempre madura: es humilde, prudente, cautelosa, previsora y satisfecha ante cualquier necesidad que se presente. Tranquila en el día de las nubes y en medio de las tempestades de la provocación, no permite que nada perturbe la serenidad del alma. El hombre paciente no conoce la alteración ni el pesar. ¿Quién puede decir que alguna vez sufre pérdidas? Sea lo que sea lo que tenga que soportar, lo encontraréis tan completo al final de sus sufrimientos como si no hubiera sufrido nada. ¿Cómo podemos calcular los resultados de su paciencia? Cuando parece haber sufrido una derrota, descubrimos que ha obtenido la victoria.

"Ninguna fuerza, ninguna violencia, puede expulsar a la paciencia de su posición. Ni el trabajo, ni el hambre, ni la desnudez, ni la persecución, ni el miedo, ni el peligro, pueden mover la paciencia de su resolución. Ningún poder, ningún tormento, ninguna muerte, venga en la forma que venga, ninguna ambición, ningún goce de felicidad, pueden sacudir la constancia de la paciencia. Robustamente equilibrada en una cierta templanza elevada y divina que calma el alma en una moderación pacífica, la paciencia permanece inamovible; y para permitirle dominar todas las dificultades, su primera conquista es sobre el alma misma. Las virtudes no pueden ser virtudes; ni el estado de los elementos puede ser duradero; ni pueden fluir en su conocida conexión a través de sus círculos solemnes, a menos que la paciencia como una madre solícita sea la guardiana de las cosas y la reguladora de sus cambios".18

Es una verdad obvia que lo que es débil por naturaleza o constitución, y susceptible de fracasar, sólo puede hacerse fuerte mediante la infusión de fuerza, o adhiriéndose a lo que es fuerte e inmutable. Pero la fuerza moral, lo que hace fuerte al alma, ya sea en la acción o en la resistencia, es la paciencia. Examinemos estos principios a la luz del salmista inspirado. Cuando está rodeado de pruebas, oprimido y casi asfixiado por las tentaciones, siente toda la debilidad de su naturaleza y se ve turbado por temores inquietantes. Pero rompe con ellos en este ferviente clamor: "¿No se sujetará mi alma a Dios? Porque de Él viene mi salvación. Porque Él es mi Dios y mi Salvador: mi protector, ya no seré conmovido". El texto hebreo, como observan los comentaristas, es más contundente. Indica una sujeción silenciosa a Dios que ni duda, ni murmura, ni se queja, ni escucha la tentación, y un reposo en Dios como roca de su fortaleza. Después de describir a sus enemigos precipitándose sobre él, como si fuera "un muro inclinado y una valla tambaleante", se dirige así a su propia alma: "Sométete, alma mía, a Dios, porque de Él es mi paciencia. Porque Él es mi Dios y mi Salvador: Él es mi ayudador, no seré conmovido".19

En otros Salmos el Profeta Real invoca al Todopoderoso como su "firmamento y su refugio", y como la fortaleza de su fuerza; y llama a Dios su paciencia, porque de Él deriva la fuerza de la paciencia, descansa en Él como el fundamento de su fuerza, y encuentra en Él su protección. En el Salmo setenta dice: "Sé Tú para mí un Dios, un protector y un lugar de fortaleza, para que me pongas a salvo. Porque Tú eres mi firmamento y mi refugio.... Tú eres mi paciencia, Señor; mi esperanza, Señor, desde mi juventud "20. De este modo enseña, a partir de su propia experiencia interior, así como de su luz, que nuestra paciencia se deriva de la adhesión a la fuerza inmutable de Dios, y de recibir el don de la fuerza de su generosidad. Elevándose en otro Salmo a esa paciencia más fundamental y firme que toma el nombre de fortaleza, de la que ha recibido el don, el Sagrado Cantor dice: "Cantaré tu fortaleza, y ensalzaré tu misericordia "21 . Y consciente de que este noble don le es dado principalmente para que por su fuerza se adhiera a Dios, dice de nuevo: "Te guardaré mi fortaleza "22.

El Espíritu Santo nos enseña aquí, a través del alma de David, que Dios es nuestra paciencia, nuestra fortaleza y nuestra fuerza, siempre que apoyemos nuestras almas en Él, nos adhiramos a Él, nos sometamos a sus influencias fortalecedoras y trabajemos con ellas en leal cooperación. "La paciencia es un don tan grande de Dios", observa San Agustín, "que incluso se atribuye a Aquel que espera tanto tiempo la conversión del pecador. Dios no puede sufrir, pero aunque es incapaz de sufrir, toma el nombre de paciencia. Pero como no sufre ni está sujeto a la impaciencia, ¿quién puede decir qué es la paciencia de Dios? Es tan incomprensible como su celo, su ira o cualquier otra cosa por el estilo "23.

Pero si consideramos la paciencia como la fuerza perdurable de la caridad, que no admite la entrada del mal en el círculo divino del bien, mientras soporta la existencia del mal exterior en aras de un bien mayor, entonces nos acercaremos más a la comprensión de la paciencia de Dios; porque Dios es caridad, y la caridad es paciente. Como lo que es débil por sí mismo obtiene fuerza adhiriéndose a lo que es fuerte, la débil voluntad humana obtiene fuerza para mantener a todo el hombre en disciplina adhiriéndose a Dios y recibiendo poder para repeler los movimientos de la tentación y los surgimientos de la irritación, y para calmar las perturbaciones del espíritu, vengan de la causa que vengan. "Se nos ordena", dice el profundo Tertuliano, "ejercer la autoridad de la paciencia, no desde ninguna cínica afectación de ecuanimidad (como los paganos), sino desde la divina disposición de una disciplina celestial y vivificante, de la que Dios es el ejemplo.24

Comprenderemos mejor el poder divino de la paciencia si consideramos cómo todo mal moral ha brotado en primera instancia, y sigue brotando en su principio, de la impaciencia. San Zenón, Tertuliano, San Cipriano, San Agustín y varios otros de los primeros Padres han tratado sobre este tema. Toda clase de criatura espiritual fue creada primeramente por Dios en un estado bueno, y recibió la gracia de amarle y adherirse a Él como el bien supremo de su naturaleza. Esto implicaba la gracia de la caridad y de la paciencia, caridad para amar, paciencia para perseverar y soportar su prueba; pero siendo débiles por naturaleza, debido a su origen de la nada, y teniendo libre albedrío para elegir sus propios actos, estaban expuestas al peligro de descuidar su gracia y entregarse al amor propio, a la voluntad propia y a la codicia. Mientras permanecieron con paciente perseverancia en el amor y en la voluntad de Dios, estuvieron libres de pecado; pero tan pronto como cedieron su voluntad a la tentación, perdieron la paciencia por la que se adherían a Dios, a su amor y a su voluntad, impacientándose por el bien que poseían por la curiosidad y el deseo de probar lo malo; y así, con la pérdida de la paciencia, se volvieron débiles, irritables, pecadores, separados de Dios y divididos en sí mismos. Hay que recordar también, según las Escrituras y las tradiciones tanto de los rabinos como de los Padres cristianos, que Satanás y sus ángeles cayeron por celos de la alta dignidad conferida al hombre en su creación.

Después de esta explicación, escuchemos las palabras de Tertuliano, que son repetidas en sustancia por San Cipriano y San Agustín. Dice: "Como la paciencia está en Dios, debemos esperar encontrar el primer adversario de la paciencia en el primer enemigo de Dios. Detectamos el nacimiento de la impaciencia en Satanás, cuando no pudo soportar pacientemente que Dios sometiera todo lo que había creado a su imagen en el hombre. Entonces fue cuando su impaciencia conspiró con su malicia. Adán, de nuevo, nunca habría caído si hubiera permanecido con paciencia dentro del mandamiento divino. Era inocente; era amigo de Dios; estaba en posesión del paraíso. Pero al perder la paciencia se apartó de la sabiduría de Dios y dejó de ser capaz de las cosas divinas. Expulsado del paraíso, se convirtió en un hombre de la tierra, y la impaciencia se apoderó fácilmente de él en cosas ofensivas para Dios. Mira el catálogo de los pecados, y encontrarás que todos comienzan con la pérdida de la paciencia; porque el mal es impaciencia del bien. No hay impuro que no se impaciente por la pureza, ni injusto que no se impaciente por la justicia, ni inquieto que no se impaciente por la tranquilidad. Quien es malo es impaciente ante el bien.25

La sede de la paciencia, como de todas las virtudes, está en la voluntad. Su oficio consiste en mantener la voluntad con firme firmeza en lo que es razonable, justo, ordenado y verdadero, y en retener la voluntad negándose a lo que es irrazonable, injusto, desordenado o falso. Por ejemplo, la paciencia de la fe mantiene la voluntad con firmeza y constancia en las verdades reveladas por Dios, y se atiene a los motivos divinos de la fe, cualesquiera que sean los sufrimientos que el alma tenga que soportar por causa de su fe; mientras que esta misma paciencia de la fe rechaza la voluntad al error y a todo lo que pueda tentar al alma a relajar su sujeción a la fe. La paciencia de la esperanza se aferra con la voluntad, con confianza inquebrantable, a la bondad, a la misericordia y a las promesas de Dios, y rechaza que la voluntad sea movida al abatimiento o a la tristeza, o a todo lo que pueda tentar al alma a disminuir su confianza en Dios. La paciencia de la caridad se adhiere por la voluntad habitualmente a Dios con amor y gratitud, y eso a pesar de toda clase de oscurecimiento, prueba o pérdida de devoción sensible, y se niega a ceder la voluntad a todo lo que pueda debilitar, disminuir o contradecir el amor de Dios.

Lo mismo sucede en todas las demás virtudes. La paciencia mantiene la voluntad con constancia hacia el bien en el que está comprometida, y retiene la misma voluntad de aquellas provocaciones o tentaciones que debilitarían o destruirían la virtud en su acto poniendo el mal o la falsedad en su lugar. De aquí que hallarás que el primer movimiento hacia el mal es siempre un movimiento perturbador de impaciencia.

Por lo tanto, se establece como principio, tanto por los filósofos paganos como por los moralistas cristianos, cada uno tomando su propio punto de vista, que la paciencia es la virtud de las virtudes, es decir, es la fuerza que les da su vigor, resistencia y solidez. San Gregorio la llama "la raíz y el guardián de las virtudes".26 Es la raíz, porque les da fuerza y consistencia; es el guardián, porque las protege de la perturbación y del mal. Como el árbol obtiene su fuerza de estar arraigado en la tierra, el alma, que es el árbol de la virtud, obtiene su fuerza de la adhesión paciente a Dios. Como una fortaleza rodea a sus habitantes y los defiende de los asaltos y alarmas de sus enemigos, así la paciencia defiende las virtudes de las tentaciones y alarmas que las asaltan. De ahí que San Zenón observe que "el valor de la paciencia no está tanto en la multiplicación como en el perfeccionamiento de las virtudes "27. Cuando San Pablo habla de los fieles "arraigados y cimentados en la caridad "28 , se refiere evidentemente a aquella caridad que es firme y constante en razón de su paciencia.

San Agustín, partiendo de esta visión profunda de la paciencia cristiana, la define en estos términos:-"La paciencia es soportar los males con ánimo ecuánime, no sea que por una mala disposición renunciemos a aquel bien que nos lleva a nuestro mayor bien "29 . El bien que ya tenemos como cristianos devotos es el sentido de Dios, la luz de la fe, la gracia de Cristo, la amistad de Dios por la comunicación de su Espíritu

Santo y la paz del corazón por la ausencia de pecados graves. Este bien, ya en el alma, nos lleva por el ejercicio de la caridad a nuestro bien supremo. Pero por la impaciencia, la vejación del espíritu y la tristeza, la paciencia se desvanece, y el bien que tenemos se turba, se dispersa y disminuye; y lo que es peor, si entramos en una mala disposición, la paciencia se relaja más y más, y a medida que la impaciencia y la tristeza toman su lugar, los hábitos de la gracia y la virtud se debilitan y disminuyen, la luz del alma se oscurece; y si perdemos por completo la paciencia de la caridad, ese don divino se extingue junto con nuestra vida sobrenatural.

En la magnífica descripción que San Pablo hace de la caridad, el objeto del Apóstol es mostrar que, si bien es inseparable de la fe, se perfecciona con la abnegación y la paciencia. Sopesa una por una las cualidades que el Apóstol atribuye a esta virtud excelsa, y encontrarás que ésta es la suma de su sentido: "La caridad -dice- es paciente, es bondadosa; la caridad no tiene envidia, no es perversa, no se envanece. No es ambiciosa, no busca lo suyo, no se irrita, no piensa el mal. No se alegra de la iniquidad, sino que se alegra con la verdad; todo lo soporta, todo lo cree, todo lo espera, todo lo soporta "30. Por su naturaleza, la caridad debe tener estas cualidades. Sin fe no podría fundarse en la verdad sobrenatural, sin altruismo no podría ser generosa, sin paciencia no podría soportar ni rechazar a sus enemigos. En palabras de san Cipriano: "Si a la caridad le quitas la paciencia, languidece en la desolación y no puede resistir".31

Si se considera el alma humana como una moneda espiritual que lleva la imagen y la superinscripción de Dios, la fe es el molde que le da una figura divina, y la caridad es su cualidad de oro. La humildad le da gravedad, la discreción flexibilidad y la paciencia durabilidad. Cuando esa alma sea probada en el fuego de la tribulación, y su caridad puesta a prueba por reproches y calumnias, entonces el grado de su paciencia mostrará hasta qué punto la virtud de esa alma lleva el carácter de durabilidad. Porque, como se dice en el Proverbio: "El que es impaciente sufre daño "32. Y también: "El saber de un hombre se conoce por la paciencia, y su gloria es pasar por encima de los males "33. Pero así como el vicio de la obstinación pretende la virtud de la paciencia, aunque no sea más que la estupidez del orgullo, la verdadera paciencia debe también resistir la prueba de la humildad. Porque puede haber un orgulloso aguante de la contumacia que no sea más que necedad; así como el gusano de la soberbia puede ocultarse en la aparente humildad del cilicio34.

Después de esta exposición general de la obra de la paciencia en el alma, ¿qué diremos a modo de conclusión? Como atributo divino de Dios, la paciencia es infinita y eterna. En su divina benignidad, Él muestra esa paciencia hacia nosotros al soportar nuestras ofensas e ingratitudes, y al esperar nuestro arrepentimiento y retorno a su amor. Como nos ha hecho a su imagen para que seamos formados a su semejanza, nos envía la gracia de la paciencia mediante el don de la caridad, para que mediante su fiel ejercicio imitemos su paciencia. Esta virtud es la medicina tónica de nuestra debilitada naturaleza; fortifica la voluntad, calma las irritabilidades que trastornan el alma, refuerza las potencias en la unidad y da estabilidad a todas las virtudes. Protege a la mente de la disipación, a la voluntad de la perturbación y nos permite conservar la serenidad.

Es la médula de la caridad, que fortalece el amor de Dios en los hijos de la luz, para que persevere bajo toda nube de tribulación y adversidad.

Como la roca resiste a las olas embravecidas, la paciencia resiste a las olas de la tentación y las dispersa en espuma vacía. En el día de la debilidad y el sufrimiento sostiene el espíritu por encima de ellos en la serena atmósfera de la alegría, y no le permitirá hundirse en la enfermedad de la tristeza. En una palabra, y esa palabra será la de San Cipriano: "La paciencia no es sólo la guardiana del bien, sino la prevenidora del mal, repeliendo todo lo que es adverso al bien". Obediente al Espíritu Santo, se adhiere a las cosas celestiales y divinas; y oponiéndose a aquellas solicitaciones del cuerpo que asaltan y capturan el alma, contiende por las virtudes como desde una fortaleza de fuerza".35

"Oh, paciencia", exclama San Zenón, "tú eres la reina de todas las cosas, y sé que descansas con más seguridad en tus propios fundamentos, en tus propios consejos y en tus propios buenos caminos que en las palabras de aquellos que te son extraños. Tu alabanza no consiste en multiplicar, sino en fortalecer las virtudes. Tú das a la virginidad la flor que nunca se marchita. Tú eres el puerto seguro de la viudez frente a las tormentas de la vida. Tú eres la fuerza del yugo de la vida conyugal, que permite llevar su carga con la paciencia de un amor igual. Tú enseñas a la amistad a querer y a soportar las mismas cosas. Tú das libertad al rudo trabajador y eres el consolador de sus fatigas. A la pobreza le concedes el privilegio de soportarlo todo, para que así pueda poseerlo todo. Los Profetas fueron elevados a su sublime oficio por la paciencia. Los Apóstoles se adhirieron a Cristo por la paciencia. Tú eres la madre lactante de los Mártires, y su corona. Como el nudo une los mechones de la cabeza de la modesta doncella, tú unes las virtudes con la belleza y el honor. Feliz, eternamente feliz, es quien te tiene siempre en su compañía".36

1 2 S. Pedro i. 4.

2 S. Juan xiv. 23.

3 Daniel vi. 9-10.

4 Apocalipsis i. 14.

5 Salmo xiii, 1.

6 S. Mateo v. 44-45

7 Salmo xlv. 14.

8 Santiago i. 4.

9 Hebreos x. 36.

10 Lc xxi. 19.

11 1 Corintios xiii. 4.

12 S. J. Clímaco, Scala Cali, grad. 37, n. 31.

13 S. P. Damián. L. vi. Epist. 9.

14 Tertuliano, De Palientio, c. 15.

15 Cánticos ii. 4.

16 Apocalipsis xiv. 12.

17 2 Tesalonicenses iii. 5.

18 S. Zenón, De Patientia, c. 1.

19 Salmo lxi. 1-7.

20 Salmo lxx. 3-5.

21 Salmo lviii. 17.

22 Salmo lviii. 10.

23 S. Agustín. De Patientia, c. 2.

24 Tertuliano, De Patientia, c.2.

25 Tertuliano. De Patientia, c. 5.

26 S. Greg. Mag. Hom. 56, en Evangel.

27 S. Zenón, De Patientia.

28 Efes. iii. 17.

29 S. Agustín. De Patientia, c. 2.

30 1 Corintios xiii. 4-7.

31 San Cipriano. De Bono Patientiæ.

32 Prov. xix. 19.

33 Ib. II.

34 Gerson. De Distinctione Verarum Visionum a falsis.

35 S. Cipriano. De Bono Patientiæ, c. 14.
36 S. Zenón, De Patientia.

2

SOBRE LA NATURALEZA Y EL OBJETO DE LA PACIENCIA CRISTIANA

"Os es necesaria la paciencia: para que haciendo la voluntad de Dios, recibáis la promesa"
-HEBREWS x, 36.

Cuando hemos obtenido una visión clara de la naturaleza precisa de cualquier virtud, de cómo actúa en el alma y a qué fin se dirige, hemos obtenido el conocimiento tanto de lo que es como de lo que no es; y somos capaces de distinguir su acción de cualquier otro movimiento de la voluntad. Este conocimiento es de gran importancia para el cultivo de la virtud; porque, como un ingeniero no puede hacer funcionar su máquina satisfactoriamente a menos que sepa lo que pertenece a cada parte de su construcción, un alma no puede manejarse con inteligencia a menos que sepa lo que pertenece a sus diversas potencias en el ejercicio de las virtudes. Cuando una cosa en el alma es confundida por la mente con otra, la voluntad no puede obrar con luz clara, y hasta puede confundir lo que se opone a una virtud con la virtud misma, causando error, perplejidad e inquietud.

Hay muchas personas que leen exposiciones de las virtudes en los libros, y tienen un verdadero deseo de beneficiarse de ellas; sin embargo, el conocimiento que obtienen es muy poco en comparación con lo que podrían obtener, porque miran más en el libro que en sí mismos. No reflexionan sobre su propio estado interior, ni sobre sus propias operaciones interiores, en las que el libro está destinado a ayudarles, ni observan cuidadosamente lo que pasa dentro de sus almas. Su conocimiento es conocimiento del libro, no conocimiento de sí mismo, y por consiguiente es superficial, sin raíces dentro de ellos, y rápidamente se desvanece y desaparece. Tales lectores irreflexivos son como el hombre que contempla su rostro en un cristal, sigue su camino y olvida al poco tiempo qué clase de hombre es; pero si consideramos un libro como una mera ayuda para el conocimiento de uno mismo y el perfeccionamiento de las virtudes, y si secundamos el libro mediante la reflexión y la observación interiores, entonces nos permitirá leer y comprender el libro interior del alma, que tiene la inmensa ventaja de estar iluminado con luz espiritual; y así obtendremos un conocimiento propio, una posesión verdadera y duradera siempre dispuesta a hacernos un servicio. Pero esto exige para su realización esa misma virtud de la paciencia que es el objeto de este libro inculcar.

Lo primero que hay que comprender es que la paciencia es un ejercicio inmediato de la voluntad, que es la fuente de toda acción libre y moral. No debe, pues, confundirse con los sentimientos, sensibilidades o sensaciones, porque es un acto puro de la voluntad. Pero aunque, como toda verdadera virtud, brota de la resolución y acción de la voluntad, iluminada por la mente y la conciencia, la paciencia, como cualquier otra virtud, utiliza las otras facultades del alma, e incluso los miembros del cuerpo, como sus instrumentos, la voluntad haciéndolos obedientes para ejecutar sus órdenes, y para actuar en sumisión a su fuerza y dirección. Pero la voluntad del buen cristiano es elevada por motivos y sentimientos divinos, y es vigorizada por la gracia divina, de modo que la fuerza de la virtud depende de los dones sobrenaturales de Dios. Pero a lo que hay que atender principalmente es a la voluntad, porque cuando la voluntad es buena y resuelta, y va en la dirección correcta, todo el hombre la sigue como algo natural.

La segunda cosa que hay que comprender en lo que concierne a la paciencia es la doble acción de la voluntad, la acción por la que la voluntad avanza, y la acción por la que retrocede y rechaza su cooperación. Avanza hacia lo que ama; retrocede y rehúsa unirse a lo que le disgusta u odia. La voluntad virtuosa desea y quiere lo que es bueno, pero se niega a entregarse a lo que es vicioso o desordenado; y aunque a menudo se dice que esta negativa es pasiva, en realidad es un acto fuerte de la voluntad, y a menudo requiere más fuerza y resolución que desear y querer lo que es bueno. De ahí que este género de acción sea la mayor prueba práctica de la libertad de la voluntad. Porque, cuando la voluntad es atraída por algún fuerte apetito inferior, o impulsada por alguna fuerte pasión, para moverse en la dirección del mal o del desorden, y, sin embargo, adhiriéndose a motivos más altos y mejores, esa voluntad se retrae sobre sí misma y se niega a ser arrastrada por ese apetito, o a ser impulsada por esa pasión; ésta no sólo es la mayor prueba de la libertad de la voluntad, sino que es el mayor acto de virtud. Pero lo que aquí hemos descrito es la acción interior de la paciencia.

Pero dejada a su propia naturaleza, la voluntad es tan débil, movible e inquieta, es tan fácilmente atraída por la curiosidad, su atención se dirige tan rápidamente a cualquier cosa que se siente dentro de nosotros o que se mueve a nuestro alrededor, que no puede ser verdaderamente firme y paciente a menos que tenga un firmamento sobre el cual descansar mucho más fuerte de lo que la naturaleza puede proporcionar, y una fuerza incomparablemente más allá de la suya propia, así como un motivo más exaltado de lo que la mera naturaleza puede suministrar. Este firmamento es el Dios en quien vivimos, y en quien el alma debe descansar por adhesión a Él. Esta fuerza es la gracia sobrenatural de Dios dada a la voluntad. Este motivo, mayor y más fuerte que todos los demás, en el que poner tanto la atención como la intención de la voluntad, es la luz y el amor de Dios. Cuando la voluntad se apoya así en Dios, mira a Dios y saca fuerzas de Dios, se genera esa paciencia que resiste a todos los males y desórdenes, nos da la posesión de nosotros mismos y mantiene el alma en paz. "Sométete, alma mía, a Dios, porque de Él es mi paciencia"[1].

Si tomamos la definición común de la paciencia cristiana, es la virtud que fortalece al alma para resistir las provocaciones y tentaciones, y soportar las aflicciones, para no renunciar al bien de la virtud ni cometer pecado. Esta definición es suficientemente amplia para incluir los diferentes modos en que se ejercita la paciencia, así como los diferentes adversarios a los que se opone; y muestra que el principal objeto de la virtud es mantener el alma en la pacífica posesión de sí misma. Pero todo el que valora la perfección de sus acciones debe comprender claramente que esta virtud de la paciencia depende mucho más de la dirección interior del alma que de nuestra conducta exterior; no sólo porque necesariamente debe comenzar allí, y progresar allí, y allí en el interior establecer el orden y la paz; sino también porque si el hombre interior es paciente, el hombre exterior se conservará en paciencia. Porque la impaciencia comienza dentro del alma, y de allí procede al hombre exterior.

La paciencia es una virtud especial y universal. Como virtud especial se opone a dos vicios especiales. Como virtud general o universal, da fuerza, estabilidad y protección a todas las virtudes y se opone a todos los vicios. Hemos de considerarla aquí como virtud especial; y como tal se opone a la vejación y a la ira, por una parte, y a la tristeza, por otra. Pues éstos son los principales destructores de la paciencia.

La irritación y la ira se oponen al bien de la razón y al bien de la virtud. Oscurecen la luz de la justicia, nos apartan del dominio de nosotros mismos, nos sumen en el desorden, perturban nuestra paz y disminuyen o destruyen la caridad. Prenden fuego a las demás pasiones y apetitos, y nos conducen al mal. Pero también se mezclan con la tristeza, y cuando la ira cede, la tristeza permanece y aumenta por la reacción de la excitación y la locura de la ira. De ahí que Santo Tomás defina la virtud especial de la paciencia como la virtud que preserva el bien de la razón contra la tristeza, para que la razón no se hunda bajo su influjo. Porque las virtudes morales tienen por objeto el bien, y protegen el bien que dicta la luz de la razón contra la perturbación de las pasiones. Pero entre esas pasiones la tristeza es una que impide grandemente que el bien de la razón guíe al alma rectamente, y de acuerdo con la luz de la justicia.2

La tristeza es un vicio muy sutil, que obra a menudo en sus comienzos sin ser percibido. Pero la pena y la tristeza son al principio de la vejación y de la ira, y actúan como estimulantes de estas pasiones; y cuando la excitación de la pasión se calma, las heces que quedan son una pena más amarga y una tristeza más desoladora. San Pablo dice: "La tristeza del mundo obra la muerte",3 y según el Eclesiástico: "La tristeza ha matado a muchos, y no hay provecho en ella",4 De ahí que el alma tenga gran necesidad de paciencia para alejarla de la tristeza.

La exasperación es el principio de la ira, que tiene muchos grados, desde el resentimiento leve hasta la furia atroz. La ira es una pasión sensible, irascible, vengativa, una complicación de muchas pasiones con un apetito predominante, el apetito de venganza. Surge de la pena y la tristeza, debido a algún menosprecio real o imaginario, ofensa, desprecio o lesión, amenazado o infligido sobre nosotros, o sobre alguien querido para nosotros, y despierta en nosotros el apetito de replicar el mal o vengar la lesión. Cuando la ira llega al colmo de la pasión, la sangre se acelera, los nervios se agitan, el corazón se vuelve tímido, el cerebro se inflama, la boca tiembla, la lengua se ve impedida de hablar, el rostro brilla con fuego torvo, todo el hombre es un espectáculo doloroso y desagradable. La excitación del hombre animal abruma al hombre espiritual, y la razón se hunde bajo el dominio de la pasión. Es una intoxicación y una locura por el tiempo que dura.

Si miramos en el interior del hombre colérico, ya no se le reconoce por lo que era. La imaginación ha usurpado el lugar de la razón, y abarrota la mente con imágenes odiosas y motivos vengativos. "Azotada por la cólera, el alma está toda desordenada, su paz ha huido, y, desgarrada y desgarrada por agudos y amargos problemas, esa alma ya no es ella misma. La mente ha perdido su luz que la guía, la voluntad su poder racional, el orgullo toma el lugar del buen sentido, el odio el lugar de la caridad, y la venganza el lugar de la justicia; y, sin embargo, la ira pretende ser ni más ni menos que justicia. Para citar la experiencia de alguien que tuvo que luchar durante mucho tiempo con una gran ira bajo grandes e ignominiosos sufrimientos: "Una mente excitada deja de razonar; arrastrada por un torrente irresistible de ideas salvajes, forma para sí misma una especie de lógica loca, llena de ira y malignidad; es un estado del alma tan poco filosófico como absolutamente anticristiano".6

La cólera abre la puerta a todos los vicios y pasiones; y como la virtud guardiana de la paciencia se aparta, no queda nada que pueda impedir su entrada. De ahí que la timidez, la pena, la temeridad, la audacia, el clamor, la contienda, la lucha, el odio, el insulto, el desprecio, la indignación y la violencia, todos siguen a la ira y alimentan sus llamas desoladoras. Asfixia la razón, confunde el mal con el bien, extingue la prudencia, rompe la amistad, pisotea la sabiduría del consejo, engaña a los sabios, lacera la gravedad, destruye la paz y apaga el Espíritu Santo del alma cristiana. Bien ha observado Hugo de San Víctor que "así como la soberbia aleja al hombre de Dios, y la envidia aleja al hombre de su prójimo, la ira aleja al hombre de sí mismo".7

Hemos descrito el vicio de la ira en todo su orgullo y desorden, y en su grado mortal, porque cuando un vicio es visto en toda su magnitud somos más capaces de ver qué elementos viciosos y odiosos contiene; y así podemos comprender más fácilmente que incluso en sus grados menores e inferiores no faltan los gérmenes de esos mismos vicios, aunque escapen a la observación de aquellos que no están acostumbrados a un gran autoexamen. Pero la susceptibilidad, la susceptibilidad, la molestia y esos grados menores de impaciencia no están exentos de irritación y perturbación interior; pero cuando se llega al disgusto, al descontento, a la murmuración, al resentimiento, a la vejación, a la réplica, a la indignación o al desdén, hay un grado de ira en el alma, no sin un grado al menos igual de tristeza.

Pero son precisamente estos grados de irritación y vejación, cuando surgen por primera vez de nuestra naturaleza inferior, y se hacen sensibles a nuestra naturaleza superior, a nuestra luz y a nuestra conciencia, los que presentan las más numerosas ocasiones para la autodisciplina, mediante el ejercicio de la cual nuestra paciencia puede ser armada y fortificada contra ataques más serios de ira. Los primeros movimientos de impaciencia, la primera inquietud de insatisfacción, son advertencias a la paciencia para que se ponga en guardia, no sea que surjan problemas que perturben el alma y se apoderen de la voluntad. Si miramos con calma desde el alma superior los primeros movimientos de irritación o impaciencia, nada puede parecer más despreciable; y bajo la represión de la mirada de nuestro ojo interior se desvanecen avergonzados. Uno ha visto desde las alturas de los Alpes una pequeña nube blanca abajo en el valle, la cual, a menos que algún viento la sople, rápidamente se hinchará y crecerá hasta que toda la región esté envuelta en bruma, niebla y lluvia. Así sucede con la primera nubecilla de problemas y descontento que se mueve en nuestra naturaleza inferior: el soplo de la paciencia la dispersará, pero si se la deja crecer rápidamente sobre aquello de lo que se alimenta, y envolverá y llenará el alma de ira y vejación. Porque la ira es un vicio incubador que se alimenta del amor propio sensible y del agravio imaginario mucho más allá de la ofensa original, si es que se ha ofendido.

Es un buen punto de prudencia darnos cuenta de las buenas cualidades de aquellos con quienes tenemos que actuar, y que casi siempre son más y mejores en el corazón de lo que aparece en la superficie, y sin embargo no olvidar sus limitaciones y debilidades obvias; para que no sólo no juzguemos mal sus intenciones, sino que también sepamos lo que podemos esperar justamente de ellos, y lo que no podemos razonablemente esperar. Esto nos ahorrará una enorme cantidad de ideas erróneas, juicios precipitados, irritación y vejación. Todos tenemos caracteres muy diferentes, y la diferencia surge de nuestras limitaciones personales, que se deben en parte a la naturaleza, en parte a las circunstancias que han concurrido en nuestras diversas vidas, y en gran parte a los hábitos en que hemos sido formados. Pero es absurdo esperar los mismos hábitos, sentimientos, cualidades y poderes en todas las personas, juzgar a todas las personas por el mismo rasero, exigir lo que no existe, y luego dar paso al fastidio y al descontento porque no hemos encontrado lo que deseábamos. Como dice el viejo proverbio, debemos tomar a las personas por lo que son, y hacer las concesiones justas y debidas, recordando que los demás tienen que tener en cuenta nuestras limitaciones.

Si un hombre elige una compañera de vida por ciertas buenas cualidades, y descubre con el tiempo que algunas otras son deficientes, toda la felicidad de esa familia depende de su tolerancia con respecto a esas limitaciones, y de que haga todo lo posible por suplirlas. Lo mismo puede decirse de aquellos que eligen a sus superiores; uno es elegido por preferencia por ciertas cualidades principales, pero también puede haber limitaciones; sin embargo, qué absurdo sería que los súbditos fijaran su mente en esas deficiencias menores y las convirtieran en motivo de murmuración, queja y descontento, olvidando todas las buenas cualidades por las que esa persona fue elegida. Una pequeña sociedad se reúne, bajo ciertas regulaciones, para un propósito común; pero a menos que los miembros de esa sociedad se permitan mutuamente la diversidad de caracteres y limitaciones que la componen, a menos que soporten y aguanten, den y reciban, con igual buena voluntad, la contención y la ira entrarán en esa sociedad y desgarrarán su felicidad. La regla apostólica: "Sobrellevad los unos las cargas de los otros, y así cumpliréis la ley de Cristo",8 es la ley de la caridad paciente.

Aplicando esta ley a las sociedades religiosas, el venerable Gerardo, comentando la Regla que formó el autor de la Imitación de Cristo, prorrumpe en esta exclamación: "Jamás, no, eternamente jamás, podrán reinar la caridad y la concordia en una comunidad donde no rija absolutamente la santa paciencia "9.

Tal es la diferencia de naturalezas, temperamentos e inclinaciones, que es imposible que varias personas vivan y actúen juntas en paz unas con otras, y en concordia con todos, a menos que cada uno mantenga su sensible amor propio bajo el control de la paciencia, y funde sus intereses privados en el bien común.

San Pablo tenía presente esta gran ley de la sociedad cristiana cuando escribió estas palabras a los Gálatas: "Habéis sido llamados a la libertad; solamente que vuestra libertad no sea ocasión para la carne, sino que por la caridad del espíritu os sirváis unos a otros. Pero si os mordéis y os devoráis unos a otros, mirad que no os consumáis unos a otros. ... Si vivimos en el Espíritu, andemos en el Espíritu. No nos hagamos deseosos de vanagloria, provocándonos unos a otros, envidiándonos unos a otros".10

Casi todos tenemos algún defecto en el cuerpo, en los modales, en la conducta o en el modo de pensar y de hablar; y no pocas veces hemos de entrar en contacto con quienes son groseros o incluso viciosos; pero si perdemos de vista lo que es debido al alma inmortal, y cedemos al fastidio, al disgusto o a la repugnancia, perdemos la paciencia, nos deformamos nosotros mismos por esa pérdida, e infligimos heridas a nuestra propia caridad y a la que es debida a nuestro prójimo. Ahora bien, si rastreamos esta conducta hasta su raíz, encontraremos que se origina en la impaciencia del fastidioso amor propio; sin embargo, si profesamos seguir a Cristo e imitar sus caminos, debemos recordar que Él eligió para sí una sociedad de personas sencillas e incultas, y conversó afectuosamente con publicanos y pecadores. Olvidamos que otros tienen que soportar nuestros defectos, y que somos causa de prueba para nuestros vecinos. Cegados por el amor propio, vemos la paja en el ojo de nuestro hermano, y olvidamos la viga en el nuestro.

No hay nada que nos impulse a la impaciencia con tanta vehemencia, o que nos sume en un mayor desorden interior, que una injuria, o la imaginación de una injuria, que es mucho más frecuente que la injuria real. Porque las personas sensibles, que no tienen sino poca autodisciplina interior, son prontas a imaginarse heridas de palabra o de obra; y lo que es mucho de notar, son mucho más inclinadas a imaginarse heridas por sus amigos y por sus superiores que por otras personas. La razón es que conceden más importancia a su afecto, reclaman más su indulgencia y sufren más intensamente si piensan que son menospreciados o menospreciadas por ellos. Si se sienten insatisfechos de sí mismos, y por lo tanto conscientes de culpa, sospechan fácilmente que los demás los desestiman, y se apresuran a interpretar sus palabras y actos en ese sentido. Entonces una pequeña chispa enciende su alma en llamas. Tales personas deberían poner una ley sobre su imaginación, y mantener sus inflamables sospechas de mal bajo el control de la paciencia; deberían sospechar de sus propias sospechas, que la experiencia les dice que son a menudo injustas, o su sensible amor propio nunca les dejará en paz. Porque muchas cosas se dicen y se hacen sin la menor intención de herir; unas por rapidez de lengua, otras por inadvertencia o irreflexión, otras en broma de buen sentido, otras con buena intención, otras por mera imprudencia; y nadie tiene derecho a tomar ninguna de ellas a mal, y comprometerse así a la ira, la pena y la tristeza.

Pocos son los que no han observado que incluso la justa corrección de aquellos cuyo deber es corregir, en lugar de ser tomada de buena parte, es convertida con demasiada frecuencia en ira, pena y tristeza por almas débiles, que exhiben con ello un espíritu a la vez mezquino e ingrato. Cuando tal es el caso, la represión se ha justificado a sí misma, y ha revelado a esa alma un estado interior de desorden que exige la más enérgica reparación. Ya es hora de que esa alma se ofenda de su propia conducta.

Pero si alguien ataca falsa o maliciosamente nuestro buen nombre y reputación -un modo de detracción no limitado, ¡ay! a los hijos del mundo-, mantengamos en ese caso nuestra magnanimidad, para que nuestra virtud sea más fuerte que el vicio de otro, y para que nuestra paciencia no sufra pérdida por causa de la improbidad de otro. Más bien debemos alegrarnos en el Señor de que nos haya llamado por estos medios a una mayor justicia, que comúnmente nace, recibe su crecimiento y obtiene su perfección entre injurias e insultos. En la naturaleza de las cosas, la justicia es odiada por la injusticia; y por eso nuestro Señor fue odiado por Judas, por los saduceos y por los fariseos. Pero Él ha prometido una gran bienaventuranza a los que sufren las injurias con paciencia.

También se nos dan abundantes ocasiones para la disciplina de la paciencia en aquellas cosas y acontecimientos materiales que se oponen a nuestras inclinaciones y deseos por necesidad, e independientemente de nuestra elección. Tales son las enfermedades y dolencias corporales, el calor o el frío intensos, la severidad del tiempo, la naturaleza no complaciente de los materiales en que trabajamos, y otras cosas semejantes. Por irrazonable que sea ceder a la vejación o a la ira por cosas insensibles, muchos tienen tan poca sabiduría que pierden la paz y la paciencia por ellas. Es más, algunos tienen tan poca paciencia que pierden los estribos por la picadura de una mosca, la torpeza de una pluma, la brusquedad de un cuchillo o lo apretado de un zapato. Como niños pequeños desprovistos de razón, atribuirán culpabilidad a cosas incapaces de intención, y se vengarán de ellas a expensas de su sentido común, paciencia y serenidad.

Llegamos por fin a esas grandes calamidades en las que se ven envueltos o abrumados individuos, familias y comunidades enteras, ya sea por las injurias de los hombres o por la visitación de Dios. Tales desgracias ponen a prueba la constancia de los valientes, y exponen a las almas más débiles al peligro de una tristeza abatida. Ahora bien, si la razón no sirve para poner medida al dolor, que prevalezca la fe; y cuando todo parezca perdido en la tierra, miremos al cielo en busca de cosas mejores. Porque cuando las cosas están en su peor momento según el mundo, si se aprovecha bien la calamidad, empiezan a estar en su mejor momento según Dios. Todas las cosas están en las manos de Dios, para darlas o tomarlas como Él quiera; y un alma inmortal es más preciosa a Sus ojos que todo lo que el mundo puede dar. Cuando despoja a un alma de las cosas terrenas, la exhorta a mirarle y a confiar en su cuidado y providencia. Sus disposiciones son maravillosas; Él juega en el mundo con los hijos de los hombres, despojando pero para vestir más generosamente; golpeando pero para sanar; derribando pero para levantar; llevando a las puertas de la muerte, y restaurando a la vida. Cuando el santo Job fue despojado de sus bienes terrenales y de todos sus seres queridos, el Dios que tiene todas las cosas en sus manos permaneció para Él; y por eso mantuvo su paciencia, y se aferró a Dios con inquebrantable confianza; mientras la voz de su resignación se alzaba en estas memorables palabras: "El Señor dio, y el Señor quitó; como agradó al Señor, así se hizo; bendito sea el nombre del Señor. En todas estas cosas no pecó Job con sus labios, ni dijo contra Dios locura alguna".11 "Y bendijo el Señor los postreros días de Job más que los primeros".12

No hay nada realmente perdido mientras Dios esté con nosotros, nada por lo que debamos desesperar. Mientras seamos sencillos, rectos, temamos a Dios y nos apartemos del mal, poniendo nuestra esperanza en Dios y no en la prudencia del mundo, Él cuidará de sus siervos, convertirá sus calamidades en bendiciones y no dejará su paciencia sin recompensa. Divina es esa paciencia de esperanza que en las pruebas más pesadas como en las más ligeras mira a Dios, confía sólo en Dios, y llena el alma con la convicción de que mientras Dios está con nosotros nada puede estar contra nosotros.

Parecería inútil aducir más razones sobre el deber de soportar las adversidades con paciente resignación, porque en esta materia cada uno puede ser su propio maestro. ¿Quién no está dispuesto a levantar la mente de su amigo o de su prójimo desde la profundidad del dolor? ¿Quién no es capaz de dirigir la mente de alguien entristecido por la aflicción hacia la ayuda divina, hacia lo irrazonable de un dolor excesivo y hacia el valor inestimable de la paciencia? Incluso reprenderá suavemente a quien se sienta abrumado por una tristeza excesiva. Sin embargo, cuando le llega su turno, olvida la excelente enseñanza que dio a los demás, y no permitirá que nadie suavice su dolor. Así, las palabras que Elifaz balbuceó tan injustamente al paciente Job vuelven a casa con toda su verdad y justicia para muchos consoladores: "He aquí que tú has enseñado a muchos, y has fortalecido las manos cansadas; tus palabras han confirmado a los que se tambaleaban, y has fortalecido las rodillas temblorosas; pero ahora ha venido sobre ti el azote, y desmayas; te ha tocado, y estás turbado. ¿Dónde está tu temor, tu fortaleza, tu paciencia y la perfección de tus caminos?"13

¿Cómo explicar esta aparente incoherencia? El fallo no está en la luz del entendimiento, sino en la resolución de la voluntad. Nuestra fe, nuestras instrucciones, nuestras meditaciones y nuestra oración no nos dejan en la ignorancia de lo que debemos hacer. Sabemos bien que en toda aflicción y prueba debemos dirigir nuestra mente y nuestros actos a Dios; pero cuando hemos descuidado formar nuestro interior en hábitos de paciencia, y nuestra voluntad se ha dedicado demasiado al servicio del amor propio, muchas cosas se hacen difíciles de soportar. Así, cuando llega la hora de la prueba, la voluntad pierde de vista la verdad, se niega a ser paciente y desecha la ley de la luz. El trastorno está, pues, en la voluntad; pero la cura está también en la voluntad. El santo Job no era paciente por naturaleza, sino por la fuerza de hábitos virtuosos en su voluntad. El remedio consiste en despertar la voluntad a la generosa resolución de soportar con espíritu magnánimo todo lo que Dios ordena que soportemos con resignación y esperanza; sin mirar a causas secundarias, sino aceptando la voluntad de Dios como causa primera y dominante, hasta que le plazca quitarnos la carga.

Volviendo por un momento al vicio de la ira, debe entenderse perfectamente que toda ira desmedida incluye en sí una disposición a la venganza, mayor o menor según el grado de ira, aunque no sea más que una réplica de palabra o sentimiento, y esa palabra o sentimiento se oculte en el pecho. De hecho, la ira que se guarda en el interior es más destructora y consumidora que la que encuentra alivio en la expresión. Santiago tiene en cuenta este elemento de venganza cuando dice: "Todo hombre sea lento para la ira, porque la ira del hombre no obra la justicia de Dios"14 . Y San Pablo es más explícito. Dice: "Si es posible, en cuanto esté en vosotros, tened paz con todos los hombres. No os venguéis, amados míos, sino dejad lugar a la ira; porque escrito está: Véngate de mí; yo pagaré, dice el Señor".15

La ira no es un movimiento de poder, sino un débil afecto de la naturaleza destructor del poder, aunque el hombre iracundo lo confunda con poder, y en el momento se deleite en él con un sentimiento de satisfacción, como si fuera un triunfo de la fuerza. Pero esa satisfacción ya está mezclada con los recelos de la tristeza; a menos que se resista a su primer acercamiento, nada crece tan rápidamente. De ahí la regla apostólica: "Dad lugar a la ira". Cede ante ella, retírate de ella; si es necesario, y la ocasión lo ofrece, retírate de la ocasión de ella. Si te sobreviene la ira, dice San Ambrosio, si comienza a apoderarse de ti, dale lugar, y ocupa tu lugar. Tu lugar está en la paciencia; tu lugar está en la sensatez; tu lugar está en calmar tu indignación. No es poca cosa calmar la ira; es un acto tan grande como si hubieras permanecido impasible. Eso es la naturaleza, eso es la virtud.16

Pero surge la pregunta: ¿Existe la ira justa? Indudablemente hay una justa cólera, o más bien una justa indignación, que pertenece propiamente a los padres, a los que están colocados en autoridad, y a aquellos cuyo deber es corregir y enmendar el desorden o el vicio, y especialmente el desorden de la insubordinación. Y a veces esta justa indignación se convierte en un deber que no puede omitirse sin participar del mal que se fomenta con su ausencia. Pero debemos distinguir cuidadosamente entre la ira viciosa y la justa indignación. La ira viciosa brota de la pasión, la indignación virtuosa se mueve desde la razón; la ira viciosa ciega la razón, la indignación virtuosa actúa a la luz de la justicia; la ira viciosa tiene un fin malo, la indignación virtuosa tiene por objeto el bien; la ira viciosa multiplica el mal, la indignación virtuosa corrige el mal; la ira viciosa está movida por el apetito malicioso de la venganza, la indignación virtuosa está movida por el celo de vindicar la ley y el orden establecidos por Dios. De ahí que el salmista nos amoneste: "Enójate y no peques".17 Y nuestro Divino Señor se levantó con espíritu de indignación contra los fariseos por la soberbia e hipocresía con que extraviaban de la verdad al pueblo de Dios, y contra los compradores y vendedores que profanaban el templo de Dios.

Pero donde la corrección requiere las emociones de la indignación para darle el efecto debido, no se debe permitir que esto vaya más allá de la justa razón y medida; y, por lo tanto, la reflexión debe ir antes de la corrección. Porque quien corrija a otro por el impulso de una ira desmedida, se inflamará él mismo por el vicio de la ira; excederá la medida de la justicia y hará más mal que bien. Explicando el texto: "Enójate y no peques", San Bernardo observa justamente: "Se puede pecar tanto por exceso de ira como por omisión total de la ira. No enfadarse cuando se debe enfadar, no corregir el desorden, es pecado; pero enfadarse más de lo debido es añadir pecado al pecado".18 Con el fin de mantener la justa medida de la ira, San Gregorio nos da este valiosísimo consejo: "Ten mucho cuidado de que, cuando uses la ira como instrumento de virtud, no dejes que se convierta en tu amo. Hazla obediente sierva de tu razón; que nunca se aparte del apoyo de la razón. Se levantará con vigor contra el vicio cuando sea el ministro de la razón".19

Silvio Pellico, reflexionando después de su vida sobre el dolor y la amarga cólera contra los que tuvo que luchar bajo un trato duro e inhumano durante los diez años de su encarcelamiento, hace las siguientes reflexiones, que, por venir de la experiencia, no son indignas de ser aquí entretenidas:

"Si yo fuera divino, insistiría a menudo en la necesidad de corregir la irritabilidad y la inquietud de carácter; nadie puede ser verdaderamente bueno sin que esto se lleve a cabo. ¡Cuán noblemente pacífico, tanto consigo mismo como con los demás, era Aquel a quien todos estamos obligados a imitar! No hay elevación de mente, no hay justicia sin moderación en nuestros principios y pensamientos, sin un espíritu penetrante que nos incline a sonreír ante los acontecimientos de esta pequeña vida, en lugar de apasionarnos con ellos. La ira nunca produce ningún bien, excepto en el rarísimo caso de que se emplee para humillar a los malvados, como nuestro airado

Salvador expulsó a los usureros de profanar su santo templo. La excitación y la violencia, tal vez totalmente diferentes de lo que yo sentía, no son menos culpables. La mía era la manía de la aflicción y la desesperación; me sentía dispuesto, mientras sufría sus horrores, a odiar a la humanidad. Varios individuos en particular aparecían a mi imaginación con los colores más repugnantes. Es una especie de epidemia moral, creo, que brota de la vanidad y el egoísmo; porque cuando un hombre desprecia y detesta a sus semejantes, necesariamente supone que es mucho mejor que el resto del mundo. ... Es un hecho curioso que vivir en un estado de hostilidad y rabia en realidad proporciona un placer; parece como si la gente pensara que hay una especie de heroísmo en ello ... Así es el mundo y, sin ánimo de calumniar, no es lo que debería ser".20

Para completar esta parte de nuestro tema, San Juan Crisóstomo tiene un admirable discurso en el que demuestra que nadie puede ser dañado espiritualmente sino por sí mismo.21 El único bien que tenemos que es excelente e imperecedero es nuestra alma, y el bien que Dios da al alma. Pero por nada, excepto por nuestra propia voluntad, puede el alma o su bien sufrir daño. Mientras uno posea su alma en paciencia, nadie puede quitarnos parte alguna de ese bien. Sólo podemos perder el bien del alma si no nos aferramos a él con constancia, y así pecamos al perder la paciencia. Si cedemos la voluntad a la provocación o a la tentación, se nos escapa de las manos y deja que su fuerza se disperse y se esfume ante la palabra o el golpe de otro; y así queda a merced de nuestra naturaleza inferior, debilitándose, apasionándose y volviéndose irrazonable. Sin embargo, el daño y la pérdida para el alma no provienen del provocador, ni de la tentación, sino de nuestra propia falta de paciencia, al no mantener la voluntad en un objeto mejor, que podamos soportar con constancia hasta que pase la prueba. La irritación, la cólera y otras debilidades semejantes, que entregan la voluntad al desorden por un tiempo, son como la enajenación mental, en que van acompañadas de excitación, engaño y enturbiamiento de la razón, hasta tal punto, que cuando vuelve la calma y el sentido sobrio, nos sorprende y apena descubrir que no sólo hemos perdido el dominio de nosotros mismos, sino que nos hemos entregado a una gran locura.

Pero cuando el alma es verdaderamente paciente, ni lo que aflige al cuerpo ni lo que asalta al alma pueden realmente hacernos daño. Al contrario, el alma se enriquece con virtudes más fuertes, y se confirma aquella fortaleza por la que nos aferramos a Dios. "Por lo cual, dice San Pablo, no desmayamos, sino que, aunque el hombre exterior se corrompe, el interior se renueva de día en día. Porque nuestra presente tribulación, que es momentánea y leve, nos produce sobremanera un eterno peso de gloria, mientras no miramos las cosas que se ven, sino las que no se ven. Porque las cosas que se ven son temporales, pero las que no se ven son eternas. Porque sabemos que si nuestra morada terrena se deshace, tenemos de Dios un edificio, una casa no hecha de manos, eterna en los cielos "22.

Todo estallido desmesurado de impaciencia, vejación o cólera va acompañado de tristeza y termina en mayor tristeza. El amor propio es herido, el orgullo humillado, la vanidad decepcionada y avergonzada, y la tristeza sigue, deprimiendo el alma, debilitando el espíritu, nublando la mente, deformando el juicio y paralizando toda virtud generosa. La tendencia de la tristeza es cavilar sobre uno mismo, y considerarse una criatura maltratada y decepcionada, merecedora de cosas mejores. Entonces los vapores de la melancolía se apoderan del corazón, que se vuelve hosco, pesado y amargo, y encuentra una miserable satisfacción en curar las heridas del amor propio en la soledad del alma, como si Dios y nuestros amigos fueran nuestros adversarios. En los accesos virulentos de este morboso desorden, el triste llega a imaginar que este solitario aislamiento es una especie de venganza contra los demás, como si ellos fueran los infligidores de esta amargura, aunque sólo la inflige el propio amor propio y el orgullo.

De ahí que la tristeza sea la más egoísta de todas las cosas egoístas, y la esencia misma del yo, que devora y consume el corazón mismo de la virtud. La serpiente enroscada alrededor de su viscoso yo, sin otro sentimiento que el de sí misma, es la imagen de la tristeza. En sí misma, mientras dura, no tiene ni razón, ni esperanza, ni caridad, ni generosidad. Hemos descrito este vicio en sus grados más oscuros; pero hay muchas otras clases de él, que, si no son tan groseras u ofensivas, son más sutiles y menos observadas, pero que, sin embargo, se convierten en grandes impedimentos para la libertad y generosidad del alma, especialmente en el cumplimiento del deber y en el ejercicio de la oración.

En su comentario a la definición de la paciencia dada por Santo Tomás, el Cardenal Cayetano nos da estas pertinentes observaciones: "'En tu paciencia poseerás tu alma'. Esta posesión consiste en tener el dominio imperturbable y pacífico del alma. Pero es la paciencia la que aleja todo lo que perturba esta tranquila posesión de uno mismo; y es en este sentido que Santiago nos dice que 'la paciencia tiene una obra perfecta'. Pero mientras la alegría mira a lo que amamos y deseamos, la tristeza mira a lo que no nos gusta y no quisiéramos tener; y lo que no nos gusta lo retenemos con miedo, y el miedo está mucho menos en nuestro poder que esos pensamientos deliciosos que inspiran la alegría. Si, pues, nos complacemos morbosamente en la tristeza, ésta llega a ser mucho más perjudicial para el alma que el temor del mal. No debemos olvidar que las virtudes están relacionadas entre sí, y que la caridad es paciente. Pero como la caridad prefiere a Dios a todas las cosas, debe preferir a Dios a todas las cosas que entristecen el alma; y como la paciencia cristiana es causada por la caridad, y no puede existir sin la caridad, todo lo que tengamos que sufrir debe ser soportado con paciencia por el mayor bien, es decir, por el amor de Dios y el cumplimiento de su voluntad".23

De esta exposición la conclusión es obvia. La caridad mira con el ojo alegre del amor generoso a Dios como el mayor y más deseable bien. La tristeza mira con el ojo turbado del amor propio las cosas que nos disgustan y que no quisiéramos tener. Así, la tristeza nos aparta del mayor bien, el bien de la caridad, y nos coloca en la mala condición del amor propio alegre y descontento, en el que el alma se alimenta de la amargura de sí misma en un estado de privación y decepción. Pero para que esto no suceda, la paciencia es dada a la caridad, para que por su poder de resistencia la caridad pueda ser protegida, y el mal de la tristeza pueda ser alejado de invadir el alma.

Hay "una tristeza según Dios", que, dice San Pablo, "obra la penitencia firme para la salvación"24. Pero esta firmeza implica su paciencia. Es una tristeza que no deprime ni entristece, sino que eleva la mente y trae consuelo al alma. No causa repugnancia a la oración, como la tristeza del mundo, sino que atrae el alma hacia Dios, y sólo lamenta las cosas que la separan de Él. Es el cumplimiento de la bienaventuranza: "Bienaventurados los que lloran, porque ellos serán consolados". Pero esa tristeza morbosa o "tristeza según el mundo", que, como dice el Apóstol, "obra la muerte", y a la que se opone la paciencia, es una pasión animal que habita en el apetito sensual. Brota de la irascibilidad y de la repugnancia a los males que teme, y se asienta en la llama de la ira. Porque el objeto de la tristeza es siempre algún mal temporal, real o imaginario, que se cree perjudicial, aunque ofensivo nada más que para el amor propio.

Cuando la tristeza es muy indulgente, sigue una contracción de la mente, un debilitamiento del poder del alma, una disolución de la fuerza del corazón, y una amargura del espíritu, que causa malestar inquieto, y produce indignación y melancolía. Estos sentimientos infelices generan impaciencia, descontento, desdén, pereza y cansancio del corazón. Una cierta oscuridad se cierra sobre la mente inmersa en la turbia unción del amor propio, de modo que el alma no ve su propia locura; y aunque la voluntad comúnmente se encoge en su morboso enredo de expresar la condición del alma, sin embargo, siempre que se le da la palabra, sale de alguna manera así: "No estoy a gusto conmigo mismo"; o, "estoy molesto conmigo mismo"; o, "estoy enfadado conmigo mismo"; o, "no tengo paz conmigo mismo"; o, "soy completamente miserable". Observa cómo todo este lenguaje de tristeza comienza y termina en uno mismo. Obsérvese también cómo apunta al ahogamiento de la paciencia en el torrente de la tristeza. Obsérvese también cómo no respira más que amor propio herido y mortificado en su propia amargura.

Gran parte de esta tristeza proviene de fijar la mente en las causas secundarias de lo que prueba o aflige nuestra naturaleza, en vez de mirar a la causa primera y más benéfica en la voluntad de Dios. Los vientos del cielo, los saqueadores del desierto y la malignidad de Satanás fueron las causas secundarias de las aflicciones de Job; pero él, en su paciente resignación, se dirigió directamente a la causa primera: "El Señor dio, y el Señor quitó. Bendito sea el nombre del Señor". Las privaciones, pruebas o sufrimientos que nos sobrevienen son dirigidos o permitidos por la ordenanza de Dios, y ello con vistas a nuestro bien final. Y la virtud de la paciencia se nos da para que seamos capaces de afrontarlas y sacar provecho de ellas.

Dios sabe lo que necesitamos mucho mejor que nosotros mismos. Nuestras pruebas son las disposiciones paternales de Su providencia; y es ocioso fijar nuestra mente en causas humanas, cuando están gobernadas en los resultados que nos afectan por la única Causa Divina. Son traídas sobre nosotros para nuestra probación, nuestra corrección, o la expiación de nuestros pecados. Tienen por objeto despertar en nosotros las virtudes más nobles, vigorosas y duraderas. Establecen el alma en la disciplina por la fuerza de esa paciencia y magnanimidad que exigen de nosotros. Prueban nuestro amor a Dios y al prójimo por la paciencia y la resistencia que nos exigen. Ellas refinan esos humores nocivos, productos del amor propio y de la pereza, que obstruyen e impiden el generoso flujo de la vida espiritual. Siembran en nosotros la semilla del mérito y preparan la recompensa de la resistencia. Nos hacen generosos en conformar nuestra voluntad a la voluntad de Dios. De ahí que la alegre resistencia a las pruebas y a los sufrimientos sea una virtud verdaderamente sublime, que alcanza sus grados heroicos en los mártires y confesores de Dios. Nos coloca en espíritu con Cristo en la cruz, en esa cruz que Él nos ordena llevar tras Él todos los días de esta vida mortal. Nos da una semejanza y un lote con Él en la gran obra de nuestra salvación, que está toda incluida en el misterio de Su cruz. Con la extremada paciencia de su amor por nosotros, sufrió en extremo; y nuestra paciente resistencia al trabajo y al sufrimiento es la mayor prueba que podemos dar de nuestro amor a Dios en Cristo Jesús.

Pero cuando llegamos a esas pruebas interiores que tocan la médula misma de nuestra vida, debemos aplicar estas reflexiones en un sentido aún más exaltado. Estamos hechos para gozar de Dios, y el alma se deleita en las primicias del Espíritu Santo. Pero debemos purificarnos antes de santificarnos; y debemos merecer a Dios, en la medida de nuestras posibilidades, asemejándonos más a su Hijo encarnado, crucificado tanto en el espíritu como en el cuerpo. Esas arideces interiores y desolaciones del espíritu, esas ansiedades que surgen de escrúpulos impremeditados, esas distracciones y tentaciones no buscadas que ponen a prueba la paciencia del alma, son las crucifixiones del espíritu, y nos piden fortaleza y resistencia. Revelan nuestra debilidad natural, corrigen nuestro amor propio, barren el orgullo y la frivolidad, nos enseñan humildad, purifican el alma de sus vanas presunciones, ponen a prueba nuestra fidelidad y nos obligan a recurrir al remedio de la paciencia. Porque a menos que seamos muy pacientes y resistentes bajo estas pruebas interiores, la tristeza invadirá el alma, pondrá en gran peligro su luz, su libertad y su caridad, y la llevará bajo el dominio de la peor forma de amor propio, de ese amor propio que murmura y se queja en su amargura, y hace de la oración un ejercicio doloroso y reacio.

Entiéndase, pues, y recuérdese que la oscuridad de la prueba no es mal, que la sequedad de espíritu no es pecado, que la confusión de ánimo no es malicia. Son invitaciones a la paciencia, llamadas a la resignación, llamadas a la cruz sanadora, amonestaciones a ser humildes y obedientes a la voluntad de Dios. Se pide a la fe que se adhiera con paciencia a Dios en la oscuridad; pero ésta es la perfección de la fe. A la esperanza se le pide que se adhiera con confianza al bien que, aunque presente, no se siente ni se ve; pero ésta es la sublimidad de la esperanza. La caridad pide en esas horas de desolación la sustancia más que los accidentes del amor de Dios; la voluntad y el deseo puros del amor sin sus sensibilidades; la conformidad paciente con Cristo crucificado y desolado; el deseo valiente de Dios sin la recompensa del deleite presente. Pero éste es ese amor fuerte, puro, desinteresado, que busca a Dios, que es tanto más meritorio por la ausencia del deleite presente. La prueba de este amor valiente y vigoroso está en la seriedad de su deseo y en la paciencia de su resignación. Sin embargo, Dios está secretamente presente con el alma, y mientras que esa alma sufriente se humilla en la conciencia de su enfermedad, en recompensa por su paciencia recibe una fuerza secreta y la paz, infundida en las profundidades de su espíritu, de la que no es del todo inconsciente.

Hemos dicho que el deseo y la paciencia son las pruebas de que el alma aún se adhiere a Dios en la hora de la prueba interior. Porque entonces entrará en el espíritu del Salmista: "Sométete, alma mía, a Dios; porque de Él es mi paciencia. Porque Él es mi Dios y mi Salvador: Pero cuando la nube oscura se rompe, y el sol de la justicia brilla de nuevo para el alma sedienta con rayos más brillantes que antes, ella emerge de su prueba más pura, luminosa y firme en la virtud a causa de su fe y paciencia en el día de angustia. "Hijo", dice el sabio Eclesiástico, "cuando vengas al servicio de Dios, mantente en justicia y temor, y prepara tu alma para la tentación. Humilla tu corazón, y soporta; inclina tu oído, y recibe las palabras del entendimiento; y no te apresures en el día de las nubes. Espera en Dios con paciencia; únete a Dios, y resiste, para que tu vida sea aumentada en el postrer fin. Acepta todo lo que te sobrevenga; y en tu dolor soporta, y en tu humillación conserva la paciencia. Porque el oro y la plata se prueban en el fuego, pero los hombres aceptables en el horno de la humillación. Cree en Dios, y Él te recobrará; y dirige tu camino, y confía en Él". Luego, para sacarnos del temor y del desaliento, el Sabio pone ante nosotros estos altos motivos para nuestro aliento: "Hijos míos, mirad las generaciones de los hombres; y sabed que nadie ha esperado en el Señor, y ha sido confundido. Porque ¿quién ha permanecido en su mandamiento, y ha sido desamparado? ¿O quién le invocó, y le despreció? Porque Dios es compasivo y misericordioso, y perdonará los pecados en el día de la tribulación, y es protector de todos los que le buscan en la verdad".26

Pero si en nuestras pruebas interiores perdemos la paciencia, entonces caemos en la tristeza, y así nos debilitamos, nos turbamos y nos desanimamos. Porque así como por la paciencia nos adherimos a Dios y recibimos su influencia fortalecedora, por la misma paciencia soportamos la privación del consuelo y resistimos los temores desalentadores. Pero si, en la oscuridad y sequedad del alma, cedemos a temores desalentadores, y perdemos la confianza porque estamos privados de consuelo, entonces la paciencia cede el paso a la impaciencia y al desaliento, que abren la puerta a la tristeza, el mayor enemigo de la esperanza, que afloja los lazos de la caridad, y nos deja en una condición débil e indefensa, presa de un amor propio mortificado; porque la tristeza trae consigo una falta de devoción.

Sin embargo, el remedio para la tristeza es la oración. "Si alguno de vosotros está triste -dice Santiago-, que ore "27. Pero como la tristeza medita en el egoísmo, y se inclina a descansar más bien en nuestros propios pensamientos infelices que en Dios, el alma acude a la oración con desgana, y por tanto en primer lugar con esfuerzo. De aquí que el entristecido deba dirigirse primero a Dios por medio de la oración vocal, perseverando en ella, se vencerá esa renuencia, y así se recobrará la disposición para el recogimiento de la oración mental; y, al disminuir la tristeza, el espíritu entrará de nuevo en el corazón de la oración.

El segundo remedio contra la tristeza es salir de ella mediante algún acto externo de bondad o generosidad. Porque el mal consiste en una concentración mórbida en uno mismo, y en una cavilación dentro de uno mismo, que repele la simpatía y la bondad, por ser adversas a este estado de ánimo melancólico, un estado de ánimo que sólo puede ser abrigado en el aislamiento del espíritu. Pero si la voluntad hace un pequeño esfuerzo por ser amable y considerada con otra persona, es sorprendente lo pronto que se rompe ese encanto maligno que mantenía al alma atada a sus pensamientos tristes y a sus agravios imaginarios. Una sonrisa, una mirada amable, unas pocas palabras gentiles, una acción considerada, aunque comenzada con esfuerzo, bastará para abrir el alma y liberar al espíritu de su engaño. La acción, de nuevo, en la línea del deber, y desde el sentido del deber, permitirá al alma deshacerse de la morbosidad con la que está cargada; y por el retorno a pensamientos más alegres recuperará su paciencia.

Como toda virtud se mantiene en su camino entre dos vicios que tienen alguna semejanza con ella, el uno en exceso, el otro en defecto; la paciencia se mantiene en su camino entre el vicio de la obstinación, como exceso, y el vicio de la impaciencia, como defecto. La obstinación surge de la estupidez o del orgullo. Se parece a la paciencia, porque parece mantenerse en lo suyo y resistirse a lo que no es suyo. Pero la paciencia es razonable, y la obstinación es irrazonable; la paciencia resiste lo que es malo, y la obstinación resiste lo que es bueno; la paciencia es tranquila, y la obstinación es turbulenta. La impaciencia es el vicio en defecto de la paciencia. Cuando se convierte en irritación y cólera, a menudo se confunde con fuerza, pero la fuerza del alma está en su paciencia. Cuando un hombre está lleno de la impaciencia de la cólera de la cabeza a los pies, os dirá que nunca ha estado más tranquilo o dueño de sí mismo en su vida; confunde el equilibrio ecuánime de la excitación y la perturbación en todo su sistema con la calma y el dominio de sí mismo. Está poseído, en efecto, pero poseído por una impaciencia y una debilidad que le apartan de la luz de la razón y del juicio de la prudencia y le llevan a cometer locuras, cuya retrospectiva produce tristeza.

La caridad y la paciencia forman el carácter cristiano. Amar a Dios, y en esa caridad divina amar todo lo que Dios ama, es expandir la llama de la vida en el alma, por la cual el espíritu se engrandece con la comunión del bien eterno, y con toda clase de bienes. Pero la paciencia es la fuerza y la solidez de la caridad, que hace firme y estable esta virtud de oro; que impide que la impetuosidad de la naturaleza y sus tentaciones hieran la llama del amor; y, por su disciplina, conserva el alma en serenidad y paz. La unión de estas dos virtudes en un solo ardor y fuerza, trae la dulzura de la mansedumbre, y completa la lúcida imagen de Cristo en el alma, haciéndola hermosa a los ojos de nuestro Padre Celestial.

Cuando se considera qué poder da la paciencia cristiana a criaturas por naturaleza tan débiles e inconstantes, no podemos menos de ver que su origen es divino. ¡Qué motivo para esforzarnos en llevar su gracia a la virtud que nos da la posesión de nosotros mismos! Sólo hay un mal a los ojos de Dios, y ese mal es el pecado. El pecado surge de la impaciencia que no se adhiere a Dios, y mantiene la voluntad firme a su ley y mandamientos. Pero la naturaleza de la paciencia cristiana es descansar en Dios y aferrarse con firme tenacidad a lo que Él ordena. Todo lo que se llama males, como las privaciones temporales, las pruebas y los sufrimientos, están tan lejos de ser males para el alma paciente, que en esta providencia presente están en el orden del bien. Son males para aquellas almas impacientes que los convierten en ocasiones de pecado; pero aquellas pacientes derivan su poder de Dios para transformar el sentido de estos males en virtudes que enriquecen el alma, y la llevan a su Bien Eterno.

La restauración del hombre a Dios debe, pues, devolverle aquella paciencia, por cuya pérdida dejó de permanecer en Dios y en su voluntad. Pero esa restauración se realiza por medio de Jesucristo, el Hijo de Dios, que exhibió, tanto ante Su Padre como ante los hombres, la perfección de la humildad y de la paciencia desde el principio hasta el fin de Su vida mortal. El Padre dio Su paciencia al Hijo, y con esa paciencia divina el Hijo venció a todos Sus enemigos y a los nuestros; y nos dio esa paciencia a nosotros, para que con su ayuda podamos dominar nuestra debilidad, y vencer en todo encuentro hostil. Porque, en palabras de San León: "La Pasión del Señor continúa aún, e incluso hasta el fin del mundo. Como Él es amado en sus santos, y es alimentado y vestido en sus pobres; así Él perdura en aquellos que sufren pacientemente por causa de la justicia".28

Por eso el gran Apóstol nos presenta la paciencia como el poder que resiste la entrada del pecado, y nos exhorta, con la vehemencia del Espíritu Santo, a mantener ante nosotros la paciencia de Cristo en todo su ejercicio. Dice a los Hebreos: "Despojándonos de todo peso y pecado que nos rodea, corramos con paciencia a la lucha que se nos propone: puestos los ojos en Jesús, el autor y consumador de la fe, el cual, puesto el gozo delante de él, sufrió la cruz, menospreciando el oprobio, y ahora está sentado a la diestra del trono de Dios. Pues pensad diligentemente en Aquel que soportó tal contradicción de los pecadores contra sí mismo: que no os canséis, desmayando en vuestras mentes. Y, para mostrar el gran valor de las pruebas para perfeccionar la paciencia, y cuán íntimamente está ligada la paciencia con la caridad, el Apóstol dice de nuevo: "Nos gloriamos también en las tribulaciones, sabiendo que la tribulación produce paciencia; y la paciencia, probación; y la probación, esperanza. Y la esperanza no confunde, porque la caridad de Dios está derramada en nuestros corazones por el Espíritu Santo que nos ha sido dado".30

1 Salmo lxi. 6.
2 Santo Tomás, Sum. 2 a. q. 36. a. 1.
3 2 Corintios vii. 10.
4 Ecles. xxx. 25.
5 S. Greg. Mag. Moral. in Job, L. v. c. 30.
6 Silvio Pellico, Le mie Prigioni.
7 Hugo de S. Victore, De Septenariis, c. 11.
8 Gálatas vi. 2.
9 Gerardus Blega, en cap. 58, S. Regula.
10 Gálatas, v. 13-15 y 25-26.
11 Job i. 21-22.
12 Job xlii. 12.
13 Job iv. 3-6.
14 Santiago i. 19-20.
15 Romanos xii. 18-21.
16 San Ambrosio. De Officiis, c. 21.
17 Salmo iv. 5.
18 San Bernardo, Epist. 69, ad Guidonem Abbatem.
19 San Gregorio. Mag. in Job, L. v. c. 33.
20 Silvio Pellico, Le mie Prigioni, c. 17.
21 S. J. Chrysost. Hom. Quod nemo laeditur nisi a semetipso.
22 2 Corintios iv. 16-v. 1.
23 Cayetano. in Summam S. Thomæ, 2. a. q. 136.
24 2 Corintios vii. 10.
25 Salmo lxi. 6-7.

26 Eclesiástico ii. 1-13.
27 Santiago v. 13.
28 S. León, Serm. Ult. De Passione Domini.
29 Hebreos xii, 1-4
30 Romanos v, 3-5

3
SOBRE LA PACIENCIA COMO VIRTUD UNIVERSAL

"Mostrémonos en todo con mucha paciencia"-2 Corintios vi. 4

Debido al hábito de pensar en las virtudes individual y separadamente, y al método de tratarlas así en los libros, estamos demasiado dispuestos a perder de vista su estrecha conexión entre sí, y la forma en que actúan, no sólo entre sí, sino dentro de sí. Las distinciones entre ellos tienen su fundamento en sus objetos, y comprender estas distinciones es una instrucción valiosa y útil. Pero es igualmente valioso e instructivo el conocimiento que nos permite comprender cómo actúan en unión y cooperación mutua, dándose animación, apoyo, vigor o protección los unos a los otros. Un solo color no puede hacer un cuadro, ni una sola virtud un santo; muchos colores se unen y mezclan sus matices para formar una bella obra de arte, y muchas virtudes se unen y mezclan felizmente para hacer un alma bella.

Como todas las virtudes tienen su asiento en la voluntad, y allí se unen, fluyen unas en otras, se ayudan mutuamente, y son más perfectas cuando están más unidas. Pero esta conexión y cooperación es mucho más íntima en las virtudes cristianas que en las naturales, porque tienen su origen en el principio divino de la gracia, convergen proporcionalmente a su perfección a un fin último, y están todas animadas por una misma vida de caridad. Todas las virtudes cristianas viven a la luz de la fe, todas miran a la esperanza, todas obtienen su vida del amor de Dios. Están fundadas en la humildad, regidas por la justicia, guiadas por la prudencia, sostenidas por la fortaleza, preservadas por la templanza, fortalecidas y protegidas por la paciencia. La fortaleza cristiana es un grado más profundo de la paciencia cristiana. Es un don del Espíritu Santo, y la paciencia está incluida en ella como lo menor en lo mayor.

Aunque cada virtud tiene su propio objeto, algunas virtudes se llaman universales, porque, además de su propio objeto especial, entran en todas las demás virtudes y ayudan a todas las demás virtudes a conseguir su objeto. De éstas, junto con la caridad, la paciencia es la más importante; porque, recordando las palabras de San Zenón, "todas las cosas miran a la paciencia". Ni la fe, ni la esperanza, ni la caridad, ni la justicia, ni la humildad, ni la caridad, ni ninguna otra virtud pueden mantenerse unidas o seguir su camino sin el nervio, el freno y la disciplina de la paciencia. De ahí que se la haya llamado la virtud de las virtudes, por darles toda su fuerza, estabilidad y perseverancia. También se le ha llamado la parte principal de la virtud, por ser la fuerza permanente que las lleva a través de sus dificultades. Si preguntáis la razón, la encontraréis en la debilidad, irritabilidad e inconstancia de nuestra naturaleza, que se ha vuelto mucho más débil a causa de la caída y el pecado. Pero esto requiere una amplia explicación, que nos ayudará a conocernos a nosotros mismos y a comprender qué ayuda necesitamos para hacernos constantes y pacíficos.

Si examinamos el conjunto de las virtudes, encontraremos que se dividen en dos clases, según la obra que realizan en favor del alma. Una de estas clases busca alcanzar el bien, la otra remueve los obstáculos que nos impiden buscar el bien. Del género que busca directamente el bien son la fe, la esperanza, la caridad, la justicia y la religión; del género que quita los obstáculos al bien son la humildad, la templanza, la abnegación y el arrepentimiento. Pero la paciencia, que, como observa San Zenón, "consiste menos en multiplicar que en perfeccionar las virtudes", pertenece a ambas clases de virtud. Viene con la caridad, deriva el fuego de su energía de la caridad del Espíritu Santo, y le da perfección. Por esa parte hace que la voluntad se adhiera a Dios con constancia, y sostiene las demás virtudes que buscan directamente a Dios; pues obran perfectamente en la medida en que obran pacientemente. Pero tiene otra obra, de la que somos más conscientes, en el fortalecimiento de aquellas virtudes que resisten al mal y a todo lo que perturba la paz y la tranquilidad del alma. Así pues, mientras que la paciencia es conservadora de las virtudes que buscan el bien, es la fuerza y la permanencia de aquellas virtudes que remueven los obstáculos al bien. Por eso San Gregorio la llama raíz y guardiana de las virtudes, y San Cipriano enseña que es a la vez expulsora del mal y guardiana del bien. Esto nos remite a la definición de la virtud que da San Agustín, según la cual por la paciencia soportamos alegremente los males con ánimo ecuánime, para no desertar, por una mala disposición, de aquel bien que nos lleva a nuestro mayor bien.

Un alma dada a la impaciencia pierde la fuerza de toda virtud y debilita su dominio de todo lo que es bueno; no tiene el nervio espiritual para mantenerse firme; porque en el alma impaciente hay una inquietud, una vacilación, una falta de fibra espiritual, un desvío de la buena intención, y una falta de firmeza en la acción que perturba el alma y socava las resoluciones más virtuosas.

Cualquier cambio que ocurra en los sentidos y sentimientos de una persona así -una pequeña inquietud en los nervios, un pequeño cansancio de la mente, un pequeño problema en los afectos- perturbará su escasa paciencia, bajará el tono de su virtud e incluso cambiará sus intenciones. Casi cualquier cambio en las circunstancias externas -una alteración en el tiempo, una mala noticia, una palabra aguda, o alguna pequeña interferencia con lo que uno está haciendo, por muy bien intencionada que sea- será suficiente para alterar las disposiciones del corazón y cambiar la corriente y el color de los pensamientos, a medida que el alma impaciente vibra de una cosa a otra, y se precipita en el deseo del deber presente a algo que la imaginación representa como más agradable. Con el crecimiento de la impaciencia viene la desgana de detenerse en esas verdades divinas e inmutables que no concuerdan con el espíritu de cambio inquieto, y una desgana aún mayor de aferrarse a esos motivos divinos que nos invitan a la constancia y nos llevan a actuar con miras a nuestro bien espiritual; porque nuestra impaciencia nos compromete con el sentido de nuestra propia incomodidad, disipa el espíritu de recogimiento, y dispersa el poder de la atención, con gran daño de toda estabilidad de propósito.

Pensad en la condición no regenerada del cuerpo mortal, con su llama de concupiscencia que lujuria contra el espíritu, sus sensibilidades inquietas, sus apetitos petulantes, sus movimientos desordenados, su renuencia a someterse a la ley del espíritu, sus irritabilidades siempre cambiantes, y esos instintos torcidos del mal que a través de la imaginación se mueven sobre el alma, todo tendiendo a perturbar su paz, y a derribar las virtudes. A menos que haya paciencia para resistir y soportar los influjos de la irritación, la curiosidad y la codicia, es imposible que el alma conserve su propio bien, o asegure su aumento; porque cada virtud y el bien de cada virtud están expuestos a la tentación y a la pérdida por ceder a la inquieta irritabilidad de nuestro cuerpo mortal. Incluso aquellos que han obtenido un comportamiento externo calmado para propósitos sociales por medio de un entrenamiento artificial, no se libran en ningún grado de sus disturbios internos.

Además, en el alma misma existe ese terrible desorden del amor propio, que da origen al orgullo y a la vanidad, esos temibles irritantes, debilitadores y divisores del alma, que tanto interfieren con los movimientos de avance de todas las virtudes, y dan lugar a tal cantidad de impaciencia y perturbación, y, estando en estrecha alianza con los sentidos animales, no dejan nada en su lugar correcto, nada en su justa unión con su propio bien y fuerza, nada en paz duradera.

El bien del alma es espiritual como ella misma, pero inconmensurablemente mayor que ella misma. Es la pequeñez del amor propio lo que la hace impaciente por un bien mucho mayor al que el amor propio puede aspirar, o al que puede aspirar cualquier cosa que no sea la caridad. Para alcanzar ese bien se requiere una cooperación muy paciente con la gracia de la caridad. Pero la desgana que hace al alma lenta y renuente a buscar ese bien espiritual, revela la febril impaciencia de su bien mayor con que está afligida.

En un espíritu perfecto, el pensamiento y la voluntad deben actuar al unísono, el pensamiento con la verdad y la voluntad con la justicia contenida en esa verdad. La voluntad debe rechazar inmediatamente el mal que la verdad revela al pensamiento. Y todas las potencias del alma, con las virtudes que les pertenecen, deben actuar en perfecto acuerdo con la luz en la mente y la justicia en la voluntad. Esto implica una perfecta unión del alma con Dios, hasta la completa aniquilación del amor propio desordenado; y un estado de estabilidad en esa unión, que ni se aparta de la luz de Dios, ni vacila en el amor de Dios. Esta estabilidad es la paciencia perfecta de la caridad. Cambia esa paciencia en impaciencia, y la unidad de esa alma con Dios, y a través de Dios con ella misma, se verá sacudida y perjudicada, si no perdida del todo.

En la medida en que el alma pierde su unión con Dios, se aleja de la base divina de su fuerza, y surge la división en su interior. Como consecuencia de esta división, sus actos espirituales se vuelven débiles, vacilantes e impacientes. La voluntad está a menudo en discordia con la mente, y la mente con la verdad. Las buenas intenciones fracasan por falta de resolución, y los actos débiles vacilan tras las intenciones vacilantes, y éstas se pierden pronto de vista por falta de la paciencia que les da perseverancia. La conciencia y la conducta están a menudo en desacuerdo por falta de esa fuerza y estabilidad de la voluntad que sigue fielmente las inspiraciones de la conciencia. Así es el hombre caído, debilitado en todas sus articulaciones y tendones espirituales por la enfermedad debilitante de la impaciencia.

"Sólo el hombre es testarudo", dice San Zenón, "sólo impaciente, que se complace diariamente en sus emociones desordenadas. Le gusta cambiar. Piensa que es una miseria ser él mismo. No está dispuesto a ver que cuando no se mantiene en su estado justo y apropiado, se somete a un trastorno que no es diferente a la locura. ¿Qué es esta impaciencia sino una condición escurridiza de la mente, en la que el alma actúa con perturbaciones precipitadas y frecuentes contra su propio bienestar? Sus acciones son inestables, incautas, ciegas e imprudentes; y se excita a sí misma a su propia perdición. La impaciencia es una cosa sin sustancia, un fracaso ocupado despojado de dignidad personal, poniendo todo en un estado de problema, perturbando todas las cosas en un instante. La impaciencia es la madre del pecado, la nodriza de la curiosidad, el acicate de la temeridad, el autor de males detestables. La muerte que estranguló la salvación humana brotó de la impaciencia en el principio del mundo "1.

Si hay algo de verdad en esta descripción de la humanidad cuando vivía en tiempos tranquilos, cuánto más aplicable es esa verdad a los tiempos inquietos en los que vivimos. Todas las condiciones actuales de la vida parecen combinarse para hacer a los hombres inquietos e inestables. Parece como si hubiéramos caído en esos últimos tiempos predichos por el Profeta Daniel, cuando "muchos pasarán de aquí para allá, y la ciencia será múltiple "2. Cualesquiera que hayan sido los beneficios resultantes de las investigaciones, especulaciones e invenciones de nuestros tiempos, han tenido el efecto de producir una intoxicación moral en las mentes de los hombres, que los ha alejado de la búsqueda de las cosas divinas y eternas, y ha cambiado los hábitos tranquilos de nuestros padres por hábitos de inquietud y amor al movimiento perpetuo. La mayoría de los hombres se han vuelto ávidos de novedades y cambios, y viven tanto fuera de sí mismos que descuidan o incluso abandonan el bien interior de sus almas. El árbol de la ciencia del bien y del mal ha sido sacudido por sus frutos, y si la ciencia del bien ha caído sobre los que se inclinan al bien, la ciencia del mal ha caído en gran abundancia sobre los que se inclinan al mal. Vivimos en medio de una vida inquieta, impaciente y febril, que exige más que nunca para nuestra seguridad paciencia de voluntad y estabilidad de ánimo.

Todavía no hemos terminado el relato de la fiebre de la impaciencia. Un gran número, incluso de personas que desean las cosas mejores, sufren habitualmente de una forma baja, maligna y silenciosa de la enfermedad; porque, ignorantes de sí mismos, son incapaces de percibir cómo su falta de paciencia interior priva a sus virtudes de su vigor, y socava su salud espiritual. Sienten que algo les impide avanzar hacia virtudes más sólidas, pero no ven que es su falta de paciencia consigo mismos y con lo que se proponen, lo que distrae la mente, disipa el corazón y hace que el alma sea inconstante en sus propósitos. Nunca han disciplinado su voluntad, ese poder central del alma, en esa paciencia fundamental que da una base firme y segura a todos los actos de nuestra vida. No han realizado para sí el sentido del Salmista, cuando, consciente de su debilidad natural, se exhorta a sí mismo: "Sométete, alma mía, a Dios, porque de Él es mi paciencia". "Hay algo tan singular en esta virtud", observa el erudito y contemplativo Harphius, "que incluso aquellos que parecen tener las otras virtudes están a menudo desprovistos de paciencia".3 No sólo están desprovistos de paciencia interior y espiritual, sino que no tienen ni idea del inmenso defecto que es, ni de hasta qué punto su impaciencia interior es la causa de sus problemas internos, y el obstáculo para su progreso interior.

"La paciencia es de Dios -dice san Cipriano-, y quien es manso, benigno y paciente, es imitador de Dios. Si la paciencia de Dios Padre permanece en nosotros, que somos reparados por la Divina Natividad, si tenemos esa semejanza de Dios en nosotros que se perdió en Adán, debería brillar desde nuestro interior hacia fuera, y manifestarse en nuestras acciones".4

Lo que hasta ahora hemos tratado de decir sobre esta virtud como fundamento de las demás virtudes, ha sido felizmente expresado por el Pontífice León XIII. En su Carta Encíclica sobre la Tercera Orden de San Francisco, el Sucesor de Pedro nos enseña con estas palabras: "La perfección de la virtud cristiana es una disposición de alma paciente con todo lo arduo y difícil. Su símbolo es la Cruz, que llevan sobre sus hombros los que siguen a Cristo. Pertenecen a esta disposición un alma desprendida de las cosas mortales, un vigoroso dominio de sí misma y una dulce y resignada resistencia a la adversidad. Por último, el amor a Dios y al prójimo es el dueño y soberano del alma; tal es su poder, que borra todas las penalidades que acompañan al cumplimiento del deber, y hace que los trabajos más duros no sólo sean soportables, sino realmente agradables.

Siempre que la voluntad se separa del fundamento de su fuerza apartándose de Dios, los instrumentos de la voluntad, ya sea la mente, la mano o la lengua, pierden su paciencia, y al perder su paciencia pierden su sabiduría y habilidad. Los pensamientos se desvían de su propósito, la imaginación seduce y se lleva la atención, las manos se relajan en su trabajo, la lengua se vuelve imprudente, el sentido del deber se debilita, y el deber mismo se demora en su camino, o se cumple imperfectamente. El obrero sufre tanto como la obra, porque la impaciencia es un problema y contiene un elemento de tristeza. Como es obvio que todas las virtudes y toda la condición del alma se debilitan por la fiebre de la impaciencia, debe ser igualmente obvio que toda el alma se fortalece y se hace saludable por la disciplina de la paciencia. De ahí el viejo proverbio francés de que la paciencia supera a la ciencia. Pero ésta es la última virtud que se obtiene en su perfección, porque la naturaleza humana es muy débil e inconstante, y la adquisición de esta virtud es laboriosa. Pero cuando ha alcanzado cierta perfección, asegura al alma una alegre serenidad y dulzura, y una paz constante.

Considerada como virtud universal, San Cipriano la describe en los siguientes términos: "La paciencia nos encomienda a Dios y nos mantiene unidos a Él. Por su fuerza contenemos la ira, controlamos la lengua, gobernamos la mente y guardamos la paz del alma. Por la misma virtud nos gobernamos con disciplina, sofocamos los asaltos de la concupiscencia, reprimimos la hinchazón del orgullo y apagamos el calor de la malicia. Impide a los ricos abusar de su poder y sostiene a los pobres en sus necesidades y angustias. Protege la bendita integridad de las vírgenes, la laboriosa castidad de las viudas y la mutua caridad de la vida matrimonial. Hace al alma humilde en la prosperidad, fuerte en la adversidad y mansa ante las injurias y calumnias. Nos enseña a ser prontos en perdonar las ofensas; y cuando hemos ofendido, a pedir mucho y largamente perdón. Repele las tentaciones, soporta las persecuciones y da a los sufrimientos y al martirio una feliz consumación. La paciencia da fundamentos fuertes y firmes a nuestra fe: la paciencia exalta nuestra esperanza a un grado sublime de confianza: la paciencia nos capacita para seguir los pasos de Cristo, y caminar tras Él por el camino de la resistencia: nos da la perseverancia de los hijos de Dios mientras imitamos la paciencia de nuestro Padre Celestial".5

Para situar el tema en su punto de vista más amplio, todos los apetitos y pasiones de nuestra naturaleza son buenos cuando están en su justo orden, en su justa medida, en su debida dirección y en verdadero acuerdo con la luz de la razón y de la fe. Pero se desordenan, nos inclinan al mal y se vuelven malos ellos mismos, cuando por una irritabilidad desordenada, que es el resultado de la debilidad, brotan desordenadamente y nos llevan al desorden. Como Santo Tomás enseña de San Pablo, lo que es irritable o irascible en nuestra naturaleza tiene su raíz en la concupiscencia, o en los deseos apasionados de nuestros apetitos animales, y termina en ellos. De donde se sigue que la paciencia fundada en la fortaleza es el remedio adecuado para todas las pasiones y apetitos desordenados. Y esto nos recuerda la enseñanza de muchos de los primeros Padres, de que si Adán hubiera conservado su paciencia no habría perdido su inocencia. La impaciencia se ve en la debilidad sensible de la infancia, en la inquietud de la juventud, en la inestabilidad de la madurez y en la debilidad de la vejez. Pero nunca la ves en los santos, porque ellos se han disciplinado laboriosamente en la paciencia, y han obtenido la alegre posesión de sí mismos.

Algunas personas son, por naturaleza y por el temperamento de su constitución, más coléricas e irascibles que otras. Este temperamento se compone de dos elementos, el ardor sanguíneo y la irascibilidad. Pero cuando esta irascibilidad ha sido llevada por la autodisciplina laboriosa bajo la regla de la paciencia, el ardor de la misma es más valioso cuando en su dirección correcta, tanto para la superación de las dificultades, y para la realización de buenas obras. Y lo mismo sucede con todas las fuerzas de la naturaleza humana: líbrenlas de la influencia perturbadora de la impaciencia, sométanlas a la disciplina de la paciencia, y obrarán en buen orden y con el mejor efecto de que son capaces.

La virtud de la paciencia no sólo procede de la caridad, sino que la perfecciona. "La caridad es paciente". En las palabras atribuidas a San Dionisio Areopagita: "Este estado divino es obra del Espíritu Santo que habita en el alma y, como muestra San Pablo, la gracia de la caridad lleva consigo la gracia de la paciencia. Pero la caridad es la forma vivificante de todas las virtudes. En primer lugar, es el principio divino de su vida sobrenatural. En segundo lugar, les da su valor sobrenatural y el mérito condigno de la vida eterna. En tercer lugar, la caridad les comunica aquel alto bien moral del que obtienen su perfección.[7]

Pero advierta especialmente el lector que una cosa es la gracia y otra la virtud. La gracia es el don divino; la virtud resulta de la cooperación de la voluntad con el don divino. Pero como en el ejercicio de la paciencia hay mucho más que vencer y, por consiguiente, mucho más trabajo de la voluntad que en el ejercicio de cualquier otra virtud, ésta es la razón por la que son tan pocos los que alcanzan los grados más perfectos de paciencia. No habiendo experimentado nunca la maravillosa fuerza y paz que la virtud fundamental de la paciencia da al alma, ni la claridad y vigor que da a sus actos interiores, nunca se han dado cuenta de la extrema importancia de esforzarse por obtenerla a cualquier precio. Sin embargo, la caridad se perfecciona por la paciencia; y esto se manifestó en nuestro Señor Jesucristo, cuya divina caridad fue tan maravillosamente paciente, y que consumó su amor a su Padre y a la humanidad por sus sufrimientos más pacientes. San Buenaventura justamente observa que sufrir y soportar con paciencia por amor de Dios es una cosa mucho mayor que hacer grandes obras por amor de Dios. Pero en esto pecan a menudo las almas piadosas: atribuyen este principio a los sufrimientos externos, y no ven que se aplica con mayor verdad aún a los sufrimientos internos y espirituales. Sin embargo, nuestro divino Señor sufrió mucho más en el alma que en el cuerpo.

Hay una frase de San Máximo que todo buen cristiano debería llevar en su mente: "La suma del cristianismo es dar amor por amor, y paciencia por sufrimiento; quien sea más paciente bajo el sufrimiento será el más grande en el reino de los cielos".8 Pero debe recordarse igualmente que los sufrimientos espirituales son mucho mayores que los sufrimientos corporales. Y aquí no estará de más una observación del docto y piadoso Cayetano. Comentando la primera de las Bienaventuranzas: "Bienaventurados los pobres de espíritu, porque de ellos es el reino de los cielos"; y también sobre la última: "Bienaventurados los que padecen persecución por causa de la justicia, porque de ellos es el reino de los cielos"; después de señalar que los pobres de espíritu son los humildes, dice: "Por la palabra persecución debes entender toda clase de dolor y sufrimiento. Veis, pues, que una misma recompensa se da a los que actúan con paciencia (los pobres de espíritu) y a los que sufren con paciencia, con tal de que perseveren hasta el fin. Ambos obtienen el reino de los cielos, y ya es suyo, aunque todavía no hayan entrado en posesión de él". En resumen, la recompensa del cielo, tan magníficamente descrita en el Apocalipsis, es allí repetidamente prometida por Nuestro Señor a los que por la paciencia vencen a sus adversarios venciéndose a sí mismos.

Las íntimas relaciones de la paciencia con la caridad nunca han sido expresadas con mayor fuerza y belleza que en la parábola dictada por Santa Catalina de Siena en estado de éxtasis. Se encuentra en su diálogo sobre la discreción, y aquí la traducimos libremente. Sin embargo, en primer lugar hay que señalar que Santa Catalina utiliza la palabra discreción en el sentido de recogimiento espiritual, en el que obtenemos la percepción del valor relativo de las cosas divinas y humanas. En este sentido sigue al ilustre Doctor de su Orden, Alberto Magno, que la describe así: "La verdadera discreción consiste en juzgar prudentemente entre el Creador y la criatura, entre lo que es el Creador y lo que es la criatura, y en cuánto difiere el Creador de la criatura. Asimismo, juzga entre lo que es bueno, lo que es mejor y lo que es mejor; y también entre lo que es malo, lo que es más malo y lo que es más malo; a la vez que decide cuánto debe amarse lo bueno y detestarse lo malo".9

El hombre justo es comparado en el Salmo a un árbol plantado junto a las aguas, cuyos frutos no faltan. Si plantas un árbol dentro de un círculo de tierra fértil, la tierra lo nutrirá y lo hará fructificar. Pero si lo sacas del círculo en el que está plantado, morirá y no producirá nada. El alma es un árbol hecho para fructificar en el amor: sólo puede vivir en la caridad. Las raíces de ese árbol son los afectos del alma, que deben estar plantados dentro del círculo del conocimiento de sí, de ese conocimiento de sí que está unido a Dios por la humildad. Pero Dios se asemeja al círculo en esto, en que no tiene principio ni fin. Y el alma que se planta en la tierra de la humildad y se une a Dios, se encuentra dentro de ese círculo divino, dentro del cual obtiene el conocimiento de Dios y de sí misma. Si el alma está así unida a Dios, encontrará que su conocimiento, como ese círculo, no tiene principio ni fin. Pero si el alma no está unida a Dios, aunque tenga un principio de conocimiento, éste terminará en confusión.

En la medida en que el árbol de la caridad sea alimentado por la humildad, producirá las ramas de la discreción; pero la médula del árbol es la paciencia; y esta paciencia es la prueba demostrativa de que Dios está en el alma, y de que el alma está unida a Dios. Así plantado dulcemente, el árbol producirá las virtudes como sus flores, y producirá tales frutos que serán provechosos a nuestros vecinos, a los que al menos estén dispuestos a aceptarlos de los siervos de Dios. El alma misma alabará a Dios, que es el Creador del árbol y de sus frutos, y llegará a su fin último en el Dios eterno, de quien, sin su consentimiento, nunca podrá ser apartada. Pero los frutos penden de las ramas de la discreción por la fuerza de la paciencia, de la que derivan su excelencia.10

El alimento no es más esencial para la fortaleza del cuerpo que la paciencia para la fortaleza del alma; y Dios en su bondad nos hace conscientes de nuestra debilidad, para que seamos inducidos a buscar los medios de fortalecernos. Lo que Dios ama y aprueba en nosotros es la paciencia alegre y amorosa que ponemos en nuestros deberes, porque ése es el espíritu de la caridad, y expresa la cantidad de caridad con que le servimos. Cada nuevo freno que ponemos a la prisa e impetuosidad de nuestra excitable naturaleza es una reducción al orden, un poder ganado, una debilidad eliminada, una mayor sujeción de la naturaleza a la gracia, un paso en el camino de la paz, que nos hace menos desemejantes a Dios.

Leemos mucho sobre la abnegación y la automortificación de los santos; sabemos cuán eficaces son para purificar la naturaleza y someter el cuerpo al espíritu y el espíritu a Dios, siempre que esté bajo la salvaguardia de la obediencia. Sabemos que la abnegación es ordenada por nuestro Divino Señor a todos Sus seguidores, y que sin abnegación no puede haber virtud sólida, porque ataca directamente el amor propio, que es la fuente de todo mal. "Y dijo a todos: Si alguno quiere venir en pos de Mí, niéguese a sí mismo, tome su cruz cada día, y sígame".11 Quien, además, conozca esas escuelas de santidad, las Órdenes Religiosas, no habrá dejado de observar que donde el espíritu del fundador es debidamente observado, la alegría y el gozo espiritual están siempre en proporción con la cantidad de abnegación y austeridad ordenadas por la Regla. Este hecho nos abre una gran luz, y muestra que el secreto de la alegría y el contento está en la libertad de espíritu obtenida por la conquista del cuerpo. Debe ser así, porque el sacrificio de sí mismo a Dios vigoriza la voluntad, hace al alma paciente y sana, y apaga ese sensual amor propio que es fuente de impaciencia y tristeza, cambiándolo por el generoso amor de Dios.

Pero cuando llegamos a esa mortificación interior y espiritual a la que está subordinada la abnegación exterior, encontraremos, tras un examen cuidadoso, que todo es reducible a la paciencia. Tomemos como ejemplo la mortificación de la curiosidad desordenada. Es un vicio muy perjudicial tanto para el dominio de sí mismo como para el recogimiento, y abre la puerta a muchas tentaciones. Lleva la mente en busca de novedades que distraen y disipan. Se entromete en la conducta y los asuntos de otras personas, que no interesan al alma. Incluso husmeará en el error y el vicio, y anhelará probar el mal que hay en ellos. Este mal no sólo disipa la mente, sino que engendra muchos juicios precipitados y abre el corazón a muchas tentaciones. Pero es la paciencia la que retiene la mente de la curiosidad, y mortifica este vicio desordenado hasta la muerte.

Otro ejemplo es la mortificación de las sensibilidades interiores. Estas sensibilidades producen los afectos, que cuando se dirigen a sus objetos correctos influyen en la voluntad hacia el bien, pero cuando se dirigen a objetos equivocados influyen en la voluntad hacia el mal o el desorden. Su uso legítimo es apegar el alma con amor y placer a lo que es bueno para nosotros, y apartarla con aversión y aborrecimiento de lo que es malo o perjudicial para nuestro bienestar. Pero es por medio de la paciencia como la voluntad impide que los afectos sensibles del alma se mezclen con los movimientos desordenados del cuerpo, o con los movimientos desordenados del amor propio; y así se evita que el alma entre, por una parte, en los desórdenes de las pasiones irascibles y, por otra, en los movimientos desordenados de los apetitos sensuales. Así, la verdadera mortificación de los afectos interiores del alma se reduce a aquella paciencia que, adhiriéndose a Dios, se niega a entregar la voluntad a las sensibilidades, pasiones y sensualidades del hombre animal, que, seguidas, conducen a la confusión y a la muerte espiritual. San Pablo señala esta disciplina interna cuando dice: "Si vivís según la carne, moriréis. Pero si por el espíritu mortificáis las obras de la carne, viviréis "12. Pero "las obras de la carne" no son sólo sus actos externos, sino mucho más aquellas sensibilidades internas, irritabilidades y sensualidades que brotan del cuerpo, y que San Pablo llama "el espíritu de la carne". Cuando alguna parte del cuerpo se mortifica, las arterias ya no le llevan la sangre que da vida, las venas ya no le quitan lo que es perjudicial para la vida. Pero la mortificación espiritual actúa del lado de la vida; es un acto de la voluntad paciente que niega la entrada en el alma a todo lo que obstruye la libertad y el flujo de la vida espiritual.

Habiendo puesto el proceso interior por el cual el alma se disciplina en la paciencia en varios puntos de vista para ayudar al lector a comprenderlo, retomaremos ahora lo expuesto en una visión global.

Si estás colocado dentro de una fortaleza fundada sobre una roca, dentro de esa fortaleza te sentirás seguro de los enemigos que buscan herir o destruir tu vida. Los muros y la roca se mantienen unidos y resisten todos los esfuerzos por atravesarlos o socavarlos. ¿Cuál es el secreto de la fuerza y la seguridad que te dan? Consiste en ese poder invisible y misterioso que se llama atracción de cohesión, por el cual todas las partes se mantienen unidas, y el todo se hace firme e inaccesible. Pero si tus adversarios tienen un cómplice dentro de la fortaleza, ésta sigue corriendo el peligro de ser traicionada y rendida. El alma es un espíritu vivo, libre y muy sensible, que tiene a la voluntad por su poder central. La fortaleza que protege al alma de sus enemigos es la paciencia. Se apoya en Dios como la roca de su fuerza, y está cercada como por una muralla contra la invasión de sus enemigos. El secreto de la fuerza de esta fortaleza está en la cohesión espiritual por la que todos los poderes del alma se mantienen unidos, a través de la paciencia de la voluntad, y así son capaces de resistir los esfuerzos de los enemigos del alma para entrar dentro de sus defensas, y allí sembrar el desorden, la confusión y la desolación.

Pero si la voluntad se relaja y se descuida, todas las potencias que dependen de la voluntad se aflojan y se descuidan, y los adversarios del alma encuentran dentro de la fortaleza a su cómplice, cuyo nombre es impaciencia, la fortaleza es traicionada, y toda clase de problemas y desórdenes se abren paso dentro del alma, la voluntad y sus potencias son llevadas de un desorden a otro, y el alma misma se convierte en un espectáculo lamentable para Dios y sus ángeles. Pero, para usar la figura del Salmista, Dios es la roca firme y la fortaleza del alma, y cuando la voluntad se adhiere a Dios, Su verdad la rodea como un escudo; y Su gracia derrama su fuerza, capacitando a la voluntad para mantener sus poderes unidos, y para resistir por su cohesión todos los esfuerzos de la tentación, y cada desorden que perturbaría la paz del alma o haría daño a su vida.

Lo que aquí hemos tratado de poner en figura es ilustrar la verdad de que nos hacemos fuertes para resistir la tentación, soportar las pruebas y mantenernos por encima de la influencia destructora de la tristeza, en proporción a la firmeza con que el alma se adhiere por su centro a Dios, como fundamento supremo y central de su vida; por cuya adhesión sus potencias se mantienen en unidad y en obediencia a la voluntad obediente a Dios. La voluntad, o poder central del alma, nunca debe ser desviada de su propio y verdadero centro, sino que debe sostenerse pacientemente en su divino apoyo, para que el alma nunca se desvíe de su fundamento ni pierda su equilibrio: "El Señor es mi firmamento, mi refugio y mi libertador".[13]

A esto se refiere Santa Catalina de Siena cuando, con su inspirada sabiduría y a partir de su propio ejemplo, nos aconseja formar con el recogimiento una pequeña celda en el centro del alma, protegida por la paciencia como por murallas, en la que sólo entre el espíritu de Dios, su luz y su gracia; un pequeño santuario en el que nunca entren el mundo y sus preocupaciones; un centro de paz en el que no se permita la entrada de ningún problema. Para que cuando vengan los problemas, que vienen a todos, puedan ser mantenidos por la intervención de la paciencia fuera de ese santuario secreto del alma, y nunca se les permita interponerse entre el alma y Dios. Si se les permite entrar en el alma, confundirán la visión y perturbarán la voluntad, que no sabrá cómo tratarlos. Pero si se mantienen fuera del alma, no tendrán poder para perturbar ni su juicio ni su paz. Después de un tiempo, ella verá a través de ellos y sabrá cómo tratarlos. Esta es una de las reglas más importantes para el manejo paciente de la voluntad.

Mientras el alma sea capaz, por su paciencia fundamental, de mantener un centro tranquilo y recogido, será capaz de usar sus facultades y ponerlas en marcha con energía tranquila desde ese centro tranquilo y recogido e inamovible, en su debido orden, hacia su trabajo, como el deber, la obediencia y la voluntad de Dios requieren. Se ahorrará una inmensa cantidad de fatiga y problemas, pues nada fatiga tanto como la perturbación interior resultante del desorden y la falta de calma central. Ahora estamos en condiciones de comprender mejor las palabras de nuestro Divino Señor: "En vuestra paciencia poseeréis vuestras almas". Pero si arrojamos el centro mismo del alma sobre la criatura, y nos separamos así de nuestra unión interior con Dios, no llegaremos a ser más que debilidad y desorden.

Los casos extremos son los que mejor ilustran los intermedios. Obsérvense dos personas en un alto estado de riña. Ambas han perdido el dominio de sí mismas. Todo lo que hay dentro de ellos es arrojado en una llama de pasión. Su juicio se ha ido con su autocontrol; y se ve a su alrededor y a través de ellos, un espectáculo lamentable de la debilidad humana, impulsada por instintos animales, sin gobierno por la luz de la razón. Todo el centro del hombre está expulsado, y no hay nada reservado dentro de él por lo que pueda controlarse a sí mismo. Observa otro ejemplo, en el que uno es víctima de una pasión incontrolable, y el otro en plena posesión de sí mismo, derivada de la paciencia y la resistencia. Aquí tienes todo el contraste entre la fuerza moral y la debilidad moral; la fuerza prevalece y la debilidad es puesta en vergüenza.

Tomemos el caso de alguien que, desprovisto de esa paciencia y fuerza centrales, se ve envuelto de repente en algún problema complicado, en el que están implicadas tanto personas como asuntos. El problema se mete dentro de él, se apodera de sus sentimientos, confunde sus facultades y nubla su juicio, que está demasiado avergonzado para ayudarle a superar su dificultad. Si es sabio, buscará el consejo de un amigo prudente y experimentado. Toma a otro que posea su alma en paciencia. Mantendrá su problema fuera de su alma, lo mantendrá a la debida distancia, lo que le dará una visión tranquila y objetiva de él, y después de un tiempo verá su camino a través de él, y sabrá qué hacer con él.

Mientras que el primer objeto de la paciencia es mantener el centro del alma recogido y protegido en su recogimiento, el segundo es gobernar la vida exterior desde ese centro recogido, ya sea en la acción, en el habla o en la conducta, de modo que la fuerza, la calma y la moderación del alma puedan brillar en nuestra conducta exterior, de modo que no nos comprometamos con nada que no sea pacífico y edificante. Los objetos más remotos de la paciencia son los males, las pruebas, las tentaciones y las influencias perturbadoras que vienen contra nosotros sin nuestra voluntad o elección.

En ellos no podemos imprimir ninguna imagen de virtud, porque no están dentro de nosotros, no forman parte de nosotros, sino que son totalmente independientes de nosotros. Pero si permitimos que estas causas externas de prueba entren en nosotros y se apoderen de nosotros, quebrantan la fuerza de la paciencia, nos sumen en el desorden y nos contaminan con sus vicios. Pero si estos males se mantienen fuera del alma, cuando no pueden ser eliminados, deben ser soportados, con la consoladora reflexión de que la resistencia a ellos fortalecerá y aumentará nuestra virtud, y nos preparará para las recompensas de la resistencia.

Pero, como ya hemos observado, el efecto de la resistencia paciente no es hacernos duros e insensibles a las pruebas y sufrimientos. Esto frustraría los benéficos designios de Dios al permitirlos para nuestra prueba y mayor virtud. "Algunos piensan", observa San Gregorio, "que es un signo de gran constancia no sentir los azotes y sufrimientos que nos vienen de la mano correctora de Dios; otros sienten esas pruebas hasta tal exceso que se entregan a la pena y la tristeza más allá de todo derecho y razón, y dan una lengua murmuradora a sus dolores. Pero la verdadera virtud de la paciencia está a medio camino entre estos extremos; porque la insensibilidad del corazón no da peso a la virtud. Y cuando un hombre no siente dolor por las pruebas que Dios le envía, sólo prueba su incorregible estupidez y entumecimiento de corazón. Cuando, por el contrario, bajo la vara de la prueba y de la represión se entrega a un dolor y a una tristeza excesivos, echa a perder esa paciencia que guarda las virtudes; y mientras su corazón sufre en exceso, se deshace en impaciencia, y tal vez en injurias, y en lugar de enmendarse por sus problemas, se entrega a males peores a causa de ellos".14 También existe la impaciencia con uno mismo; ¿y quién no conoce esa dolencia? Puede tener su principio en alguna falta venial o error en el que nos hayamos deslizado sin gran deliberación. Pero el fracaso ha herido nuestro amor propio, y ha producido una molestia y vejación interior, que es mucho peor que la falta original. Al igual que se tira la medicina cuando aparece la enfermedad, se abandona la paciencia en el preciso momento en que se necesita para curar la dolencia. Si hubiésemos recurrido de inmediato a esta virtud, el mal se habría detenido; pero se permite que la vergüenza y la humillación del fracaso perturben el corazón, incomoden el alma y provoquen cierta tristeza que va de un acto de impaciencia interior a otro, haciendo más daño que cien de esas faltas de las que se permite que surja este desorden. Sin embargo, como te dice San Buenaventura, "la paciencia habría purgado el pecado, y te habría salvado de él en el futuro". "La caridad es paciente" y la caridad paciente cubre multitud de pecados. La Iglesia proclama esto en el tribunal de la penitencia, que no sólo las obras de caridad, sino las perduraciones de la paciencia son satisfactorias para el pecado. El sacerdote dice al penitente: "Que todo el bien que hagas y todo el mal que padezcas sea para remisión de tus pecados y premio de la vida eterna". Bien podemos decir con San Gregorio que "la paciencia es la cura de toda pena". No demores la cura, o la pena se convertirá en tristeza. Aférrate a la paciencia, o la culpa te traerá otras mayores.

Queda por mostrar cómo esta virtud esforzada es el principio fundamental que da fuerza a las Bienaventuranzas. Los pobres de espíritu son los humildes. Saben que no tienen nada propio, salvo su debilidad y sus pecados, y que dependen de Dios para todas las cosas. Por eso se someten a Dios y se mantienen con paciencia en su humildad. Los mansos son aquellos cuya paciencia los ha hecho mansos y tolerantes en la dulzura de la caridad, y que poseen la tierra de su alma en paz. Los santos dolientes a quienes Dios consuela son aquellos que con paciencia se lamentan ante Dios, y hacen penitencia por los males por los que Él es ofendido, y que pacientemente perseveran en sus súplicas para que el mal sea quitado.

Los que tienen hambre y sed de justicia deben mortificar pacientemente sus apetitos sensuales y deseos egoístas, para que su apetito espiritual se llene de cosas buenas. Los misericordiosos no pueden ser misericordiosos si su paciencia no les refrena de la ira y del egoísmo, para que su caridad fluya en perdón y generosidad. Los bienaventurados pacificadores son los que poseen sus propias almas en paz. Y los que sufren persecución por causa de la justicia son los que soportan y aguantan todo lo que se les inflige por amor a Dios, por cuya santa causa están. Luego, para coronar la exposición de las Bienaventuranzas, nuestro Divino Señor exhorta a Sus seguidores a regocijarse en el sufrimiento por Su causa debido a su gran recompensa. "Bienaventurados seréis cuando os vituperen y os persigan, y digan todo mal contra vosotros, infundadamente por mi causa: Alegraos y regocijaos, porque vuestra recompensa es muy grande en los cielos".[15] En verdad, la paciencia es oro, y el sufrimiento paciente en la caridad devota es un diamante puro.

Un buen ejemplo vale más que mil cuando se toma en serio, y por lo tanto concluiremos con un ejemplo del poder de la paciencia en ilustración de lo que se ha dicho de la vida de San Francisco Javier, como se da en el lenguaje nervioso de Dryden.

"Cuando San Francisco llevó el Evangelio al Japón, en la primera ocasión en que se oyó en la ciudad de Amanguchi, el Santo y su compañero, Juan Fernández, encontraron gran oposición, especialmente entre los Bonzas; cuando una acción del compañero de Javier contribuyó no poco a ganar a los más obstinados. Fernández predicaba en uno de los lugares más frecuentados de la ciudad; y entre la multitud de oyentes había algunas personas de gran ingenio, fuertemente convencidas de su secta, que no podían concebir las máximas del Evangelio, y que oían al predicador sin otra intención que burlarse de él. En medio del sermón, un hombre, que era de la escoria de la chusma, se acercó a Fernández, como si fuera a susurrarle algo, y carraspeando una masa de inmundicia, se la escupió a la cara. Fernández, sin decir palabra, ni hacer la menor señal de que le preocupaba, cogió su pañuelo, se limpió la cara, y continuó su discurso.

"Todo el mundo se sorprendió de la moderación del predicador: los más libertinos, que se habían echado a reír de esta afrenta, convirtieron todo su desprecio en admiración, y reconocieron sinceramente que un hombre que era tan dueño de sus pasiones como para dominarlas en semejante ocasión, debía estar necesariamente dotado de un gran valor y de una fortaleza heroica. Uno de los jefes de la asamblea descubrió algo más en esta inquebrantable paciencia: era el más erudito de los doctores de Amanguchi, y el más violento contra el Evangelio. Consideraba que una ley que enseñaba tal paciencia y tal insensibilidad a las afrentas, sólo podía venir del Cielo, y argumentaba así consigo mismo: 'Estos predicadores, que con tanta constancia soportan las más viles injurias, no pueden pretender burlarse de nosotros. Les costaría un precio demasiado caro; y ningún hombre engañará a otro a sus propias expensas. Sólo Aquel que hizo el corazón del hombre puede ponerlo en tan gran tranquilidad. La fuerza de la naturaleza no puede llegar tan lejos; y esta paciencia cristiana debe proceder de algún principio divino. Estas personas no pueden sino tener alguna seguridad infalible de la doctrina en que creen y de la recompensa que esperan; porque, en fin, están dispuestas a sufrirlo todo por su Dios, y no tienen expectativas humanas. Después de todo, ¿qué inconveniente o peligro puede haber en abrazar su ley? Si lo que nos dicen de la eternidad es verdad, seré eternamente miserable por no creerlo; y suponiendo que no haya más vida que ésta, ¿no es mejor seguir una religión que eleva al hombre por encima de sí mismo, y que le da una paz inalterable, que profesar sectas que nos mantienen en toda nuestra debilidad, y que carecen de poder para apaciguar los desórdenes del corazón?'".

"Sobre todas estas cosas reflexionó interiormente, según declaró después; y acompañadas estas consideraciones con las mociones de la gracia, tan pronto como terminó el sermón, confesó que la virtud del predicador le había convencido; deseó el bautismo, y lo recibió con gran solemnidad. Esta ilustre conversión fue seguida de un éxito considerable. Muchos que tenían un atisbo de la verdad, y temían conocerla más claramente, abrieron ahora sus ojos a la luz del Evangelio." 16

1 S. Zenón, De Patientia, c. 3.

2 Daniel xii. 4.

3 Harphius, Theologia Mystica, L. i pt. 2. c. 72.

4 San Cipriano. De Bono Patientia, c. 5.

5 San Cipriano. De Bono Patientiæ, c. 20.

6 S. Dionisio, De Eccles. Hierarchia, c. 2.

7 Ripalda, De Fide, Spe et Charitate, disput. 39.

8 S. Máximo, Hom. De S. Michaele.

9 Alberto Magno, De Virtutibus, c. De Discretion.

10 S. Caterina da Siena, Trat. De Discretion, c. 10.

11 S. Lucas ix. 23.

12 Romanos viii, 13.

13 Salmo xvii. 3.

14 S. Greg. Mag. Moral. en Job, L. ii. c. 16.

15 San Mateo v. 3-12.

16 Dryden's Life of S. Francis Xavier, Libro 5.

4

SOBRE LA FORTALEZA CRISTIANA

"Tú, oh Dios, eres mi fortaleza" -Salmo xlii, 2.

Cuando el rey Salomón terminó el Templo de Dios en Jerusalén, erigió dos majestuosas columnas de bronce en el gran pórtico por el que el pueblo entraba para realizar su culto. Estas columnas estaban coronadas con hermosos capiteles del mismo metal resistente, en los que se colocaron hileras de granadas una sobre otra, y el conjunto estaba rodeado por una red de cadenas, que a su vez estaba coronada con lirios. A la columna de la derecha le dio el nombre de Jachin, y a la de la izquierda, el de Booz.1 En hebreo, Jachin significa rectitud, y Booz, fortaleza. Estos nobles monumentos se erguían ante el templo para expresar a todos los que entraban que la ley de Dios es rectitud, y que la voluntad de Dios que revela su ley se cumple mediante la fortaleza. La primera columna enseñaba al pueblo de Dios que todas las cosas proceden de la sabiduría de Dios y son guiadas a sus fines por su justicia; la segunda enseñaba que todas las cosas son sostenidas y fortalecidas por la fortaleza de la voluntad divina. También enseñaron que para obedecer la luz de la justicia necesitamos de Dios el don de la fortaleza, para que tengamos una voluntad esforzada para obedecer sus divinos mandatos.

La granada es el símbolo de la fecundidad, y los racimos que coronan estas columnas expresan los frutos que nacen de la unión de la fortaleza con la justicia. La red de cadenas es la paciencia vigorizante que los protege y conserva, y los lirios expresan la pureza con la que el alma es agraciada en virtud de estos dones fundamentales.

Se supone que San Pablo se refiere a estas columnas proféticas, cuando llama a la Iglesia "columna y fundamento firme de la verdad".2 Hablando en figura, todo cristiano tiene necesidad del apoyo de estas dos columnas, para ser templo santo de Dios: de Jachin, la luz de la verdad y de la justicia en su mente; de Booz, la firmeza de la fortaleza en su voluntad; para que ante todas las pruebas pueda cumplir la voluntad de Dios. Finalmente, es a través de las dos virtudes de la justicia y la fortaleza que entra en el glorioso Templo de Dios, la "casa no hecha de manos, eterna en el Cielo".3

La mayor fuerza moral de que es capaz el alma proviene de la gracia y del don cristianos de la fortaleza, de la que la paciencia es una parte potencial, es decir, que coincide con la paciencia en algunos aspectos y difiere de ella en otros. La paciencia se ocupa sobre todo de vencer la inquietud de la naturaleza, de soportar las adversidades, de resistir las tentaciones y de dominar o alejar la impaciencia, la ira o la tristeza. La fortaleza es una virtud más valiente y más fuerte, está más profundamente entretejida en la constitución del alma y se refiere tanto a la acción difícil como a la resistencia difícil.

La fortaleza es necesaria para afrontar valientemente grandes peligros, para emprender grandes obras plagadas de dificultades, o para sufrir el martirio, o el equivalente del martirio.

Sin embargo, hay que tener en cuenta que la acción difícil, es decir, la que supera grandes dificultades, incluye también la resistencia, a causa de los obstáculos que se oponen, de la grandeza o terquedad de la obra a realizar, o de la oposición que otras personas levantan contra ella, o de los recelos o reticencias que surgen en nuestro interior, y que hay que vencer con valor. La paciencia, pues, está incluida en la fortaleza. Pero la fortaleza es una virtud más profundamente arraigada en el alma, es más tranquila en sus operaciones y menos objeto de conciencia que la paciencia. Somos menos conscientes de la fortaleza porque es una fuerza que actúa con mayor facilidad: somos más conscientes de la paciencia porque se ejerce con mayor esfuerzo, y se hace sentir por la mayor resistencia que encuentra en la irritabilidad, la impaciencia o la tristeza. Todo el hombre se mueve en conjunto en la fortaleza, pero en la paciencia sólo una parte de las facultades se pone en ejercicio a la vez.

Quien tiene una gran fortaleza debe tener también una gran paciencia; pero no siempre es así. Porque una persona que puede invocar una gran fortaleza en grandes ocasiones, a menudo se encontrará irritable e impaciente, incluso enfadada, en ocasiones menores. Esto se debe a la falta de un buen hábito de autodisciplina sobre la imaginación y el temperamento en la conducta diaria y cotidiana de la vida. Pero este defecto pertenece más a la fortaleza natural que a la cristiana, la cual es un don del Espíritu Santo, y, donde se cultiva diligentemente la perfección de la vida, incluye el don de la paciencia. Pero como la fortaleza se refiere principalmente a los mayores trabajos y pruebas de la vida, y la paciencia a los menores, ambas ramas de la virtud requieren ser bien y cuidadosamente cultivadas; y quien esté bien ejercitado en la paciencia no carecerá de fortaleza.

La palabra fortaleza deriva del latín fortis, que significa hombre moralmente fuerte y valiente, mientras que la palabra fortitudo significa el estado o hábito de fortaleza moral y valentía. La palabra griega andreia tiene el mismo significado de valentía masculina. Los paganos la consideraban como su principal, más honorable y casi única virtud, considerando que las otras virtudes pertenecían más a los modales que a la hombría. Todavía es honrada y recompensada por el mundo como la mayor de las virtudes humanas y la más valiosa para la república. Tampoco ocupa una posición inferior entre las virtudes cristianas, donde es guiada por la fe, exaltada por la esperanza, animada por la caridad y regulada por la humildad. La fortaleza cristiana es el don más elevado de la fuerza espiritual y la fuente de la magnanimidad cristiana. No se limita al hombre solo, como los paganos limitaban esta virtud, sino que, según sus respectivas condiciones y deberes, se da por igual a ambos sexos. De ahí que la Iglesia haya tenido muchos grandes y gloriosos mártires, confesores y trabajadores espirituales entre sus vírgenes, esposas y viudas, que han exhibido la mayor fortaleza y magnanimidad. Este ha sido especialmente el caso entre sus vírgenes devotas, cuya vocación y consagración a su santo estado implican el don de la fortaleza, implantado por el Espíritu Santo en su debilidad.

La fortaleza del hombre natural no va más allá de sus facultades naturales, ni se eleva por encima de los motivos naturales, aunque no carece de la ayuda providencial de Dios. Aristóteles trata de ella bajo el título de valentía, y dice que "el hombre valiente soporta y realiza aquellas cosas que pertenecen a la valentía por el bien de lo que es honorable". Y se explica así: "El que se comporta con valentía y teme lo que debe, por el motivo correcto, de la manera correcta y en el momento oportuno, y siente confianza de la misma manera, es valiente".[4] Cicerón da un alcance más amplio a la virtud, y la define como "la realización de trabajos con consideración, y el soportar sufrimientos con constancia". 5 En otro lugar la describe como "una condición del alma que es paciente al enfrentarse a peligros, así como a trabajos y sufrimientos, sin miedo".6 El griego le atribuye el honor como motivo, y el romano los beneficios que aporta al hombre.

Pero la fortaleza cristiana tiene su fundamento en la fuerza sobrenatural de la gracia divina, y su motivo en el honor y el amor de Dios, y en el bien que somos capaces de realizar. San Agustín la define en términos generales como "la firmeza del alma en medio de las cosas molestas del tiempo",7 y más especialmente como "el amor de soportar todas las cosas en paz por amor de Dios".8 Y en otro lugar la llama "un afecto del alma por el que despreciamos cualquier inconveniente o injuria que podamos sufrir, que se coloca más allá de nuestro poder para remediarlo".9 Si juntamos las descripciones de San Agustín, encontraremos que se corresponden con la exposición de San Pablo de la fortaleza cristiana. "¿Quién es el que nos separará del amor de Cristo? ¿Tribulación, o angustia, o hambre, o desnudez, o persecución, o espada? Como está escrito: Por tu causa somos muertos todo el día. Somos llevados como ovejas al matadero. Pero en todo vencemos por amor de Aquel que nos amó. Porque estoy seguro de que ni la muerte, ni la vida, ni ángeles, ni principados, ni potestades, ni lo presente, ni lo por venir, ni lo poderoso, ni lo alto, ni lo profundo, ni ninguna otra cosa creada podrá apartarnos del amor de Dios, que es en Cristo Jesús Señor nuestro".10

En esta inspirada descripción del valiente y magnánimo cristiano se nos enseña que la fortaleza es la fuerza de la caridad; que deriva su ardiente fuerza de la adhesión a Dios por medio de Cristo; que es poderosa por encima de todos los poderes creados para repeler a los adversarios del alma, sean terrenales o no terrenales, vengan con miedo o con seducción; y que esta fortaleza de la caridad supera toda tentación, prueba y sufrimiento al seguir adhiriéndose con constancia a Dios.

El mundo admira a sus propios héroes, que, por honor, interés o la emoción que les produce, se someten a grandes trabajos, hacen obras que parecen grandes a los ojos de los hombres, afrontan grandes peligros con riesgo de la vida, o soportan sufrimientos extremos con constancia por alguna causa pública. Y aunque no pocas veces se sabe que estos hombres tienen sus deficiencias y defectos morales, el mundo los exalta, los recompensa con honores y beneficios, y erige monumentos a su memoria. La esperanza de estas cosas es a menudo su principal motivo, junto con el orgullo que se mueve dentro de ellos. Pero los héroes y heroínas de Dios, aunque el mundo se fije poco en ellos, son mucho más maravillosos. Armados de fortaleza cristiana, sus corazones están puestos en Dios, en cuya fuerza hacen grandes cosas, y sufren grandes cosas, y, mientras son totalmente indiferentes a la opinión del mundo, son un espectáculo para Dios y sus ángeles.

Su auditorio está en el mundo invisible, infinito y gloriosísimo de los espíritus. Saben que el poder de Dios se perfecciona en su debilidad. No tienen confianza en sí mismos; toda su confianza está en la ayuda divina. En sus valerosos combates, primero se conquistan a sí mismos, para estar en condiciones de superar todos los peligros y dificultades exteriores. No tienen más temor que el temor de Dios, ni más voluntad que la suya. Que se conozca sólo la voluntad de Dios, y, por difícil que sea la tarea para la naturaleza humana, ningún temor, ningún obstáculo desalentará su ardor por cumplir Su voluntad. Pueden oír muchas voces desalentadoras, pueden encontrarse con muchos obstáculos, pueden a menudo encontrar el camino oscuro ante ellos, y tener que esperar la luz que brilla de las condiciones providenciales; pero la luz y la fuerza de Dios dentro de ellos los llevará valientemente adelante, y aunque el éxito visible les falle, el éxito invisible se obtendrá con seguridad. Porque Dios ordena a menudo que unos siembren con lágrimas y otros cosechen con alegría. Los mártires parecían fracasar a los ojos del mundo, cuando en medio de sus sufrimientos entregaban sus vidas con su sangre; pero mientras eran coronados en el Cielo, la fe que amaban difundir brotaba a raudales de su sangre. Es más, Cristo mismo, cuando a los ojos del mundo parecía haber fracasado por completo, en aquel terrible momento redimió al mundo y salvó a la humanidad. El camino de Dios en sus siervos es el camino de la fortaleza en la humildad; y es la sublimidad de la fe heroica parecer fracasar cuando todo está ganado.

Teniendo presente la definición de San Agustín de la fortaleza, que es el amor de hacer y soportar todas las cosas pacíficamente por amor de Dios, oigamos su exposición de la virtud: "Ese amor", dice, "del que hablamos, y que debería animarnos con la llama de la santidad hacia Dios, es templado en retener la voluntad de todas las cosas de la concupiscencia, y fuerte en rechazarlas. De todas las cargas que se nos imponen en esta vida, la más pesada es nuestro propio cuerpo, y esto se debe a la justa ley que Dios dictó sobre aquel antiguo pecado, tan ampliamente conocido, pero tan poco comprendido. El alma tiembla y se estremece de miedo, no sea que el cuerpo sea vejado o atormentado con dolores o trabajos, o que nos sea arrebatado por la muerte. Por la mera costumbre de llevar siempre el cuerpo, amamos su carga, y nos cuesta darnos cuenta de que, si con la ayuda de la ley del amor divino gobernamos sabiamente y bien el cuerpo, éste obtendrá su resurrección y salvación, y sus derechos no sufrirán lesión alguna. Pero cuando el alma se vuelve a Dios con la fortaleza del amor, estas cosas se conocen, y la muerte no sólo se soporta, sino que se acoge con deseo.

"Queda el gran conflicto con el dolor y el sufrimiento: sin embargo, nada de esta clase es de una dureza y obstinación tan férreas, sino que el fuego del amor lo dominará. Cuando este fuego lleva el alma hacia Dios, ella se eleva libre y maravillosamente en alas fuertes y hermosas sobre cada tormento infligido al cuerpo, hasta que su casto deseo la lleva a descansar en el abrazo de Dios. ¿Podemos admitir que Dios permita que los amantes del dinero, o de la alabanza, o del placer sensual, sean más fuertes que sus propios amantes? Sus afectos no son amor, no merecen otro nombre que el de concupiscencia o lujuria; sin embargo, muestran qué fuerza puede desplegar el alma, incluso en la persecución acalorada y nociva de esos pobres objetos. Pero esto es un argumento para nosotros, porque si los amantes de estas cosas pueden soportar tanto mientras abandonan a Dios por causa de ellas, cuánto deberíamos estar dispuestos a soportar nosotros para salvarnos de la desdicha de abandonar a Dios".11

En otro lugar el gran Doctor concluye: "Como tenemos tanta necesidad del don de la fortaleza, debemos implorarlo a Aquel que nos manda ser fuertes; porque a menos que Él nos haga fuertes, no podemos ser lo que Él nos manda ser. Debemos, pues, pedírsela a Aquel que dice: El que persevere hasta el fin se salvará; no sea que pretendamos una fortaleza propia, y así quedemos debilitados de toda fuerza.12

Podemos considerar la virtud de la fortaleza bien como una virtud especial, que tiene su propio objeto inmediato, bien como una virtud universal, que da su fuerza y firmeza a todas las demás virtudes. En este último sentido es una de las cuatro virtudes cardinales. Como virtud especial, su oficio es refrenar y vencer los temores y las audacias que surgen ante los peligros, y particularmente ante el peligro de muerte. Pero tampoco aquí está sola, sino acompañada de otras virtudes, y especialmente de la prudencia, la templanza y la moderación. "Aunque la fortaleza es una virtud elevada", observa San Ambrosio, "nunca está sin la cooperación de otras virtudes; sin la justicia promovería la iniquidad". Y al llamarla "la templanza del corazón", el Santo expresa todo su carácter.13

Los teólogos sostienen, por tanto, que quienes se enfrentan a peligros y a la muerte por motivos injustos o malvados no tienen la virtud de la fortaleza, sino sólo un hábito que tiene alguna semejanza externa con ella; porque la virtud de la fortaleza tiene siempre algún bien por objeto. El mundo pagano exaltaba la fortaleza de Catón y de hombres de su carácter, porque se entregaron a la muerte para escapar a la humillación de la derrota; pero el cristiano no puede ver en esta conducta nada más allá de la ignominiosa cobardía que brota del orgullo y de la vergüenza.

La virtud especial de la fortaleza se ejercita en medio de los peligros de la guerra, en ocasiones de gran peligro, bajo la imposición de graves sufrimientos, o dondequiera que haya grandes temores o dificultades que superar. En la guerra, esta virtud compite con la valentía intrépida y la firme constancia. Pero hay otra clase de guerra que no puede librarse eficazmente sin el don de la fortaleza cristiana, tanto en la acción como en la resistencia, y es la guerra del espíritu contra el mundo, el diablo y la carne. Este es el más vital y prolongado de los combates, un combate por la vida contra los portadores de la muerte, en el que la fortaleza es tanto la fuerza interior como la armadura defensiva de la salvación, teniendo la paciencia y la magnanimidad como sus partidarios.

No sólo en el extranjero, entre enemigos, sino también en casa, en la vida social, la fortaleza debe sostener la mente y el corazón con firmeza en medio de las tentaciones, contradicciones y adversidades que suelen suscitar temores irrazonables o quebrantar el valor. Tales son la pérdida de la fortuna, de los amigos, del honor o del merecido respeto. También son tales las detracciones, los tratos injustos, las insinuaciones de maldad y las lisonjas seductoras que, a menos que el alma esté firme en la fortaleza, suelen afligir el corazón con tristeza o debilitar la sinceridad del alma.

Los héroes del Antiguo Testamento, que defendieron la causa de Dios, fueron dotados por Él de este admirable don de fortaleza. Tales fueron Abraham, Moisés, Caleb, Josué, Jepthe, Sansón, David y los Maquabeos, "que por la fe conquistaron reinos, hicieron justicia... recobraron fuerzas de la enfermedad, se hicieron valientes en la batalla, pusieron en fuga ejércitos de extranjeros". Tampoco faltaron mujeres valientes, como Judit y la Madre de los Maquabeos. Así fueron también en la guerra espiritual los profetas y los santos varones de Dios. "Tuvieron pruebas de escarnio y azotes, además de prisiones y cárceles. Fueron apedreados, despedazados, tentados, muertos a espada, anduvieron errantes con pieles de oveja y de cabra, necesitados, angustiados, afligidos, de los que el mundo no era digno, errantes por los desiertos, por los montes, por las cavernas de la tierra".14 Todos ellos fueron divinamente fortificados para ser testigos de Dios y del alma contra los errores y pecados del mundo.

Tales héroes de Dios fueron los Apóstoles de Cristo, fuertes y valientes en su fortaleza, sometiendo al mundo a Su verdad a costa de todo lo que la naturaleza aprecia, hasta que entregaron sus vidas a los atormentadores. Tales fueron los santos Mártires de ambos sexos, que por amor de Dios soportaron toda ignominia y sufrimiento, y sellaron su fe con su sangre. Tales los nobles Confesores, aquellos santos hombres y mujeres que sacrificaron el mundo, entregaron todas las cosas a Dios por amor de las almas, y acogieron los sufrimientos como otros acogen los tesoros, para probar con su resistencia su amor a Dios. Ciertamente, nosotros no somos menos débiles por naturaleza que ellos, y nuestras almas están rodeadas de enemigos, si menos violentos, más sutiles y numerosos; y tenemos, por tanto, tanta necesidad de la virtud de la fortaleza, así para contender contra nuestros adversarios como para mantener nuestras almas en paz y seguridad. No tenemos menos razón, pues, para tomar a pecho la admonición de San Pablo: "Fortaleceos en el Señor y en la fuerza de su poder. Vestíos de la armadura de Dios, para que podáis resistir los engaños del diablo".15

Hemos de considerar ahora qué vicios se oponen a la fortaleza. Por el lado del defecto están la timidez o cobardía, y también la intimidación, que causa un falso en vez de un justo temor; mientras que por el lado del exceso se encuentra esa audacia o insensato atrevimiento que equivale a temeridad. Sin embargo, ni el miedo ni la audacia deben tomarse por vicios cuando se usan correctamente y se regulan adecuadamente, sino sólo cuando se convierten en pasiones desmesuradas que se exceden más allá de lo que es justo y razonable.

El vicio de la timidez o cobardía nace de temer sin justa razón lo que no debemos temer, cuando no debemos temer, o más de lo que debemos temer. Todo temor surge del amor a algo que tememos perder, o que tememos que sufra. Así, el temor de Dios nace del justo temor de ser separados de Aquel que es el Bien Supremo, y nuestro bien supremo, y a quien debemos amar sobre todas las cosas. El temor de reverencia es completamente diferente; es una inspiración de asombro y maravilla que nos viene a través de la contemplación de la Majestad Divina. El temor de perder la vida proviene de un amor desmedido por este estado mortal y transitorio de la existencia, que el amor al Bien Supremo no es lo bastante fuerte como para vencer. El amor propio tiene muchos temores, todos de tipo más o menos insensato y desmesurado. Cada clase de amor tiene sus propios temores, y cada clase de pecado, teniendo un amor propio, tiene también sus temores y sus enojos. El avaro ama sus riquezas, teme perderlas y se enoja con toda persona y cosa que las ponga en peligro. El hombre sensual ama sus placeres sensuales, pero está perturbado por el miedo y la ira contra aquellos que le privarían de ellos. El hombre ambicioso ama los honores, teme la deshonra y se enoja con quienes quieren disminuir su posición.

Pero es el temor a los grandes peligros, y especialmente a la muerte, lo que se opone a la fortaleza como virtud especial; mientras que todos los temores que empujan a los hombres al pecado y a la injusticia, o al peligro de ellos, se oponen a la fortaleza como virtud universal. Por ejemplo, cuando un hombre, por miedo a perder su propiedad o su reputación, comete perjurio; cuando una mujer, por miedo a ser maltratada o a morir de hambre, renuncia a su virtud; o cuando una persona renuncia al ejercicio de su religión por ese miedo a la opinión del mundo que se llama respeto humano.

Intimidación es aquel temor que otras personas infunden en el alma, de tal modo que vence al temor de Dios, y hace que un hombre tema lo que no debe temer, donde no debe temer, o tema más de lo que debe temer, para peligro o mal de su alma.

La audacia o temeridad temeraria es un exceso que trata de imitar la fortaleza, y que carece de la prudencia y modestia de ánimo que pertenecen a esa virtud. Brota principalmente de la vanidad y del amor a la gloria vana, pues los audaces se jactan de lo que no son, y desean parecer fuertes y valientes cuando sólo son débiles y tímidos.

Obsérvese que tanto el miedo causado por la intimidación como la temeridad de la audacia proceden de una o más de estas tres causas: primera, de no valorar suficientemente el bien o la vida que se ha de proteger, y especialmente el bien y la vida del alma; segunda, del orgullo de confiar demasiado en uno mismo mientras se desprecia a los demás, como si no tuvieran poder para herirnos o dominarnos; tercera, de la estupidez, que es demasiado torpe para ver el peligro al que se está expuesto.

Para completar la anatomía de la fortaleza, debemos examinar las partes de que se compone la virtud, y que se combinan para dar elevación, firmeza y esplendor a su ejercicio. Son la confianza, la paciencia, la magnanimidad, la magnificencia, la constancia y la perseverancia. La confianza es la esperanza segura de llevar a buen término lo que emprendemos. La paciencia, como hemos visto, resiste la perturbación, la pena y la tristeza, y soporta victoriosamente las molestias. La magnanimidad es esa grandeza de alma que se eleva por encima de las dificultades y los peligros. La magnificencia es la grandeza de alma que proyecta y realiza grandes obras por motivos elevados y nobles. La constancia es la firmeza inmutable de los propósitos, y rehúye la ligereza que revolotea inquieta de una cosa a otra. La perseverancia es la continuación resuelta del bien comenzado, a pesar de todos los obstáculos y desalientos.

Es obvio que la perseverancia debe depender en gran medida de la paciencia y la constancia. Y aquí nos instruirá San Bernardo. "La perseverancia -dice-, y sólo ella, trae la gloria que corona las virtudes. Sin perseverancia el guerrero no gana ninguna victoria, el vencedor no gana ninguna palma. Proviene del vigor de las potencias y da plenitud a las virtudes. La perseverancia es el vástago de la constancia, la hermana de la paciencia, la amiga de la paz, el vínculo de la amistad. Quitad la perseverancia, y la fidelidad perderá su recompensa, el bien hacer su gracia, y la fortaleza su alabanza. Porque no se salvará el que empieza, sino el que persevera hasta el fin. Cuando Saúl fue nombrado rey de Israel era pequeño a sus propios ojos, pero no perseveró en su humildad, y así perdió su reino y su vida. Si Sansón hubiera perseverado en la prudencia y Salomón en la devoción, el primero no habría perdido su fuerza, ni el segundo su sabiduría. Os ruego, pues, que mantengáis con firmeza esta señal segura de justicia a este único y fiel guardián de la integridad".16

Los vicios opuestos a la perseverancia, como observa Santo Tomás, son la blandura y la pertinacia o terquedad. La blandura proviene de la facilidad y del placer. Una vida blanda y fácil disuelve las energías por las que soportamos trabajos y penalidades, y disuelve la fuerza que encuentra y vence las dificultades que se encuentran al hacer buenas obras, y especialmente al hacerlas de la mejor y más paciente manera. La cura adecuada para el despreciable vicio de la blandura es el trabajo y la abnegación.

La pertinacia es ese vicio ciego y obstinado que se apega al propio sentido y se aferra al propio camino, a pesar de lo que es justo y razonable. Descuidado de estar en el camino equivocado mientras tenga su propia voluntad y camino, el hombre pertinaz hace caso omiso de la sabiduría que le mostraría el camino correcto, y probablemente mirará el consejo como un insulto a su consistencia. "Hemos oído", dice Isaías, "de la soberbia de Moab: su orgullo, y su arrogancia, y su indignación, son más que su fuerza".17

El martirio es la corona de la fortaleza. Supera en su perfección a cualquier otro acto humano, y esto porque da la prueba más positiva de la mayor caridad. Sin embargo, lo que hace al mártir no son los sufrimientos, sino la causa. Dios no se complace en los sufrimientos, sino en el amor valiente y paciente con que sufre el mártir. Se complace en la confianza serena, resignada y alegre con que el mártir le mira en medio de sus tormentos. La sangre de los mártires consagra la tierra de abajo, desde la que sus almas miran al cielo de arriba, ese cielo que les espera cuando se liberen del cuerpo. Su fe ilumina a los espectadores de su combate y llega al corazón de los hombres de buena voluntad. En palabras de San Cipriano, él mismo mártir y testigo de muchos martirios: "Cristo se regocija en ellos, el Divino Protector de su fe lucha en ellos, y vence a través de ellos, dándoles todos los dones que son capaces de recibir. Cristo está allí, el conflicto es Suyo; Él los sostiene, Él los fortalece, Él ama a los afirmadores de Su Nombre. Después de vencer a la muerte en sí mismo, vence a la muerte en nosotros "18.

Dichosos los que comparten el honor y la gloria de los mártires. Pero esto no se lo niega a nadie Aquel que nos manda tomar nuestra cruz cada día y seguirle. Porque una vida de abnegación es un martirio, y exige la fortaleza del mártir. San Gregorio nos dice que "cuando cesa la persecución, nos queda todavía el martirio de la paz. El cuello no es sometido a las armas de acero, pero los deseos del cuerpo todavía tienen que ser matados con la espada del espíritu".19

San Bernardo distingue tres clases de martirio: el martirio sólo de la voluntad, el martirio sólo de los actos y el martirio tanto de los actos como de la voluntad. El martirio de la sola voluntad se da en quienes están dispuestos a dar su sangre y su vida por las virtudes, aunque no se presente la ocasión. El martirio sólo en acto se encuentra en los Santos Inocentes, asesinados en lugar de Cristo antes de alcanzar el uso de razón, y coronados por Cristo con la palma del martirio. El martirio en la voluntad y en el acto es prerrogativa del glorioso ejército de los mártires, que alegremente sellaron su fe con su sangre por amor a Cristo.

Tres cosas deben unirse para hacer al verdadero mártir: primero, el estado de gracia y caridad; segundo, la entrega real de la vida en testimonio público de la elección de las cosas invisibles con preferencia a las visibles; tercero, la causa de la muerte, que debe ser en defensa de la fe o de alguna virtud. Por tanto, quien quiera imitar a los mártires debe estar revestido de caridad, soportar sus sufrimientos con fortaleza y morir a las pasiones de su naturaleza por amor a Dios y a las virtudes.

San Juan Crisóstomo insiste a menudo en este tipo espiritual de martirio. Hablando al pueblo de Antioquía sobre el martirio real de su antiguo arzobispo Eustaquio, les plantea esta pregunta: "¿Quién, pues, puede ser mártir?". Y responde con estas palabras "Os he dicho con frecuencia que no es la muerte la que hace al mártir, sino que la voluntad decidida puede hacer lo mismo. No soy yo, sino San Pablo quien da esta definición. Dice: 'Muero cada día, protesto'. ¿Cómo se puede morir cada día? ¿Cómo puede uno llevar seiscientas muertes en un mismo cuerpo? Por esa resolución de voluntad que nos dispone a morir. Abraham no manchó su espada con sangre, no enrojeció el altar con la sangre de su hijo, no mató a Isaac. Sin embargo, perfeccionó su sacrificio. ¿Quién dice esto? El que aceptó su sacrificio. Dios dijo a Abraham: 'No has perdonado a tu hijo amado por Mi causa'. Sin embargo, Abraham lo recibió vivo y lo llevó a su casa. ¿Cómo es que no lo perdonó? No lo perdonó en la resolución de su voluntad; y de tales sacrificios estoy acostumbrado a juzgar. Su mano no inmoló, su voluntad hizo el sacrificio. Fue un sacrificio sin derramamiento de sangre. Los que están iniciados en los misterios divinos saben lo que digo: incluso el sacrificio incruento es perfecto, y el de Abraham fue su figura".20

Escuchemos de nuevo al gran San Gregorio. "Si", dice, "nos esforzamos seriamente por tener la virtud de la paciencia, aunque vivamos durante la paz de la Iglesia, aún podremos tener la palma del martirio. Porque hay dos clases de martirio, uno de mente, otro tanto de acto como de mente. Podemos ser mártires sin la violencia de la espada. Morir a manos del perseguidor es martirio en acto abierto; soportar contumelias y aún así perdonar a nuestros enemigos es martirio en el alma oculta".21 Estando ante la tumba de un mártir, el gran Pontífice habla de modo aún más impresionante: "Estamos -dice- ante la tumba de un mártir, y sabemos por qué muerte llegó al Reino de los Cielos. Puede que a nosotros no se nos pida que entreguemos nuestros cuerpos como él lo hizo; pero conquistamos el mundo en el espíritu. Dios acepta este sacrificio; en el juicio de su espíritu paternal acepta este tipo de victoria. Nuestro Señor Jesucristo contempla este combate dentro del corazón, nos ayuda a librar la guerra y recompensa al vencedor".22

Podemos detenernos en los sufrimientos de los mártires hasta casi imaginarnos en su lugar, pero a menos que imitemos su fortaleza muriendo a nosotros mismos, esto es una ilusión vana. Incluso honrar a los mártires sin imitarlos, como dice San Agustín, no es más que una falsa adulación. Nuestro tipo de martirio nos es señalado por San Pablo, y exige que nosotros mismos seamos los verdugos. "Si por el espíritu hacemos morir las obras de la carne, viviremos "23 .

La vida del hombre en la tierra es una guerra, dice el santo Job. La vida del verdadero cristiano es una cruz y un martirio diarios. Negarse a sí mismo, combatir las propensiones corruptas de nuestra naturaleza, mantener el deseo de la Eternidad muy por delante de las cosas del tiempo, y soportar todo lo que pueda sobrevenirnos, exige una paciencia, una fortaleza y una perseverancia como la fuerza que llevó a los mártires a través de sus sufrimientos. Pero que nadie piense que esta fortaleza cotidiana es dura, severa y despiadada como la virtud de la que alardeaban los estoicos. Hay momentos críticos en los que la fortaleza exige que seamos severos con nosotros mismos, pero nunca con los demás, a no ser que sea para atajar un gran mal. Pero donde esta virtud es habitual, y en buen ejercicio, es suave, libre y alegre. Como es don del Espíritu Santo, y obra con la dulce llama de la caridad, endulza el alma, y por su resistencia a los vicios que producen temor, dureza y desconsuelo, la verdadera fortaleza cristiana hace el alma apacible, agradable y alegre.

Este punto de vista del tema ha sido bien expresado por el erudito y devoto Gerson. "El don de la fortaleza", observa, "es diferente de la virtud, aunque ambos se refieren a lo que es arduo y difícil. Como virtud, la fortaleza resiste o soporta peligros, como los que debemos sufrir si no queremos separarnos del bien; del bien, por ejemplo, de mantener la fe, de perseguir la justicia o de hacer el bien a los demás. Pero, como don del Espíritu Santo, la fortaleza es una gracia gratuita y abundante, concedida a quienes buscan la perfección de la vida mediante los consejos divinos. Puede definirse como un afecto del alma que refrena la concupiscencia y los temores derivados de la adversidad. Los que están en la caridad de Dios la tienen en hábito, pero los que son perfectos la tienen en acto. Pero los que tienen este don más en el hábito que en la acción, y por tanto son imperfectos, tienen el poder de llegar a ser perfectos, si tan sólo llevaran a cabo el hábito en el trabajo real y el ejercicio completo.24

Algunas personas son más fuertes por naturaleza que otras, y algunas tienen poderes más grandes y libres. Algunas personas son más fuertes por naturaleza que otras, y algunas tienen poderes más grandes y libres. Algunas, además, son por constitución más templadas, y por la solidez de su estructura tienen sus pasiones irascibles y sensuales bajo mayor control. Esta constitución más firme de la naturaleza puede ser de gran ventaja para las virtudes cristianas; pero si el orgullo toma el lugar de la humildad, y la sensualidad el de la templanza, esta misma fuerza de constitución contribuirá con su energía a la ruina del alma y del cuerpo. Pero como la fortaleza cristiana es un don de Dios, y no una cualidad de la naturaleza, cuando se la ejercita desde el hábito, realizará las acciones más valientes incluso en las naturalezas más débiles. Testigo de ello son aquellas vírgenes mártires de tierna edad y delicada crianza, que por amor de Dios realizaron los actos más nobles y soportaron los mayores sufrimientos desprovistas de todo temor perturbador. Testifique también de aquellos heroicos siervos de Dios, que en medio de dolencias corporales que postrarían al común de los mortales en sus lechos como inválidos permanentes, han gastado las energías de una docena de mortales ordinarios en laboriosos e incesantes actos de caridad hacia sus prójimos. Es el contraste entre la debilidad consciente y el poder divino que actúa a través de esa debilidad lo que da a la fortaleza cristiana su esplendor y sublimidad.

San Pablo ha expresado este poder consciente en la debilidad consciente con magnífica generosidad. "Y me dijo: Te basta mi gracia, porque la fuerza se perfecciona en la debilidad. De buena gana, pues, me gloriaré en mis debilidades, para que habite en mí el poder de Cristo. Por lo cual me complazco en mis flaquezas, en los oprobios, en las necesidades, en las persecuciones, en las angustias por Cristo. De sus necesidades y pruebas cotidianas habla el gran Apóstol en el mismo lenguaje de fortaleza. "No hablo por necesidad. Porque he aprendido a contentarme en cualquier estado en que me encuentre. En todas partes y en todas las cosas se me enseña tanto a estar saciado como a tener hambre; tanto a tener abundancia como a padecer necesidad. Todo lo puedo en Aquel que me fortalece".26

San Ambrosio, en su Libro sobre los deberes de los ministros de la Iglesia, trata profusamente de la virtud de la fortaleza. La llama la fuerza firme y enérgica de la virtud, que es superior a las demás virtudes, porque las ordena y vigoriza. Con justicia se llama fortaleza a esta virtud, porque con su ayuda el hombre se gobierna a sí mismo, refrena la ira y se niega a dejarse relajar o ablandar por los atractivos del mundo que le rodea. ¿Qué puede haber más elevado, más magnífico, que el que un hombre gobierne su cuerpo desde la elevación de su mente, y lo someta a servidumbre; que insista en que obedezca a su voluntad, y trabaje con diligencia en la forma que su resuelta voluntad determine?

De las dos clases de fortaleza, la primera considera las cosas del cuerpo como las más insignificantes, y como si fueran superfluas, y como si merecieran más bien ser despreciadas que tenidas en gran consideración. La segunda clase sigue el Bien Supremo del alma, y todo lo que hace a la propia alma buena y bella; todo esto lo sigue con afectuosa atención. Qué puede ser tan exaltante como para formar en el alma una energía elevadora, que considere las cosas de este mundo ni grandes en sí mismas ni merecedoras de ser perseguidas constantemente. Si tienes tanto juicio en tu alma, necesariamente preferirás lo que hace al alma buena y bella, y darás tu mente y afectos a ese bien.

Pero sea lo que fuere lo que te suceda, no dejes que perturbe o perturbe tu mente. No seas como aquellos que dejan que cualquier pérdida de los bienes de este mundo, cualquier rebaja de su honor o respeto, cualquier burla de sus adversarios, los derribe de su superioridad sobre tales cosas. Por último, que ningún peligro para la salud o la vida que deba afrontarse por causa de la justicia te conmueva jamás. Esta fortaleza pertenece a aquellos a quienes Cristo pone en el campo, y que después de un esfuerzo legítimo serán coronados. ¿Qué piensas de esta ley? ¿Te parece débil para guiarte en el combate? "La tribulación produce paciencia; la paciencia, prueba; la prueba, esperanza; y la esperanza no confunde, porque la caridad de Dios se derrama en nuestros corazones, por el Espíritu Santo que nos es dado".27

Los escritores espirituales más eminentes establecen como principio que la fortaleza es el fundamento moral de la contemplación. Una pequeña consideración lo hará evidente. ¿Qué es la contemplación sino el reposo de la mente y del corazón en Dios como su objeto supremo, y como el objeto más elevado de todo deseo? Porque en la contemplación la mente no pasa de objeto en objeto, ni de razón en razón, ascendiendo de las cosas inferiores a las superiores, como en la meditación, sino que descansa con fija atención y asombro en Dios mismo, y le dedica los afectos. Pero esto implica gran firmeza de ánimo y constancia de corazón, y tal fortaleza de amor que no puede desviarse fácilmente de este ejercicio divino, ni por disipación de ánimo ni por tristeza de corazón. Por eso el salmista contemplativo dice a Dios: "Tú eres mi fortaleza"; y "Te guardaré mi fortaleza". Pero ésta no puede ser otra cosa que aquella fortaleza de amor que se adhiere a Dios con constancia, y soporta todas las cosas antes que sufrir la menor separación de la mente superior y del corazón de Dios.

Es una cosa muy grande tener la mente habitualmente a la luz de esta verdad, que el alma no tiene más que un Objeto Supremo, un Bien Supremo; que todas las demás cosas sólo son buenas en la medida en que nos conducen a ese Bien Supremo; que sólo somos bienaventurados en el grado en que participamos de ese bien; y que la firme contemplación de nuestro Bien Soberano, sostenida por la fortaleza del amor, es el mayor acercamiento que podemos hacer en esta vida a la Fuente Viva de todo bien. Porque la fortaleza del amor ama y perdura; ama por parte de Dios, perdura por parte de la criatura, que es la perfección de la caridad.

Esta virtud fuerte y ardiente puede compararse al horno que purifica el oro; a la raíz en el suelo que sostiene y vigoriza el árbol; a la armadura que protege la vida de las armas hostiles; y a los fuertes piñones sobre los que se eleva el águila hacia la luz del sol.

Como el horno refina el oro, la fortaleza purga las incrustaciones de escoria de nuestra naturaleza espiritual, y la embellece en fuerza. Como dice el Proverbio: "La fuerza y la belleza son su vestimenta". El viento sopla en el horno para encender su ardor; el Espíritu Santo sopla fortaleza en la llama de la caridad; en señal de lo cual ese Espíritu Divino vino visiblemente sobre los Apóstoles en un viento poderoso con lenguas de fuego. La raíz sostiene y vigoriza al árbol por su tallo, ramas, hojas y frutos; la fortaleza sostiene y vigoriza al alma en todas sus potencias, virtudes, obras y sufrimientos. El

Señor dijo a Josué antes de entrar en la tierra prometida: "Esfuérzate y sé muy valiente, para que guardes y cumplas toda la ley que mi siervo Moisés te ha mandado; no te apartes de ella ni a diestra ni a siniestra, para que entiendas todo lo que haces".28

La coraza protege el corazón de las armas hostiles; la fortaleza protege el alma de las tentaciones de todo enemigo espiritual y carnal. El mundo entero no puede herir a un alma que está cercada con la fiel fortaleza. Armadas con esta defensa, las vírgenes más delicadas, como Catalina, Inés, Cecilia, Águeda y Lucía, pudieron vencer la furia de los tiranos y toda invención de miedo y crueldad. Pero el asombro disminuye cuando reflexionamos que "la fuerza viene del Cielo". El águila se eleva sobre sus fuertes piñones contra el sol, la fortaleza sostiene las alas del alma contemplativa, y sostiene su vuelo hacia las regiones de la luz, desde donde el Sol de Justicia brilla sobre ella.

Podemos considerar los grados ascendentes de la fortaleza a la manera de San Buenaventura. Si consideramos la virtud en cuanto nos eleva por encima de las cosas de este mundo: es un alto grado de fortaleza conquistar los encantos del mundo, y despreciar sus deleites pasajeros; es un grado más alto conquistar el cuerpo, y contener sus concupiscencias; es el grado más alto conquistarse a uno mismo en el alma, y cambiar el amor propio en amor a Dios.

Si consideramos la virtud en cuanto resiste al mal: es un alto grado de fortaleza resistir y repeler los pecados del cuerpo, como la intemperancia, la sensualidad y la inmundicia; es un grado más alto resistir y repeler los pecados del alma, como el amor propio, el orgullo, la vanidad y la falta de sinceridad; es el grado más alto resistir y repeler los primeros movimientos y ocasiones del pecado, ya sea en el cuerpo o en el alma.

Si consideramos la virtud en cuanto soporta las adversidades, privaciones o penas con paz y resignación: es un alto grado soportar con satisfacción la pérdida de las cosas que este mundo puede darnos; es un grado más alto soportar nuestros sufrimientos y penas personales con un corazón paciente y pacífico; es el grado más alto renunciar a nuestra vida mortal por amor de Dios, cuando Él lo requiera.

Si consideramos este mismo don y virtud de la fortaleza tal como nos lleva con alegre contento a través de los trabajos de nuestra vocación: es un alto grado hacer nuestro trabajo en este mundo con vistas a nuestra salvación; es un grado más alto hacer nuestro trabajo de la manera correcta, es decir, según la voluntad de Dios; es el grado más alto trabajar en el interior del alma, para perfeccionar nuestra unión con Dios en el tiempo y para la eternidad.

Para resumir toda la doctrina de la fortaleza en una frase, es la fuerza de la gracia de Dios obrando por medio de la cooperación de la voluntad en la debilidad de la criatura; y la fortaleza de la resignación, como implica la palabra, es la entrega de uno mismo a Dios en medio de las aflicciones aceptadas, para que, unidas a la cruz de Cristo, perfeccionen nuestra alma. Esta es la cumbre de la fortaleza.

Una visión completa de la fortaleza, como virtud de las virtudes, nos llevará a lo más profundo de los designios de Dios, a lo largo y ancho de la historia de la humanidad, y a lo más alto de los cielos. El plan eterno de Dios es extraer la mayor cantidad posible de bien del mal producido por las malas voluntades, y demostrar Su poder en la debilidad de Sus criaturas cuando sus voluntades son buenas. Estas dos magníficas demostraciones de su poder y bondad se efectúan por la fuerza de su gracia en las almas que libre y generosamente cooperan con sus dones. Pero esto implica el conflicto del bien con el mal, un conflicto que va aumentando en intensidad, debido al crecimiento y complicación del mal a medida que el mundo envejece. Contemplad la historia del mundo desde el comienzo del Libro del Génesis hasta las últimas profecías registradas en el Libro de las Revelaciones, y veréis cómo el combate del bien contra el mal se va complicando y extendiendo, unas veces con violencia, otras con sutilezas, hasta el momento predicho por nuestro Señor en que "apenas encontraréis fe sobre la tierra". Por eso, a medida que aumenta el mal, la fortaleza y la paciencia se hacen aún más necesarias para los siervos de Dios. Las recompensas de los que vencen en el conflicto se nos presentan para nuestro estímulo en el mismo Libro de las Revelaciones en el que se describen esos combates; y San Juan resume todo el espíritu del conflicto en estas palabras: "He aquí la paciencia de los santos, que guardan los mandamientos de Dios y la fe de Jesús"[29].

Cuando el conflicto con el mal haya terminado; cuando ese mal haya sido obligado a servir para la probación y santificación de los elegidos de Dios; cuando todo el bien que puede extraerse del mal se haya acumulado en las almas de los justos; entonces vendrá esa gloriosa manifestación de la sabiduría y el poder de Dios ante el universo reunido de inteligencias creadas, y las maravillas de su gracia y providencia se verán de principio a fin. Pero la demostración más maravillosa del amor y del poder de Dios aparecerá en esto, que los poderes activos, violentos, sutiles, combinados y más agresivos del mal han sido todos vencidos por virtudes tan suaves como la caridad, la humildad y la paciencia.

PACIENCIA CRISTIANA

De todos los elementos materiales, el fuego es el más poderoso y el más noble. Por su fuerza sutil todas las cosas viven, crecen y se conservan. Ilumina, vigoriza y fertiliza los poderes de la naturaleza. En lo que entra, eso expande; y a muchas cosas da fuerza y consistencia, desde los huesos de granito de la tierra hasta la vasija de arcilla del torno del alfarero. No sólo tiene la noble propiedad de ascender, como en la llama, sino también la benigna propiedad de descender, como en los rayos del sol. Dominando los elementos más débiles, los consume sin destruirlos y los convierte en formas de existencia más etéreas. El fuego era, pues, el elemento más expresivo para manifestar a los ojos mortales el descenso invisible del Espíritu Santo sobre los discípulos de Cristo, expresivo de la luz de la sabiduría, del ardor de la caridad y del poder fortalecedor y transformador de la fortaleza.

Cuando el Espíritu Santo comunica sus dones a un alma, infunde la fuerza de la fortaleza en el ardor de la caridad, y esta fortaleza encendida por esta caridad pasa a nuestras potencias espirituales; y si nuestra voluntad es fiel para cooperar con el don divino, de nuestras potencias pasa a las virtudes, haciendo al alma fuerte de debilidad y flexible para soportar las pruebas y resistir los males de esta vida mortal. Entonces la fortaleza da firmeza y fuerza a aquella brillante llama de la caridad que aspira a Dios y al servicio de Dios en sus criaturas, y da honor y gloria a nuestro glorioso Señor y Creador. Lo que es débil o vicioso en la criatura se consume en ese fuego fuerte, para que se transforme en bien espiritual. Al descender, esa llama celestial consume lo que debe ser consumido, y fortalece lo que debe ser fortalecido; y ese don que descendió como una llama de gracia vuelve a ascender como una llama de amor, llevando al alma junto con ella a una comunión más estrecha, más constante y más elevada con Dios, de quien desciende la fortaleza de la caridad.

1 3 Reyes vii.

2 1 Timoteo iii 15. La palabra firmamentum en la Vulgata se traduce imperfectamente en la versión Douai por la palabra suelo.

3 2 Cor. v. 1.

4 Aristóteles, Ética, L. iii. c. 7.

5 Cicerón, De Inventione, L. ii. c. 54.

6 Idem, Ad Herem, L. iii. c. I.

7 S. Agustín. Quæstiones, lxxxiii. q. 63.

8 Idem, De Moribus Eccles. Cathol. L. i. c. 54.

9 Idem, De Libero Arbitrio, L. i. c. 13.

10 Romanos viii. 35-39.

11 S. Augustin. De Moribus Eccles. Cathol. L. i. c. 22.

12 Idem, en el Salmo xxiv.

13 S. Ambros. De Officiis, L. i. c. 35.

14 Hebreos xi 32-38.

15 Efesios vi. 10-11.

16 S. Bernardo. Epist. 129 ad Farnuses.

17 Isaías xvi. 6.

18 S. Cipriano. Epist. 8.

19 S. Greg. Mag. Hom. 3 en Evangel.

20 S. J. Chrysost. Serm. in S. Eustathium.

21 S. Greg. Mag. Hom. 177 in Evangel.

22 S. Greg. Mag. Hom. 27 en Evangel.

23 Romanos viii. 13.

24 Gerson. Compend. Theolog. c. De Septem Donis.

25 2 Corintios xii. 9, 10.

26 Filipenses iv. 11-13.

27 S. Ambros. De Officiis Ministrorum, L. i, c. 35-37.

28 Josué i. 7.

29 Apocalipsis xiv. 12.

5
SOBRE LA PACIENCIA DEL HIJO DE DIOS

"Que el Señor dirija vuestros corazones en la caridad de Dios y la paciencia de Cristo"-2 Tesalonicenses iii. 5.

Aunque la perfección de Dios está infinitamente más allá de la comprensión de sus criaturas, no nos ha dejado en este oscuro mundo sin luz para saber que Él es la Fuente de toda bondad, o sin conciencia para sentir que Él es misericordioso, compasivo y justo. Nos ha dado luminosas revelaciones de Su gloriosa naturaleza, y ha manifestado Sus divinos atributos en formas adecuadas a nuestro entendimiento, para que podamos elevarnos a través de ese conocimiento a la contemplación de Su infinita perfección en algún grado, y podamos encender nuestros deseos de comunión divina con Él. Él ha hecho más por nosotros, y se ha manifestado a través de su Hijo Divino, uno con Él en su naturaleza divina, uno con nosotros en su naturaleza humana; y en la comunicación de su Espíritu Santo, derramado con amor en nuestros corazones, por lo que recibimos el sentido de Dios, y el poder de amarle y sentir en pos de Él, incluso mientras estamos atados a esta tierra por el cuerpo corruptible, para que podamos tener nuestra conversación en el Cielo.

Pero de todo lo que Dios nos ha enseñado, y de todo lo que hemos aprendido por experiencia, no hay nada que golpee la mente reflexiva con más asombro y maravilla, o que pruebe más plenamente Su perfección, que Su infinita paciencia con Sus criaturas rebeldes y pecadoras. Este es el gran consuelo de los justos; este es el gran escándalo de los soberbios. Verdaderamente sus pensamientos no son como nuestros pensamientos, ni sus caminos como nuestros caminos. La paciencia de Dios es el silencio de su poder, mientras que su misericordia habla a la conciencia. Nos hizo a todos para Él, a cada uno de los hijos de Adán. Nos hizo a todos para que fuéramos felices en Él, que nunca podemos ser felices en nosotros mismos. Pero Él conoce el polvo del que tan maravillosamente nos ha hecho; Él sabe cuán débil e inquieto es nuestro espíritu que Él hizo de la nada, sin su ayuda para fortificar nuestra naturaleza, y para conducirla y guiarla hacia Él. Y cuando confiamos en nosotros mismos en vez de confiar en Él, y caemos en toda clase de pecados y miserias, nuestro misericordioso Dios tiene paciencia con nosotros, nos da tiempo, habla a nuestra conciencia, nos rodea con sus providenciales misericordias, y nos azota con las miserias de nuestras iniquidades, para que tengamos todos los motivos para volver a Él. Y cuando volvemos, su misericordia y su perdón son tan perfectos como su paciencia.

¡Qué espectáculo para los ángeles es la paciencia de Dios imponiendo silencio a su justicia mientras las almas están todavía en el curso de la probación! Cuando reflexionamos sobre la larga resistencia de nuestro Padre Celestial con sus hijos terrenales, tan conmovedoramente descrita por los profetas; y cómo a través de las largas edades de su ciega perversidad, Él fue benignamente preparando el camino para su Redención, hablando todo el tiempo a su conciencia, dándoles advertencias admonitorias, correcciones misericordiosas y pruebas visibles de su cuidado providencial de ellos; y aguardando, aguardando aún en silencio, si acaso, antes de su citación final del cuerpo a Su terrible presencia, pudieran reconocerle, volverse a Él y arrepentirse; nos quedamos paralizados de asombro ante una paciencia tan grande y divina. "Tan maravillosa es la paciencia misericordiosa de Dios, que no pocas sectas de la filosofía o credos de la religión, falsamente llamados así, siguiendo los instintos del orgullo, han interpretado la paciencia divina como indiferencia o crueldad, sin ver que la paciencia que espera la conversión del pecador es de la bondad divina que ordena todas las cosas con misericordia. Pero, a los ojos de la fe, esta misma paciencia es una de las pruebas más sublimes de la perfección divina.

Cuando reflexionamos de nuevo sobre la historia de los siglos desde que Dios se ha manifestado abiertamente al mundo en su Hijo, desde que el Evangelio de la gracia y de la verdad ha brillado con tanto amor para las almas de los hombres; ¡cuánto más profunda ha sido nuestra percepción de esa paciencia divina con que Dios soporta los pecados y la ingratitud con que tantos de sus hijos cristianos han retribuido su infinito amor! Estupendo es el amor paciente con que nuestro Padre celestial espera la conversión de las almas rebeldes e ingratas. Pero cuando por fin el alma pecadora vuelve a Él, y encuentra el perdón y la paz que eliminan todas sus miserias, exclama asombrada: ¡Oh, paciencia infinita de mi Dios y Salvador!

Qué concepción tan profunda del misterio de la Encarnación nos ha dado Tertuliano en esta breve frase:-"Dios puso su Espíritu en su Hijo con toda paciencia "2. Desde el momento en que el Verbo Eterno del Padre se hizo hombre por obra del Espíritu Santo en el seno de la Virgen María, su naturaleza humana estaba "llena de gracia y de verdad"; y estaba dotada de una paciencia divina derivada de su Divinidad, a cuya persona estaba unida aquella naturaleza humana, que era perfecta para soportar todas las condiciones de la humanidad, todas sus pruebas y todos aquellos sufrimientos que estaba destinado a padecer para nuestra redención y salvación.

Fue por la pérdida de la paciencia que Adán cayó en el pecado. Es por la pérdida de la misma virtud que sus innumerables descendientes han pecado siguiendo su ejemplo. Y fue por el poder de su amorosa paciencia que el Hijo de Dios obró nuestra redención, por cuyos sufrimientos somos sanados. Así como por la pérdida de esa paciencia fundamental que se adhiere con constancia a Dios caímos en el orgullo y en el egoísmo, y de ahí en todo tipo de debilidad, pecado y miseria; por la paciencia de Cristo somos devueltos a Dios, y somos restaurados a la posesión y consistencia de esas virtudes por las cuales nos adherimos a Dios y nos preservamos del mal. Cuando consideramos quién era Él, y lo que era, y todas las cosas que sufrió y soportó desde el momento de Su encarnación hasta Su último aliento en la Cruz, y con qué suave amor y mansedumbre soportó, vemos que Su paciencia fue tan maravillosa como Su humildad, y que Su encarnación es el asombroso misterio de la humildad y la paciencia. De aquí se deduce también que la humildad y la paciencia son los verdaderos fundamentos de la perfección humana. Por tanto, al contemplar el único ejemplo completo y perfecto de humanidad, perfecta por estar unida a la divinidad, lo que reclama nuestra más especial atención e imitación es su divina paciencia y humildad; porque éstas son las virtudes más difíciles, así como las más fundamentales, y las virtudes que perfeccionan esa soberana virtud de la caridad, por la que nosotros también, en otro orden, estamos unidos a Dios.

El lugar para contemplar la humildad y la paciencia del Hijo de Dios en su suprema manifestación y en su mayor luz es la desolada colina del Gólgota, donde, según la tradición de los primeros Padres, derivada de los hebreos, fue sepultado el cuerpo del pecador Adán. Allí, al pie de la Cruz de Jesús, cuya sangre cae sobre los restos terrenales del padre caído de nuestra raza, así como sobre nosotros, sus descendientes, podemos contemplar la paciencia divina por la luz que se proyecta sobre ella desde el monte Thabor. Pero elevemos primero los ojos de nuestra fe por encima de esa lóbrega colina, sembrada como está de reliquias de ejecuciones criminales, y contemplemos al Padre Eterno enviando a su Hijo en su misión a este mundo culpable. "Tanto amó Dios al mundo, que dio a su Hijo unigénito, para que todo el que crea en Él no perezca, sino que tenga vida eterna".3

En el instante de Su Encarnación, Su naturaleza humana se hizo una con Su personalidad divina; y, a través de esa unión personal de Su alma con Su divinidad, Cristo tuvo del Padre la plenitud de la sabiduría y del conocimiento, e internamente poseyó la gloria de la visión beatífica. Se llamaba a sí mismo "Hijo del hombre", pero en toda ocasión oportuna se proclamaba "Hijo de Dios" y afirmaba su igualdad con el Padre. Dice: "El que me ve a Mí, ve también al Padre "4 y: "Todo lo que tiene el Padre es mío "5. También dice: "Yo estoy en el Padre y el Padre en mí "6 y: "Yo y el Padre somos uno "7 y de nuevo: "Salí del Padre y vine al mundo; otra vez dejo el mundo y voy al Padre "8. Él era la luz del mundo, conocía todo lo que hay en el cielo y en la tierra, y todo lo que hay en el hombre.

Después de contemplar al Hijo de Dios en su propia luz inefable, piensa en la maravillosa paciencia con la que retuvo dentro del velo de su estructura corporal la plenitud de la luz y la gloria que había en Él, para poder conversar con los hombres con humildad, y sufrir contradicciones y persecuciones con inalterable paciencia. Su vida estaba oculta, y se convirtió en un "signo para ser contradicho". El poder que crea y gobierna el mundo estaba con Él, la luz que ilumina todas las inteligencias creadas estaba dentro de Él, porque Él era el Hijo de Dios. Una vez, y sólo una vez durante una breve hora, reveló a testigos escogidos la gloriosa majestad que durante el resto de su vida humana permaneció oculta a los ojos mortales. Sin embargo, ordenó a esos testigos elegidos que no contaran la visión a nadie hasta que Él hubiera resucitado de entre los muertos.

De los tres testigos apostólicos de esa gloriosa visión, San Juan declara: "Vimos su gloria, como la gloria del unigénito del Padre, lleno de gracia y de verdad "9. Y San Pedro apela a la misma visión gloriosa como testimonio de la verdad de su enseñanza. "No hemos seguido fábulas ingeniosas al daros a conocer el poder y la presencia de nuestro Señor Jesucristo, sino que hemos sido testigos oculares de su Majestad. Porque Él recibió de Dios Padre honra y gloria: esta voz descendió a Él de la excelsa gloria: Este es mi Hijo amado, en quien me he complacido; a él oíd. Y esta voz oímos traída del Cielo cuando estábamos con Él en el monte santo".10

Después de comprender el poder, la majestad y la gloria que estaban ocultos en el Hijo de Dios a los ojos de los hombres, piensa con toda la amplitud de tu luz en la divina paciencia y fortaleza con que, usando las palabras de San León, "retuvo su majestad, para que los perseguidores tuvieran poder de infligirle su ira". Con qué asombro habrán observado los tres testigos de su gloria su conducta humilde y paciente, cuando, "con mirada oculta y como despreciado", soportaba en silencio las contradicciones de los hipócritas y los reproches de los pecadores. Con qué mansedumbre aceptó las humillaciones, con qué dulzura los sufrimientos, que se amontonaban sobre Él, como si fuera el peor de los criminales y el enemigo del pueblo al que había venido a salvar.

¿Durante cuántas edades y a través de cuántas vicisitudes Su pueblo elegido lo había esperado como su Mesías y su Libertador? Instruidos por sus profetas, adiestrados incesantemente en la espera de Él por medio de sus leyes, sus sacrificios y los ritos y ceremonias que se mezclaban con su vida diaria, esa expectativa, de cuya próxima realización había tantos signos visibles, era el pensamiento dominante de sus mentes. Pero los velos del orgullo y la sensualidad cubrían sus corazones; y aunque Él demostraba ser el Mesías esperado por las luces de su enseñanza, por su poder sobre la naturaleza y por el cumplimiento de las profecías, no podían soportar su humildad ni la humilde vestidura bajo la cual ocultaba su majestad. Estaba en el mundo, y el mundo no le conoció; vino a salvar al mundo, pero a salvarlo por medio de sus sufrimientos. Imitando siempre la paciencia de su Padre, soportó ser desconocido, excepto para unos pocos discípulos. Después de llevar a cabo la estupenda obra de nuestra redención, dejó a sus discípulos, una vez que hubo partido del mundo, la tarea de dar a conocer que había salvado a la humanidad de la muerte eterna y les había traído la vida eterna. Verdaderamente eres un Dios oculto y muy paciente. Tú ocultas a los soberbios y das a conocer a los humildes.

Hagamos aquí una pausa y reflexionemos sobre nosotros mismos. Profesamos ser los pacientes seguidores del paciente Hijo de Dios. ¿Comprendemos cuán profunda es esa paciencia que hace descansar la humanidad de Cristo sobre el firme fundamento de su divinidad, y da a su voluntad humana la fuerza para atenerse a la voluntad de su Padre, impasible e imperturbable en su paz y serenidad por todo lo que los hombres puedan decir o hacer contra Él? ¿Comprendemos la profundidad de esa paciencia que se abstiene de toda autoafirmación egoísta, por muy groseramente que se le juzgue, por muy ignominiosamente que se le insulte? Él sólo glorifica a Su Padre Celestial, declara Su unidad con Su Padre, e igualmente declara que no puede hacer nada sin Su Padre. Sin embargo, Él nos llama a ser imitadores de Su paciencia, a descansar en Él para fortalecernos; a tomar nuestra cruz diaria y seguirle; a abstenernos de nuestro egoísmo egoísta; y a poseer en paciencia nuestras almas.

Contemplad la plenitud de la Divinidad que habita corporalmente en Cristo Jesús, y cómo, no obstante, sólo manifestó su gracia y sabiduría por grados, a medida que los hombres podían soportar su luz, mientras que el esplendor de su luz y sabiduría está todo reservado en Él, retenido por su infinita paciencia. Aunque en la persona de Dios, soportó con indecible paciencia el encierro del vientre virginal; soportó las humillantes condiciones de la infancia, las pruebas y la sujeción de la juventud, las fatigas de la obediencia a sus guardianes terrenales y los trabajos del parto.

Permaneció sumisamente bajo la ley de la obediencia durante treinta años, hasta que la ley de Moisés le permitió enseñar. Sin embargo, Él mismo era el maestro de la ley, Él mismo el objeto de la ley. Vino con la nueva ley de gracia y amor, pero se sometió pacientemente a las duras restricciones y rigurosas observancias de aquella ley ceremonial que no era sino una figura fastidiosa y laboriosa de su propia misión y sacrificio. Pero aunque observó fielmente sus mandamientos al pie de la letra, aparte de las corrupciones de los fariseos, esa misma ley se convirtió en el pretexto para oponerse a Su predicación, y en el alegato final para darle muerte. Quienquiera que aplique su mente con diligencia a la consideración de estos contrastes entre el espíritu interior de Cristo y la ley exterior de Moisés a la que obedecía, obtendrá una nueva clave de su divina paciencia. Al obedecer la ley de la vida, fue sometido a la ley de la muerte.

Severo consigo mismo, es manso, suave e indulgente con todos los demás. Su mansedumbre es la bella flor, su paz el dulce fruto de su paciencia. Su doctrina es puesta en duda y discutida; se le acusa de ser un impostor; se le llama blasfemo; sus maravillosas obras se atribuyen al diablo; a sus adversarios les rechinan los dientes, arden de rabia y están preparados para apedrearle. Sin embargo, Su ecuanimidad es inamovible, Su porte manso no se altera, la calma de Su paz no sufre ningún cambio. Descansando en Su unión con Su Padre, la base de Su fuerza invencible, Su fortaleza divina es probada en cada punto, y en cada punto Su paciencia es invencible.

Después de someterse al bautismo de Juan, en obediencia al Espíritu Santo se retira al salvaje desierto, permanece entre bestias salvajes, ayuna de todo alimento durante cuarenta días y se dedica a la oración. Luego vino Su encuentro con el enemigo de la humanidad y Su resistencia a esas viles e hipócritas tentaciones, en las que nos enseñó cómo tentaciones semejantes deben ser resistidas por la fuerza de la paciencia y la palabra de Dios. Sus actos son el sello de Su enseñanza; Su paciencia una gran parte de Su expiación por nuestros pecados.

Como Señor de los hombres se convirtió en su maestro, y teniendo el perfecto conocimiento de lo que trae el perdón de la ofendida paciencia de Dios, les enseñó cómo escapar de la muerte a la vida. Respondiendo a las tinieblas con luz y a los insultos con mansedumbre, Su voz no se oyó en contienda, sino que por las injurias devolvió las bendiciones de la compasión. No despreció el techo de nadie, no quiso sentarse a la mesa de ningún pobre. No vino a buscar a los justos, sino a los pecadores para que se arrepintieran. Los pretendientes de la pureza le acusaron precisamente de conversar y sentarse a la mesa con publicanos y pecadores. No se enojó con la ciudad que le negó la entrada a sus puertas; y cuando algunos de sus discípulos querían que hiciera bajar fuego del cielo, como hizo Elías, para vengar el insulto, los reprendió con estas palabras: "No sabéis de qué espíritu sois. El Hijo del Hombre no ha venido a destruir almas, sino a salvarlas".11

Sanó a los ingratos. Se entregó a sus traidores. Y esto no era mucho, puesto que tomó a un traidor en Su compañía, lo trató con la amabilidad habitual, le confió la bolsa común y le hizo advertencias a su conciencia; sin embargo, toda esta bondad sólo probó su dureza e ingratitud. Traicionado por este hombre a sus enemigos, y llevado como una oveja al matadero, no abrió la boca para quejarse, sino que soportó todo lo que se le vino encima con mansa y silenciosa paciencia. Cuando Pedro sacó la espada en Su defensa, no sólo le reprendió con esa paciencia que es la madre de la misericordia, sino que curó la herida que no había infligido.

¿Era necesario amontonar contumelias sobre contumelias, y ponerlas sobre Su cabeza, cuando la malicia deliberadamente planeada ya lo había condenado a muerte? Sin embargo, teniendo el poder de dar su vida y el poder de volver a tomarla, eligió dejar esta vida lleno y saciado con la dignidad y el gozo de la paciencia.12

Acusado falsamente, y eso en nombre de la ley de su Padre, es "escupido, azotado, escarnecido, vestido de burla como un falso rey, para entretenimiento de judíos y paganos por igual, y coronado de espinas para que la sangre de su frente exhibiera su realeza. Sobre sus miembros extenuados carga la cruz del criminal con ignominia indecible; y desnudo en el Gólgota, es crucificado ante el pueblo al que vino a salvar del infierno: crucificado con todas las circunstancias de crueldad y tormento. ¡Qué maravillosa es la muerte que nos ha dado la vida! ¡Qué maravillosa es la humildad, el sufrimiento, la paciencia! ¡Cuán sublime es esta liberación de las almas, rescatadas de la muerte por los azotes de la cruz! He aquí a Dios escondido en la naturaleza del hombre, y esa naturaleza es desgarrada y desgarrada hasta la muerte sin una sola señal de la impaciencia del hombre. Sólo por esto debieron conocer los fariseos a su Señor; porque ningún simple hombre podría haber mostrado una paciencia tan divina.

Si entramos en el interior del Hijo de Dios, encontraremos allí una crucifixión del alma sostenida por una caridad pacientísima porque divinísima. Nada puede ayudar tanto a las almas sometidas a pruebas interiores como entrar en espíritu en la crucifixión interior de nuestro Santísimo Señor. Él tiene sed de la salvación de todos aquellos que por su Encarnación ha hecho hermanos suyos; y la resistencia que encuentra en el orgullo de las voluntades egoístas le causa la mayor angustia de espíritu. A esta angustia dio voz cuando, acercándose a Jerusalén, habló a su pueblo con lamentaciones y lágrimas: "Jerusalén, Jerusalén, que matas a los profetas y apedreas a los que te son enviados, ¿cuántas veces quise reunir a tus hijos como la gallina reúne a sus polluelos bajo las alas, y no quisiste? He aquí que tu casa te será dejada desierta".13

Si las almas de los santos sufrieron intensamente por la oposición de los pecadores a la caridad que oraba y trabajaba por su conversión, cuánto más sufrió el Dios de la caridad en su alma humana, cuando su luz, su gracia y todos sus sufrimientos por las almas de los hombres fueron rechazados y despreciados. El fuego de su caridad lo consumía por dentro, porque sus corazones endurecidos no permitían que se extendiera.

Está escrito que "nuestro Dios es un fuego consumidor "14 También está escrito proféticamente del Hijo de Dios como esposo de las almas, que "el amor es fuerte como la muerte, los celos son duros como el infierno, sus lámparas son fuego y llamas "15 Y San Justino Mártir nos dice que había una tradición en Tierra Santa entre aquellos que habían visto a los discípulos de nuestro Señor, que Él solía decir: "Los que están cerca de mí están cerca del fuego". Dijo a sus discípulos: "He venido a echar fuego en la tierra; ¿y qué quiero sino que se encienda? Este fuego era su ardiente caridad; este bautismo, sus ardientes sufrimientos. Estaba apurado por su intenso deseo de cumplir sus sufrimientos para poder propagar el fuego vivo de su caridad. Pero su paciencia mantuvo sus deseos en obediencia hasta la hora señalada por su Padre. Así fue reprimido y refrenado en Él su ardiente amor por las almas, hasta que, llevado a su bautismo de sangre, su amor fue crucificado en Él; y entonces, con su muerte, compró el descenso del Espíritu Santo en llamas de amor sobre las almas de los hombres.

A lo largo de su vida mortal, su cruz estuvo siempre delante de Él, y la contempló cada vez más cerca, no sólo con una entereza y una paciencia resistentes, sino también anhelantes. De tiempo en tiempo, y por grados, trajo la pasión que debía sufrir ante la mente de sus discípulos elegidos, no sólo mostrando que su sacrificio estaba ante su mente, sino preparándolos para su tremenda realización. Así encomendó a sus corazones Su amor supremo por sus almas; y les enseñó, lo que sólo después de Su resurrección comprendieron plenamente, a devolver amor por amor, sangre por sangre, y muerte por muerte. ¿Qué otra cosa enseñó en sus amonestaciones sino que debían tomar su cruz cada día y seguirle? En Su último viaje a Jerusalén, yendo directo a Su sacrificio, "Jesús iba delante de los discípulos, y ellos se asombraban, y siguiéndole tenían miedo". Y tomando a los doce, comenzó a contarles las cosas que le habían de acontecer, diciendo: "He aquí subimos a Jerusalén, y el Hijo del hombre será entregado a los sumos sacerdotes, a los escribas y a los ancianos, y le condenarán a muerte, y le entregarán a los gentiles, y se burlarán de Él, y le escupirán, y le azotarán, y le matarán, y al tercer día resucitará".17 Y el Evangelio recoge el asombro de los discípulos ante el ardor con que acudía a sus sufrimientos.

La cruz es el horno del amor. La paciencia de la cruz demuestra la perfección del amor. "¿Qué fue el amor paciente de Cristo, ese amor sufriente de su Padre, ese amor sufriente de nuestras almas, a qué tendió todo ello, sino a la plena y firme entrega de su naturaleza humana a su Padre, a través de esas agonías mortales, soportadas con suprema resignación, en la absoluta certeza de que Aquel que acepta el sacrificio glorificará a la Víctima, y hará más fructífera la oblación del amor paciente? En palabras de San León, esa muerte ignominiosa se convirtió en "la fuente de todas las bendiciones, la causa de todas las gracias, dando fuerza de la debilidad a los creyentes, gloria de la ignominia y vida de la muerte".19 De esto tenemos una figura profética en el enigma de Sansón, que extrajo miel de las fauces del león que había matado.

Las Sagradas Escrituras enseñan en muchos lugares que la paciencia de Cristo es el principio de su gloria. Porque por la paciencia perfeccionó sus sufrimientos, por la paciencia perfeccionó su obra de amor, por la paciencia perfeccionó sus méritos, infinitos porque sufrió en la persona de Dios. Esta gran verdad merece una profunda consideración, porque los sufrimientos de Cristo fueron perfeccionados por su paciente resignación a la voluntad de su Padre. Y esto arroja la mayor luz sobre el valor y la recompensa de todo sufrimiento paciente, bajo cualquier cruz o prueba, soportado con Cristo por amor a Dios.

Nuestro Divino Señor citó el Salmo 109 en prueba de Su Divinidad. Es una magnífica profecía de las prerrogativas de Cristo. Su conclusión da la causa de la exaltación de Su humanidad en la gloria. "Beberá del torrente en el camino: por eso levantará su cabeza". Los Padres asignan unánimemente este versículo a Sus humillaciones y sufrimientos como causa de Su exaltación. El torrente es el rápido curso de los acontecimientos humanos, que se precipitan en la corriente del tiempo con la impetuosidad de una inundación, sonora, turbia y poco pacífica. Pero la muerte interviene, y el hombre no deja vestigio alguno de su atribulado camino. En ese torrente descendió el Hijo de Dios, y en el camino de su vida mortal, bebió de las turbias aguas y soportó su amargo sabor con amorosísima paciencia. Sufrió las penas de la humanidad en su forma más severa; entró en la profundidad del torrente en Su pasión. No se refrescó con las dulces aguas del deleite, pues el pecado y la miseria lo rodeaban; sino que bebió de esas aguas oscuras y amargas, de las que se dice en otro Salmo: "Las aguas han entrado hasta mi alma. Estoy encallado en el cieno del abismo, y no hay lugar donde pueda permanecer. He llegado a las profundidades del mar, y la tempestad me ha anegado"[20].

"Por eso ha levantado su cabeza", y el mismo salmo proclama su exaltación y poder. "El Señor dijo a mi Señor: Siéntate a mi derecha, hasta que ponga a tus enemigos por estrado de tus pies. El Señor enviará el cetro de tu poder desde Sión; gobierna en medio de tus enemigos. Contigo está el principado en el día de tu fortaleza: en el resplandor del Lugar Santísimo: desde el vientre, delante del lucero de la mañana, yo te engendré. El Señor ha jurado, y no se arrepentirá: Tú eres sacerdote para siempre según el orden de Melquisedec".

El mismo día de su resurrección, el Hijo de Dios enseñó este principio a los dos discípulos de Emaús. A sus temores causados por sus sufrimientos y muerte Él respondió: "Necios y tardos de corazón para creer en todo lo que han dicho los profetas, ¿no tenía Cristo que haber padecido estas cosas y entrar así en su gloria?

En su Epístola a los Hebreos, San Pablo también ha mostrado que fue por sus sufrimientos pacientes que Cristo fue perfeccionado como sumo sacerdote, y recibió el poder de salvar a la humanidad: "Quien en los días de su carne, con fuerte clamor y lágrimas, ofreciendo oraciones y súplicas al que podía salvarlo de la muerte, fue escuchado por su reverencia; y siendo consumado, fue llamado por Dios sumo sacerdote según el orden de Melquisedec."22 En otro pasaje, el más memorable, el gran Apóstol exhibe de la manera más sorprendente cómo las humillaciones y los sufrimientos obedientes del Hijo de Dios fueron el principio de Su exaltación; y eso con el objeto expreso de impresionarnos que si sufrimos en un espíritu semejante de paciente y humilde obediencia seremos glorificados con Él. "Haya, pues, en vosotros este sentir que hubo también en Cristo Jesús; el cual, siendo en forma de Dios, no estimó el ser igual a Dios como cosa a que aferrarse, sino que se despojó a sí mismo, tomando forma de siervo, hecho semejante a los hombres y en la costumbre hallado como hombre. Se humilló a sí mismo, haciéndose obediente hasta la muerte, y muerte de cruz. Por lo cual Dios también le exaltó, y le dio un nombre que es sobre todo nombre, para que en el nombre de Jesús se doble toda rodilla de los que están en el cielo, en la tierra y debajo de la tierra. Y que toda lengua confiese que el Señor Jesucristo está en la gloria de Dios Padre".23

Se nos enseña así divinamente que la humildad y la paciencia que someten nuestra naturaleza rebelde a la voluntad de Dios, y nos mantienen firmes en esa sujeción a través de todo lo que debemos sufrir, son la preparación, y contienen ya la semilla de la gloria que se nos promete. Por eso el Señor nos exhorta a tomar la cruz de cada día y a seguirle con paciencia. Y los dos grandes Apóstoles nos exhortan solemnemente en el mismo sentido. San Pablo dice: "Corramos con paciencia a la lucha que se nos ha propuesto, puestos los ojos en Jesús, el autor y consumador de nuestra fe, el cual, con el gozo puesto delante de Él, sufrió la cruz, menospreciando el oprobio, y ahora está sentado a la diestra de Dios".24 Y San Pedro nos dice: "Si haciendo el bien sufrís con paciencia, esto es digno de agradecimiento delante de Dios. Porque para esto fuisteis llamados: porque también Cristo padeció por nosotros, dejándoos ejemplo para que sigáis sus pisadas".25

Todas estas elevadas instrucciones apuntan a un punto, que así como los sufrimientos pacientes de nuestro Señor fueron la causa de Su gloria, la misma paciencia en los sufrimientos nos llevará a Su gloria. Todo apunta a la paciencia como perfeccionadora del alma. Porque la caridad es paciente. Si no es paciente, es muy imperfecta; no ha sometido plenamente nuestra naturaleza débil e irritable a la gracia y a la voluntad de Dios. Podemos mortificar el cuerpo, pero de qué sirve si el alma no está debidamente mortificada. La caridad quedará sin su firmeza y estabilidad; la naturaleza reinará donde debe reinar Dios. De ahí que San Pablo nos aconseje que no busquemos en nosotros mismos, sino en Dios, el poder de la paciencia, y que la ejercitemos en Cristo llevando nuestra cruz con Él. Oigamos de nuevo al ardiente Apóstol: "Dios, que manda que de las tinieblas resplandezca la luz, ha resplandecido en nuestros corazones, para iluminación del conocimiento de la gloria de Dios en la faz de Cristo Jesús. Pero tenemos este tesoro en vasos terrenales, para que la excelencia sea del poder de Dios y no de nosotros. En todo sufrimos tribulación, pero no nos angustiamos; estamos estrechos, pero no desamparados; padecemos persecución, pero no somos desamparados; estamos abatidos, pero no perecemos: llevando siempre en nuestros cuerpos la mortificación de Jesús, para que la vida de Jesús se manifieste en nuestros cuerpos".26 Y así ruega por los fieles para que "sean fortalecidos con toda fuerza, según el poder de su gloria, en toda paciencia y longanimidad con gozo". 27 La gran dificultad para instruir a esas buenas personas que viven principalmente de su propia sensibilidad, y que obtienen el nombre de devotos, es que no se dan cuenta de en qué consiste la devoción; porque devoción significa entrega, y entrega significa estar entregado a algo que no es uno mismo. El verdadero sentido de la devoción es entregarse a Dios, y no a nuestras propias sensibilidades y sentimientos; sentir por Dios, no por uno mismo; porque nuestro bien está en Dios, no en nosotros mismos. Pero tenemos que soportarnos a nosotros mismos, y dejar de estar ocupados con nosotros mismos, para que podamos sentir por Dios. Aquellas personas piadosas que están apegadas a sus propios sentimentalismos blandos, esa mera leche para bebés, no pueden entrar en las cosas fuertes de la paciencia de Cristo o de sus santos. Aceptarán como una verdad que la caridad paciente es la causa y el principio de la gloria futura, pero la considerarán principalmente como el soportar los sufrimientos corporales cuando vengan, ya sea por persecución o por la visitación de Dios. No se darán cuenta de esa paciencia fundamental que apoya el alma en Dios, y establece el orden, la fuerza y la paz dentro del alma. Ocupados con sus sensibilidades y los problemas que surgen de ellas, parecen esperar que la paciencia les llegue sin esfuerzo ni combate consigo mismos. Nunca parecen comprender de una manera práctica que esta paciencia se refiere principalmente a sus propias pruebas interiores, y que sólo pueden obtener esa perfección de la caridad, que trae alegría y paz uniformes, soportando con paciencia constante y verdadera resignación tanto sus pruebas como a sí mismos.

Pasemos ahora a la contemplación de los dolores y sufrimientos interiores de Jesucristo, Hijo de Dios. Superan con mucho sus sufrimientos exteriores, como el espíritu supera al cuerpo. Pero llevemos con nosotros la luz del principio de que la paciencia procede de la caridad.

"La palma es el símbolo de la victoria y de la paz. La cruz de Jesús es la más fructífera de las palmeras, que trae la mayor paz después de la mayor de las victorias, obtenida a través de dolores y sufrimientos indecibles. Porque si Jesús fue lo que el profeta Isaías predijo de Él, "varón de dolores, experimentado en enfermedades", fue siempre victorioso por la fuerza de su divina paciencia. Sus sufrimientos espirituales fueron incomparablemente mayores que sus sufrimientos corporales. Porque en su inocencia fue víctima y penitente vicario por todos los pecados de los hijos de Adán, y así se convirtió en modelo de todos los verdaderos penitentes, así como en ejemplo de resignación para todos los afligidos por la desolación interior. "Ciertamente llevó Él nuestras enfermedades y sufrió nuestros dolores, y nosotros le tuvimos por leproso y por azotado y afligido por Dios. Mas Él herido fue por nuestras iniquidades, molido por nuestros pecados; el castigo de nuestra paz fue sobre Él, y por sus llagas fuimos nosotros curados. Todos nosotros nos descarriamos como ovejas, cada cual se apartó por su camino; y el Señor cargó en Él el pecado de todos nosotros".29

Las penas de nuestro Divino Señor no eran las penas de la tristeza; porque la tristeza es la más egoísta de las pasiones humanas. Sus penas eran las penas del amor y de la compasión. Se aflige por la multitud y magnitud de los pecados por los que Dios es ofendido; se lamenta por la calamitosa condición a la que ha sido reducida la raza ofensora de Adán. Su amor por esas innumerables almas, que el Padre creó por medio de Él, el Verbo de su gloria, y de cuya razón Él mismo es el iluminador, es la causa de todo su dolor. Contempla a esas almas, que nadie puede contar, extraviadas de Dios en la miseria y las tinieblas, y llevando una vida agonizante que está en amargo conflicto con sus instintos de bien y con la luz de su conciencia, y suplica con fuerte clamor y lágrimas que vuelvan a la paz.

Colgado en la cruz ante su Padre, y amando al mundo pecador que lo crucifica con un amor sólo superado por el amor de su Padre, mientras cada sentido y fibra de su cuerpo mortal sufre una tortura exquisita e ignominiosa, su alma afligida se siente abrumada por el dolor y la desolación. Llevando la vasta acumulación de los pecados de la naturaleza humana sobre Su propia alma purísima para su expiación, no sólo ve en Su luz pura, sino que siente a través de Su naturaleza pura, toda su suciedad, su horrible deformidad, su incesante acumulación y su indecible malicia. Las burlas e insultos amontonados sobre Su lánguida cabeza no son sino la expresión concentrada de ese orgullo, inmundicia e insolencia con que la criatura ingrata ha insultado a su Creador Benefactor a lo largo de la historia de la raza humana.

Como sólo los ojos divinos pueden penetrar en los secretos de los corazones humanos, el Hijo de Dios contempla las miserias de las almas mientras sus corazones fermentan en la maldad. Ve la ceguera de su pueblo elegido, sordo a la voz de los profetas, sordo a su propia voz y ciego a su luz. Ve a la humanidad en general inmersa en idolatrías, hundida en vicios, muerta al grito de la conciencia, ignorante de la estupenda obra de misericordia que se realiza para su redención.

Así, mientras la Víctima Divina entra en los males por los que sufre, se lamenta y se aflige por los crímenes que se levantan en sucias riadas contra su Padre, y por la destrucción de innumerables almas. Pero como en razón de Su paciente caridad, los sufrimientos de Su espíritu estaban en perfecta conformidad con la Razón Divina, sólo fueron igualados por Su amor a las almas. ¿Quién puede desentrañar ese inmenso amor de las almas por las que sufrió? ¿Quién puede escudriñar el abismo de ese dolor que llena el abismo entre esas almas caídas y Dios? ¿Quién puede explorar esa divina compasión con que se conmueve su alma afligida por sus hermanos descarriados? ¿Quién puede adivinar el ardor de su deseo de salvarlos de esa ruina eterna a la que sus voluntades pervertidas los han conducido? "Tengo un bautismo con el que he de ser bautizado, y ¡cuán apurado estoy hasta que se cumpla!" ¡Oh, qué bautismo de sangre, de dolor y de desolación!

El Hijo de Dios es herido más profundamente en su naturaleza espiritual que en su naturaleza corporal. La primera herida infligida es el desprecio y la deshonra ofrecidos a la Majestad Divina en Su persona. La segunda herida infligida es la malicia con la que todo pecador grave crucifica al Hijo de Dios en sí mismo, y hace de Él una burla. La tercera herida de Su espíritu es infligida por la horrible deformidad de cada pecado mortal, que destruye el buen orden y la belleza de la más noble creación de Dios. La cuarta herida de su espíritu es la destrucción que prevé de una gran parte de su reino de gracia y de gloria por el oscuro orgullo de la herejía y por los hábitos maliciosos del pecado. La quinta y más profunda herida es infligida a Su espíritu por la caída deliberada de tantas almas de la gracia en el abismo eterno de la oscuridad y el castigo, aunque para salvarlas de ese abismo Él es crucificado.

Todavía tenemos que entrar en ese terrible abandono y desolación en que está sumida el alma de Jesús, cuando alcanza el último grado de sufrimiento espiritual con el último grado de paciencia. Su alma soporta el último castigo debido a los pecados que está expiando en el abandono de Dios. Esto puede considerarse como la expiación de ese orgullo que es la raíz de todo pecado y la causa de toda malicia. Por otra parte, puede considerarse como la ocasión de la paciencia más divina y de la resignación más absoluta, y como el ejemplo perfecto al que debe conformarse toda alma que sufra los dolores interiores de la desolación. La visión beatífica retrocede hasta la cumbre extrema de su espíritu, mientras que todo lo demás de su alma humana está invadido por las tinieblas, marchito en sequedad y empapado en amargura; y exclama a su Padre: "Dios mío, Dios mío, ¿por qué me has abandonado?".

En el Huerto de los Olivos el Divino Penitente por nuestros pecados exhala el grito agonizante: "Mi alma está triste hasta la muerte". En la cruz, la Víctima divina de nuestros pecados lanza el grito de la desolación total. Sin embargo, en esa última etapa de desolación, ¡con qué divina fortaleza y resignación se entrega a la voluntad de Su Padre Celestial! "Pero no se haga mi voluntad, sino la Tuya". Y apoyando Su alma cansada y exhausta en la Divina Fuerza, suspira Su vida en esas palabras de oblación y entrega: "Padre, en tus manos encomiendo mi espíritu".

En el Huerto de los Olivos, el Hijo de Dios sufre una agonía de alma tan espantosa, que lágrimas de sangre brotan de su cuerpo terrenal. En el camino doloroso, contemplamos Su espíritu paciente inclinando Su cuerpo destrozado bajo la carga de la cruz, y llevándolo con fortaleza invencible al lugar de la ejecución. En el Gólgota, en su cruel denudación y atroz suspensión, oímos su oración pidiendo perdón a sus verdugos. En su crucifixión y desolación interiores contemplamos su amor por todas las almas desconsoladas, para cuyo fortalecimiento prepara gracia y consuelo. En su muerte nos enseña a todos nosotros, en medio de nuestros últimos sufrimientos, cómo entregar nuestras almas a Dios. Él es el modelo de los vivos y el modelo de los moribundos; la gracia de los vivos y la gracia de los moribundos; el amor de los vivos y el amor de los moribundos; y todos los que mueren a este mundo en amor paciente viven por Él por los siglos de los siglos.

Si contempláramos los sufrimientos de Cristo con toda nuestra mente y nuestro corazón todos los días de nuestra vida, no podríamos llegar a las profundidades ocultas de sus sufrimientos pacientes y de sus dolores amorosos. Tampoco podríamos agotar la luz y el consuelo que brotan de esa contemplación. Sólo Dios sabe lo que sufrió por nuestros pecados. Sólo Dios conoce todo el amor y la paciencia con que sufrió. Sólo Dios conoce la profundidad de la ternura de su divina compasión por nuestras almas.[30]

Lo que los hombres desean tener en este mundo, y tener por encima de todas las cosas, es el poder. Si aman el dinero, lo aman como instrumento de poder y como medio de hacer su voluntad y salirse con la suya. Pero todo poder viene de Dios; y el mayor poder es la caridad de Dios. Porque la caridad todo lo puede. Une la tierra con el cielo y el alma con Dios, y da al alma paz en sí misma y poder de obrar bien. Pero el mayor poder que podemos poseer los débiles mortales es la fortaleza de la caridad, que se adhiere con constancia a Dios, vence el mal y llena el alma de bien. Por la fortaleza de la caridad, Cristo venció a la muerte por todos y redimió al mundo. Es el poder de Cristo; y si imitamos su paciencia, llegaremos a su poder. Ábrele tu alma, y con su paciente caridad vendrá a ti, y te fortificará contra sus enemigos y los tuyos.

Ha sido una máxima del mundo durante algunas épocas que el conocimiento es poder. El conocimiento no es poder, sino una condición del poder. El conocimiento es de la mente, el poder de la voluntad. Una cosa es saber y otra hacer. Si actuamos con conocimiento humano, realizaremos cosas humanas; si actuamos con conocimiento divino, llegaremos a cosas divinas. Pero a menos que la luz para conocer vaya acompañada de la fuerza de voluntad para actuar de acuerdo con nuestro conocimiento, ese conocimiento es vano; y para actuar sobre el conocimiento divino se requiere una fuerza divina. El conocimiento que se nos da de la queridísima Pasión de Nuestro Señor y Salvador, íntimo en proporción a nuestro amor, es la revelación a nuestras almas del amor más divino en la paciencia más divina, enriquecida con frutos celestiales para todos los que tienen hambre de ellos. Pero esta revelación es una solemnísima invitación para que imitemos su paciencia tanto como su caridad; y por esta misma razón, porque sin paciencia la caridad nunca puede ser perfecta, y nunca puede traernos frutos perfectos. "El que no toma su cruz y me sigue, no es digno de mí"[31].

La grandeza de la paciencia del Hijo de Dios es un gran argumento de fe. Demuestra su poder divino tanto como sus milagros, y debe interpretarse con ellos. No es la razón sino el orgullo del infiel el que se escandaliza con un Redentor del mundo que sufre. Revestirse de nuestra naturaleza, ponerse en nuestro lugar, acumular todos los sufrimientos debidos al pecado sobre su propia persona divina, soportarlos con la paciencia divina de una caridad infinita, es la acción amorosa de un Dios misericordiosísimo, que así nos enseña cómo convertir todos nuestros sufrimientos en virtud, y cómo hacerlos fructificar para la vida eterna. Tendiendo un puente sobre el vasto abismo entre el cielo y la tierra, que el pecado había rasgado, por medio de la maravillosa unión de Dios con el hombre, Él ha abierto el camino a través de sus propios sufrimientos y muerte a nuestra resurrección. Él ha santificado todos los sufrimientos con los suyos, y nos ha dado el poder, uniendo nuestros sufrimientos a los suyos, y actuando con la gracia de su paciente caridad, de participar en su gloria eterna.

Y esto no es todo, porque no sólo los sufrimientos pacientes de Cristo nos han abierto el Cielo, sino que cada vez que nos acercamos al Hijo sufriente de Dios, y ponemos nuestro corazón en ese horno de amor y paciencia, recibimos una luz, un afecto y una unción que suaviza todas las penas hasta convertirlas en paz, limpia el alma del mal y la conforta con una fuerza cordial y un deseo siempre creciente del Bien Eterno. El mundo está lleno de misterios; el alma está llena de misterios; el Cielo es todo misterio para nosotros, criaturas terrenas. Pero quien abraza la Cruz con el corazón abierto encuentra en ella la explicación de mil misterios.

1 Sabiduría xv. 1.
2 Tertuliano, De Patientia, c. 3.
3 S. Juan iii. 16.
4 Ibid. xiv. 9.
5 Ibid. xvi. 15.
6 Ibid. xiv. 10.
7 Ibíd. x. 30.
8 Ibíd. xvi. 28.
9 San Juan i. 14.
10 2 San Pedro i. 16-18.
11 Lucas ix. 55-56.
12 Tertuliano. De Patientia.
13 S. Mateo xxiii. 37-38.
14 Hebreos xii. 29.
15 Cánticos viii. 6.
16 S. Lucas xii. 49-50.
17 S. Juan xv. 13.
18 S. Marcos x. 32-34.
19 S. León, Serm. De Passione.
20 Salmo lxviii. 2-3.
21 Lc xxiv. 25.
22 Hebreos v. 7-10.

23 Filipenses ii. 5-11.
24 Hebreos xii. 1-2.
25 1 S. Pedro ii. 20-21.
26 2 Corintios iv. 6-10.
27 Colosenses i. 11.
28 Cánticos viii. 8.
29 Isaías liii. 4-6.
30 Véase Harphius, Theologia Mystica, L. i. c. 28.
31 San Mateo x. 38.

6

SOBRE LA PACIENCIA COMO DISCIPLINA DEL ALMA

"En vuestra paciencia poseeréis vuestras almas" -San Lucas xxi. 19.

Hemos llegado al gran problema de nuestra naturaleza moral. ¿Qué es poseer nuestra alma? Como no tenemos nuestros recursos de nosotros mismos, porque no hemos sido creados para nosotros, sino para Dios, no podemos poseer nuestra alma sino en Dios. Poseemos nuestra mente a la luz de su verdad, y nuestra voluntad en la gracia de su amor. Por eso, cuando Adán cayó de Dios, perdió la posesión de sí mismo. Mientras nuestra mente se adhiera a Dios en Su verdad, y la voluntad se adhiera a Dios en Su amor, estamos en posesión de nosotros mismos. Pero si seguimos las seducciones del error perdemos la posesión de nosotros mismos. Y si seguimos los impulsos irrazonables del temperamento, de la pasión o de la sensualidad que brotan en nuestra naturaleza inferior, perdemos la posesión de nosotros mismos. Así como el cuerpo depende para su vida y salud de la luz, del aire y del alimento que, por orden de Dios, le proporciona este mundo visible, el alma depende para su vida y salud de la verdad, del amor y del alimento de la gracia que, por el misericordioso misterio de nuestra Redención, le proporciona la bondadosa bondad de Dios. Y así como nuestra vida mortal sólo es libre y dueña de sí cuando vivimos en la luz y en el aire, nuestra vida espiritual sólo es libre y dueña de sí cuando vivimos en la verdad y en el amor de Dios.

Pero para que podamos permanecer en la verdad, en la gracia y en el amor de Dios, y permanecer en estos dones vivificantes con constancia, Dios nos ha dado la gracia de la paciencia, para que, convirtiéndola en virtud, podamos permanecer en estos dones con estabilidad, y así mantenernos en posesión de nosotros mismos. Por la paciencia mantenemos nuestra alma en la gracia, la verdad y el amor de Dios. Por la paciencia resistimos y rechazamos las invasiones del error, de la pasión, de la tentación y del vicio. Por la paciencia la voluntad manda y gobierna las potencias del alma y las fascinantes sensibilidades del cuerpo. La paciencia es la posesión del alma, que permite a la voluntad mantener el alma en paz, y regular sus acciones y deseos a la luz de la verdad y la justicia, con una visión constante de su fin último. Pero sólo quien tiene un gran amor a Dios puede tener una gran paciencia. Es en vano buscar esta virtud invencible para nuestra regulación interior fuera de la caridad. Hasta los paganos, con ojos demasiado ciegos para ver al verdadero Dios, pudieron descubrir que la paciencia era la fuerza del cristiano; y cuando el emperador Tito condenó a tormentos y muerte al santo obispo Ignacio de Antioquía, exclamó: "No hay pueblo que aguante tanto por su Dios como estos cristianos". Soportaban mucho por Dios porque poseían sus almas en Dios. La impaciencia es el principio de todo movimiento que aleja al alma de Dios, y por tanto de su autoposesión. Porque todo mal comienza por ceder a alguna irritación, provocación o seducción que rompe el cerco de la paciencia, que guarda el bien y la paz del alma; y así se abre el camino para que el alma se aleje de la luz de la verdad hacia los engaños de la imaginación, de la ley de la justicia hacia los bajos caminos de la sensualidad, de la paz de la conciencia hacia los remolinos de la pasión, y del amor de Dios hacia las tristes fosas del amor propio. La paciencia es el cerco del alma; y dentro del cerco de la paciencia todo el coro de las virtudes fluye en armonía y paz, y se une en la alabanza de Dios. Pero la impaciencia es la destructora de ese cerco protector.

San Gregorio puede ser invitado aquí a ayudar a nuestra explicación. "El alma -dice- se domina a sí misma por la paciencia, porque la paciencia es la raíz y la guardiana de las virtudes. Aprendiendo a gobernarnos a nosotros mismos, empezamos a poseer aquello que somos. Esta paciencia no debe buscarse en ninguna manifestación visible, sino en el corazón. Pero por el vicio de la impaciencia se disipa incluso esa luz del aprendizaje con la que se alimentan las virtudes; porque, como está escrito en los Proverbios: 'El aprendizaje de un hombre se conoce por su paciencia'".1 Sabemos, pues, que cuando un hombre es menos paciente es menos instruido. Salomón también nos ha enseñado a qué altura debe llevarse esta virtud, cuando dice: 'El hombre paciente es mejor que el valiente, y el que gobierna su espíritu que el que toma ciudades'. 2 La victoria sobre las ciudades es la menor de las dos, porque sólo somete lo que está fuera de nosotros. Hay mucha más victoria en la paciencia que vence a uno mismo, porque cuando el alma se establece en humilde resistencia, se manda a sí misma y es sujeto de su propia voluntad."

El gran Doctor de las costumbres procede entonces a ilustrar su enseñanza con el ejemplo del abad Esteban, que había gobernado un monasterio cercano a Rieti, y cuya vida y muerte fueron bien recordadas y muy comentadas en su tiempo. Este santo varón, de palabra ruda y vida erudita, despreciaba todas las cosas de aquí abajo por amor al Cielo, y nada quería en el mundo para sí, sino que se entregaba a largas y frecuentes oraciones. El amor a la paciencia creció con tal vehemencia en su alma, que consideraba a cualquiera que le causara problemas como su amigo. Las contumelias las pagaba con agradecimiento; y si alguien le hacía daño en su profunda pobreza, lo contaba entre sus ganancias. Acogía a todo adversario como un ayudante para su alma. Cuando se acercaba el día de su muerte, muchas personas se apresuraban a verlo, con la esperanza de encomendarse a aquella alma santa antes de que abandonara el cuerpo. Algunos vieron con sus ojos mortales a los ángeles que le visitaban, pero no se atrevieron a hablar; otros no vieron nada. Pero tal temor se apoderó de todos, que no se atrevieron a permanecer para interferir en su recogimiento en la apacible hora de su partida. 3

Pero una cosa es la ley de la paciencia y otra la práctica. Dios da la ley y la gracia para cumplir la ley; el ejercicio depende de la resolución de la voluntad. El que nos manda amar a Dios sobre todas las cosas, nos manda poseer nuestras almas en paciencia, para que estemos en condiciones de amar a Dios sobre todas las cosas. Y como es obra de la paciencia establecer el alma en el orden, la unidad y la paz, se necesita poca reflexión para comprender que tal estado del alma sólo puede adquirirse observando ciertas reglas y siguiendo ciertos métodos de autodisciplina. A este respecto, la virtud es un cierto arte que exige la regulación juiciosa de nuestras facultades. Aquellos que son entrenados para exhibir sus proezas físicas con vistas a la victoria, tienen que abstenerse de muchas cosas, controlar su temperamento en medio de las mayores provocaciones, y pasar por severos esfuerzos regulados por reglas fijas; y San Pablo ha traído más de una vez este ejemplo para ilustrar el combate espiritual con nosotros mismos. Es una lucha ardua en la que todo depende de la abnegación, del dominio de sí mismo y de los esfuerzos bien dirigidos, según las reglas dictadas por los santos. El premio es nuestro bienestar presente y la felicidad eterna.

Pero cuando llegamos a examinar las almas individuales, muchos que tienen la gracia de la paciencia no tienen ningún método digno de mención para ejercitarla. Para hablar claramente, se esfuerzan al azar, un signo seguro de impaciencia habitual. Su paciencia es poco más que un vago sentimiento que cuelga vagamente en sus almas, y es fácilmente desvanecido por el soplo de la provocación o la tentación. Algunos le dirán que nunca pueden seguir una regla definida, sino que hacen lo mejor que pueden a su manera. Si tienen una manera, deben tener algún tipo de regla; pero esto comúnmente significa que tienen muy poco conocimiento de lo que es la verdadera paciencia, o de lo que es capaz de hacer por el alma. Que adopten una sola regla y hagan todo lo posible por seguirla, y pronto sentirán la falta de más. Es lamentable ver cuántas almas hay que desean las mejores cosas de la virtud, y sin embargo nunca se someten a reglamentos eficaces para obtenerlas. No puede haber gran progreso en ninguna virtud sin progreso en la paciencia. Pero estas buenas personas, tan buenas en el deseo, malgastan sus vidas en un romance de deseos sin forma, en lugar de esforzarse mediante reglas por las sólidas realidades de la virtud.

Debe haber luz antes de que pueda haber acción razonable; y por lo tanto ciertos principios deben fijarse como luces en la mente para iluminar y animar la voluntad en la regulación de su conducta. Daremos primero los principios y después las reglas de la paciencia.

PRIMER PRINCIPIO: Hay un orden en la paciencia que es el mismo para todas las personas, porque todas las almas están hechas iguales, y todas tienen la misma naturaleza que vencer, y ese orden da las reglas para su ejercicio. Es una verdad primaria que la naturaleza humana es débil e irritable, y que se ha debilitado mucho en sus facultades morales por el pecado; pero la paciencia es la virtud que fortalece esta debilidad. ¿Cómo nos fortalece? Lo que es débil se hace fuerte uniéndose a lo que es fuerte. Así como el cuerpo no puede desplegar sus energías si no tiene una base firme sobre la que descansar y desde la que desplegar sus poderes, tampoco el alma puede desplegar sus poderes de virtud si no tiene una base firme sobre la que descansar y desde la que actuar. Sin tal fundamento de reposo, el alma es inquieta, intranquila y cambiante. Se nos revela que Dios es nuestra paciencia y nuestra fortaleza; Él es la paciencia firme, inamovible e inmutable, en quien descansando no seremos movidos. Por tanto, la primera y esencial regla de la paciencia es adherirse con constancia a Dios, y apoyarnos en su divina e inmutable fuerza como nuestro fundamento. Otra gran razón para adherirnos a Dios es que podemos recibir de su bondad la gracia que infunde fortaleza a nuestra naturaleza. "El Señor es mi firmamento, mi refugio y mi libertador "4, canta el salmista. Y de nuevo: "He alzado mis ojos a los montes, de donde me vendrá el socorro. Mi socorro viene del Señor, que hizo el cielo y la tierra. Que no se mueva tu pie "5.

SEGUNDO PRINCIPIO-La voluntad es la fuente y el origen de todas nuestras acciones libres y responsables. La acción de todas las demás potencias, incluso la de la mente, depende de la acción de la voluntad, que es la primera impulsora de todo. Por lo tanto, debe recordarse que la paciencia de las otras potencias, y de toda el alma, depende de la paciencia de la voluntad. Pero, como ya hemos explicado en una conferencia anterior, la voluntad tiene dos clases de acción; o bien dirige su acción a lo que desea, o bien se niega a dirigir su acción a lo que no desea, y por lo tanto concentra esa acción en su interior. Por ejemplo, la voluntad extiende la mano para recibir algo que es bueno o útil, o dirige la mente hacia alguna hermosa verdad, o dirige los afectos hacia algo digno de afecto. Pero la voluntad reúne su fuerza interior cuando se niega a actuar en cualquier dirección mala o desordenada. Por ejemplo, cuando niega el ojo a la tentación, o a entregar los afectos a lo que es indigno de ellos. Fue la voluntad de Eva la que tocó el árbol prohibido y arrancó el fruto prohibido. Si ella hubiera mantenido su voluntad en su propio poder, habría mantenido su paciencia, y por lo tanto habría mantenido su voluntad en armonía con la voluntad de Dios.

Pero el movimiento de la voluntad por el que se niega a entrar en la irritación, la provocación o la tentación, y se abstiene de ellas, es la principal esfera de la paciencia. Por la paciencia también la voluntad se niega a entrar en la tristeza, ese miserable fango, que no es más que la escoria del amor propio derrotado.

En su lado más activo, la paciencia impide que la voluntad vacile en sus buenos propósitos, de modo que sus buenas acciones sean tranquilas, razonables, resueltas y completas; ni distraídas, por una parte, ni débiles por la precipitación o la irritabilidad, por otra. Este es el tipo de paciencia que vemos en nuestro Santísimo Señor, y por imitación en sus santos. A esto hemos de tender; y aunque tengamos muchos fracasos antes de conseguir la firmeza habitual, aquí entra la paciencia para soportar esos fracasos y convertirlos en lecciones útiles.

TERCER PRINCIPIO - Nos ayudará mucho en el manejo de nuestro interior si comprendemos claramente y tenemos en cuenta que nuestras facultades espirituales tienen dos lados, un lado superior y un lado inferior, o podemos llamarlos un lado interior y un lado exterior, en virtud de lo cual miran en direcciones opuestas. Todas nuestras facultades espirituales están unidas en la esencia del alma, y se reúnen en la voluntad, donde la luz de Dios las ilumina, y su gracia las fortalece. En su lado superior o interior, por tanto, miran hacia Dios. Por tanto, cuanto más recogidos estemos interiormente, tanto más podremos mirar hacia Dios, y estar unidos en nosotros mismos por su luz y su gracia. Pero en su lado inferior o exterior nuestras potencias se dividen como los dedos de la mano a sus oficios exteriores, y se comunican con el cuerpo, con sus sentidos, apetitos y pasiones, y a través de ellos con el mundo exterior. Pero al comunicarse con ellos, nuestras potencias espirituales se comunican con la debilidad del cuerpo no regenerado, a través de la cual las tentaciones del mundo, del demonio y de la carne son aptas para irritar, molestar y pervertir las potencias del alma, para debilitar su fuerza espiritual y contaminarla.

El lado principal o superior del alma cristiana está arraigado y cimentado en la luz, la gracia y la fuerza de Dios. Pero el lado exterior o inferior de nuestras potencias se expande como las ramas de un árbol en múltiple comunicación con el cuerpo sensual y el mundo sensible. Pero como la savia y la vida del árbol brotan de la raíz que está oculta y se nutre en la tierra, así el alma, teniendo su raíz espiritual en Dios, es alimentada por Él con la vida. Por tanto, cuanto más se abren y concentran en su interior las potencias espirituales en Dios, ya sea la mente, la voluntad o el deseo, tanto más reciben de aquella luz y gracia divinas que cimentan el alma en la fortaleza y la paciencia, y tanto más capaz es la voluntad de resistir las incursiones del mal.

Podemos reforzar esta exposición con las palabras de Alberto Magno en su explicación de la fortaleza y madurez del alma.

"La verdadera y perfecta fortaleza", dice, "consiste en el gobierno interno del alma; de modo que siempre que es tentada por el orgullo, la envidia, la vanagloria, la autocomplacencia o el deleite sensual, la mente retira su atención y la voluntad su consentimiento. El oficio de esta virtud es fortalecer el entendimiento en el conocimiento de Dios, y los afectos en el amor a Dios y, por consiguiente, a nuestro prójimo. Cuando el alma está así fortificada, no teme la adversidad ni se ablanda en la debilidad por la prosperidad".6

Mostrando de nuevo cómo la paciencia y la fortaleza se llevan a la madurez, el mismo gran pensador religioso dice: "Esa verdadera y perfecta madurez del alma consiste en reunir las fuerzas y los afectos del alma en Dios con un recuerdo unánime. Por este medio el alma se mantiene alejada de la vanidad, y los cinco sentidos se mantienen alejados de la intrusión de sus atractivos en el alma. Pero cuando el alma retrocede de esta bendita unión con Dios, queda atrapada en la red de la vanidad; porque, como dice el Eclesiástico, "todas las cosas que hay bajo el cielo son vanidad"".7

Esta reunión de las potencias espirituales en el centro del alma que mira hacia Dios y obtiene el sentido de Dios, se llama propiamente recogimiento. Se fundamenta en la oración, y es llevado por la paciencia de la oración a los deberes activos de la vida. Pero lejos de interferir con esos deberes, da una claridad mental, una prudencia y una fuerza que hacen que esos deberes sean más eficientes.

CUARTO PRINCIPIO: Puesto que la fuerza de la paciencia cristiana es un don de Dios, y la virtud resulta del ejercicio diligente de esa fuerza, es esencial que vaya unida a la humildad. En primer lugar, porque sin humildad no podemos someternos a Dios para recibir de Él el don fortalecedor de la paciencia. En segundo lugar, porque Dios da su gracia a los humildes y no a los soberbios. En tercer lugar, porque sin humildad confiaremos en alguna fuerza imaginaria nuestra, y así seremos engañados. Porque los soberbios tienen el alma hueca, y, aunque exteriormente dan muestras de una serenidad totalmente ficticia, interiormente son inquietos, irritables e impacientes.

Los Padres enseñan, por su gran experiencia, que la humildad y el recogimiento son esenciales para la paciencia. San Gregorio llama a la paciencia la humildad del aguante; San Ambrosio da la paciencia como el signo evidente de la presencia de la verdadera humildad. El abad Piomon dice en las Conferencias: "La verdadera paciencia y la tranquilidad no se obtienen ni se conservan sin una profunda humildad de corazón".8 San Bernardo dice: "Debemos sostener siempre que la humildad es la guardiana de la pureza y la madre de la paciencia".9 San Francisco de Asís proclama que "donde hay paciencia, hay humildad; no hay ira ni turbación". 10 Y San Buenaventura enseña que "la paciencia que ordena al alma a la vida eterna nace de la caridad y de la humildad".11 Podríamos citar muchas otras autoridades, pero éstas bastarán para fijar en la mente este importante principio.

QUINTO PRINCIPIO-El último principio que debe insertarse en la mente es de igual importancia que los ya expuestos. Toda virtud es perfecta en proporción a su paciencia; todo acto que hacemos, ya sea interior o exteriormente, ya sea acto de la mente o acto de la voluntad, es perfecto en proporción a su paciencia, y toda obra que realizamos es perfecta en proporción a la paciencia que ponemos en ella. "La paciencia tiene una obra perfecta", dice Santiago, "para que seamos perfectos e íntegros, sin desfallecer en nada".12 Pero, como observa San Zenón, la paciencia se ocupa principalmente de perfeccionar las virtudes. Perfecciona tanto al obrero como a la obra. La naturaleza es apresurada e inclinada a la prisa; la luz y la gracia, como su Divino Autor, son tranquilas y deliberadas.

Los temperamentos de las constituciones son diferentes. Unos son más rápidos y otros más lentos; pero nunca debemos correr antes que nuestra luz, o quedaremos abandonados a nuestra oscuridad natural; ni debemos apresurarnos antes que los movimientos de la gracia, so pena de dejarnos llevar por la voluntad propia hacia la temeridad y la imprudencia. En otras palabras, en cualquier cosa que digamos o hagamos, no debemos perder la compostura. No debemos dejar que la imaginación ocupada se lleve nuestra atención y deseos de nuestro presente trabajo y presente deber. Si lo hacemos, caemos en una impaciencia que confunde la mente, turba la voluntad, daña nuestra tranquilidad y mancha la obra que tenemos entre manos. Con nuestra luz cristiana, nunca debemos ser víctimas de ese engaño, tan común en el mundo, de que sólo las cosas de cierto volumen visible, espectáculo y dignidad son dignas de paciente cuidado y solicitud. Porque la perfección del obrero es mucho más importante que la perfección de la obra. Lo más grande para nosotros es la perfección de nuestra propia alma; y los Santos nos enseñan que esta perfección consiste en hacer bien nuestras acciones ordinarias. Pero las hacemos bien cuando las hacemos con paciencia y con amor, método que, aunque al principio es laborioso, con la costumbre se hace delicioso.

Para poner teológicamente toda la relación de la paciencia con la caridad, no es el hábito o ejercicio de la paciencia por sí solo lo que da perfección a nuestras acciones, sino que es la paciencia que procede de la caridad, y que obra en el espíritu y abundancia de la caridad. En resumen, es la caridad soportándolo todo y soportándolo todo. Todas las aversiones que llevan en sí impaciencia o pasión son contrarias al amor de Dios, y la paciencia de la caridad las desecha negándose a entretenerlas. Hay que soportar los sufrimientos por amor de Dios, pero es la paciencia de la caridad la que los soporta. Hemos de perfeccionar nuestras acciones ordinarias por amor de Dios, para que seamos perfectos en nuestro modo humano ante nuestro Padre celestial, como Él es perfectísimo en su modo divino. Pero es la paciencia de la caridad la que hace perfectas nuestras acciones.

PRIMERA REGLA: La primera regla para adquirir esta virtud es estimarla mucho y desearla mucho. Este deseo se ejercitará mejor reflexionando y meditando sobre su inestimable valor, tanto para quitar el mal como para obtener el bien. Por esta razón nos hemos extendido tanto sobre su indispensable necesidad para el perfeccionamiento de la caridad, y para hacer verdaderos progresos en la perfección de la vida. Sin embargo, la mera lectura de un libro contribuirá poco a generar este deseo, a menos que sus verdades sean bien digeridas por la reflexión y ayudadas por la oración. Otra gran ayuda para este deseo será observar cuánto fracasamos de nuestras mejores intenciones y de nuestros mejores esfuerzos en pos de las virtudes, únicamente por nuestra falta de paciencia. Una virtud tan preciosa sólo puede perfeccionarse mediante esfuerzos sostenidos y vigorosos, y éstos provienen de deseos sinceros y motivos fuertes.

SEGUNDA REGLA-La segunda regla es comenzar el ejercicio de la paciencia con nuestro propio interior, y dirigir nuestra atención principal al control de nuestros poderes interiores. Porque esta virtud debe ser fuerte en casa antes de que pueda serlo en el exterior. Por su propia naturaleza, como descansa en la fuerza interna de la voluntad, sólo puede proceder del interior al exterior. Todo su secreto reside en el gobierno de la voluntad: si la voluntad es paciente, todo el hombre será paciente. Esto es lo que los escritores espirituales llaman la custodia del corazón, y lo que San Ambrosio llama la templanza del corazón. El corazón es la sede de los afectos y el órgano de la voluntad. Mientras el corazón tembloroso se mantenga bajo la custodia de la voluntad, y esté recogido en el sentido de Dios, las provocaciones externas no tendrán poder sobre él, ya provengan de la irritación de los sentidos o de problemas externos. En una palabra, por corazón las Sagradas Escrituras entienden el espíritu interior y central de la vida, que mira a Dios y se adhiere a Dios.

Los Proverbios dicen: "Con toda vigilancia guarda tu corazón, porque de él sale la vida".13 Sobre esta custodia del corazón no cesa de cantar el Salmista. Sería tedioso abarrotar estas páginas de referencias; pero quien esté familiarizado con la salmodia sagrada recordará que Dios está allí representado como vigilando el corazón del hombre. Y el corazón del justo vela a Dios. Él hace el corazón de cada uno por separado. Es decir, Dios hace el bien que posee cada corazón. También se le llama el Dios de mi corazón y mi porción para la eternidad. Su ley está en medio del corazón; y los que vuelven al corazón vuelven a Dios. Él dice a cada uno: "Hijo mío, dame tu corazón"; y cuando se le entrega, Él habla al corazón, ilumina el corazón, escudriña el corazón, prueba el corazón, sana a los contritos de corazón y salva a los humildes y justos de corazón. La meditación del corazón está ante sus ojos; la esperanza del corazón está puesta en Él; la oración del corazón asciende ante Él, como incienso ante sus ojos; y los suspiros del corazón suben hasta Él, buscando su misericordia y su amor.

Al justo en la prueba se le exhorta a esperar en el Señor, a obrar varonilmente, a dar valor a su corazón y a esperar con paciencia la venida del Señor. Cuando está preparado para esperar en el Señor, su corazón se fortalece, y no se conmoverá hasta que sus enemigos sean vencidos. Al meditar con el corazón se enciende el fuego del amor, el corazón se licua, se desmaya de sí mismo y fluye hacia Dios, y exulta en el Dios vivo. Entonces el corazón se dispone a hacer ascensiones, hasta que el Dios de los dioses es visto en Sión.

Pero todo este ejercicio del corazón bajo la custodia de la voluntad es el movimiento de la vida hacia la vida, y es obra de esa paciencia interior y fundamental de la caridad, con la que nuestra vida central se adhiere a Dios, y protege el bien divino dentro del alma de las intrusiones perturbadoras y de los robos burlescos que perpetran la ira, la concupiscencia o la tristeza. Cuanto más recogido esté el corazón en Dios, tanto más sensible será a la menor intrusión de cosas que tiendan a turbar su paz, y tanto más firme en negarles la entrada dentro del alma, ya vengan en movimientos de irascibilidad o de deseo desordenado; de modo que recogiendo la voluntad, ese movimiento desordenado pueda caer vencido por falta de entretenimiento.

TERCERA REGLA-La prueba más segura de la custodia del corazón se hallará en el gobierno de la lengua. Que el pensamiento preceda a la palabra, y no la palabra al pensamiento. Esta es una admirable disciplina de paciencia. Porque ese pequeño miembro que es la lengua, lleno de nervios y sensibilidad, está arraigado cerca del cerebro, es el almacén de nuestras sensibilidades, fantasías y pasiones animales, y es tan susceptible e inflamable como un polvorín. Por lo tanto, los instintos, sensibilidades y pasiones inferiores le prenden fuego rápidamente, antes de que la reflexión y el juicio intervengan con su control. Porque a menos que, mediante una paciente vigilancia, el hombre animal se mantenga bajo el estricto control del hombre superior, bajo sus influencias inquietas y equivocadas la lengua estallará en toda clase de irritabilidades, vanidades y locuras. Es por la paciencia del recuerdo que la voluntad refrena esas emociones ciegas, viciosas y tontas que se convierten en actos a través de la pronta flexibilidad de la lengua. Rápidos son los movimientos de la fantasía y de la sensibilidad, rápidos por la simpatía eléctrica despertada por el tañido de otras lenguas, y rápidamente encuentran expresión, haciendo revelaciones de las vanidades interiores. Cuando el alma no está disciplinada por la paciencia vigilante, la mente en la conversación pronto se pone fuera de guardia; las emociones que comienzan antes que la razón o el juicio obtienen la ascendencia, y la voluntad se involucra en vanidades, irascibilidades, detracciones y escándalos.

De ahí que Santiago compare la lengua ingobernada con un fuego que, una vez encendido, provoca una gran conflagración. Atrapa un material inflamable tras otro que acechan dentro del hablante, incendia la casa de su vecino, y el contagio se extiende de lengua en lengua en exageraciones a lo largo y ancho. No satisfecho con esta figura para expresar un mal tan grande, el Apóstol dice de nuevo: "Inflama la rueda de nuestro nacimiento". Compara la lengua con ese nacimiento en el mal que, como una rueda, aleja al hombre de Dios; porque una lengua inquieta, como una rueda rápida, le hace girar de nuevo hacia el mal del que ha sido regenerado por un nacimiento mejor. De nuevo llama a la lengua "un mal inquieto". Es el gran perturbador de nuestra paz y de la paz de otras almas. Pero el remedio de la inquietud es la paciencia. Obsérvese el cuidadoso método de Santiago. Primero establece el principio de que "la paciencia tiene una obra perfecta". Luego da la prueba de este principio en el gobierno de la lengua. "Si alguno no ofende de palabra, ése es un hombre perfecto. El freno es el instrumento de restricción; representa el poder restrictivo de la paciencia. El hombre que puede refrenar su lengua con paciente caridad puede gobernar toda su persona.

El silencio es fuerza, y el proverbio lo llama de oro. Mucha locuacidad es señal de una mente débil y de una voluntad indisciplinada. Estobeo nos dice que cuando al más agudo de los filósofos, Aristóteles, le hicieron la pregunta: ¿Qué es lo más difícil de dominar para un hombre? respondió: Guardar silencio sobre las cosas sobre las que es mejor callar. Santiago dice que nadie puede domar la lengua inquieta. Así nos deja a la conclusión de Salomón: "Corresponde al hombre preparar el alma, y al Señor gobernar la lengua "15. El hombre prepara su alma sometiéndose a Dios; Dios da la gracia de la paciencia por la que se gobierna la lengua. "Sométete, alma mía, a Dios, porque de Él es mi paciencia".

El árbol se conoce por sus frutos, y el hombre por su habla. De ahí el dicho de los antiguos: Habla para que te conozca. Por eso nuestro divino Señor nos ha dado esta regla: "De la abundancia del corazón habla la boca. El hombre bueno, de su buen tesoro saca cosas buenas; y el hombre malo, de su mal tesoro saca cosas malas. Pero yo os digo que de toda palabra ociosa que hablen los hombres, darán cuenta en el día del juicio".16 De aquí se deduce que la mala lengua procede de malas disposiciones y, en consecuencia, que la vigilancia sobre la lengua debe dirigirse al corazón. Una lengua ligera y necia, despreocupada de los sentimientos ajenos, es prueba de levedad en el corazón. Una lengua vanidosa, presumida y jactanciosa es señal de un corazón vanidoso. Una lengua aduladora delata el espíritu de hipocresía. Una lengua impaciente e irritante es señal segura de un corazón intemperante. Una lengua tranquila, sincera y prudente es el claro indicio de un corazón paciente por autodisciplina.

CUARTA REGLA-La cuarta regla de la paciencia es mantener todas las cosas en su justo y debido orden. Ese orden debe aparecer primero en nuestro propio interior y en nuestros ejercicios interiores; después en nuestro exterior y en nuestros deberes exteriores; luego en nuestro entorno personal. La justicia es otro nombre para el orden moral, aquel orden que Dios ha establecido en sus leyes. De ahí el proverbio de que el orden es la primera ley del Cielo. Todas las virtudes son servidoras de la justicia, es decir, del orden. El alma dice de Cristo en los Cánticos: "Él ha puesto en orden la caridad dentro de mí "17. No hay principio de orden en el alma sin la caridad, que la ordena hacia su fin último. Toda otra clase de orden está subordinada a este primer principio de orden. Donde comienza la caridad, observa San Agustín, comienza el orden; la perfección de la caridad es la perfección del orden. Pero la caridad es perfecta cuando todos los afectos están en su debido orden y subordinación al amor de Dios. El objeto de la paciencia es alejar al alma del desorden y a sus actos del desorden; y de ese orden externo que refleja el orden interno, dice San Pablo: "Hágase todo decentemente y según orden "18.

El orden, además, es aquella ley primordial por la que Dios regula sus obras, las ajusta entre sí, establece la armonía entre ellas y las hace buenas, útiles, bellas, fuertes en su género y adecuadas a sus fines. El orden es, pues, la perfección de la criatura. El tipo de todo orden está en la mente de Dios; y Dios ha puesto una ley de orden en la mente del hombre, siguiendo la cual puede perfeccionarse a sí mismo, y todo lo que depende de su voluntad. Si descuida esta ley del orden, es débil, confuso y menos feliz, o se siente totalmente incómodo; porque el desorden es siempre débil, siempre irritante, aunque no alcance la deformidad del pecado.

"El orden es defectuoso", observa San Agustín, "cuando hay menos orden del que debería haber; porque cuando el orden no está donde debería estar, y de la manera en que debería estar, sigue habiendo desorden. Donde hay orden hay bien, pero donde no hay orden no hay bien "19. La ausencia de todo orden pertenece a esa tierra de tinieblas y miseria, donde, dice el santo Job, "está la sombra de la muerte, y no hay orden, sino que habita el horror eterno "20.

Citando a San Buenaventura: "El alma sabiamente disciplinada debe observar un orden bien regulado en todas partes y en todas las cosas. Para la mente bien regulada, la belleza del orden no sólo es muy agradable, sino deliciosa. Lo que la paciencia es para nuestras acciones individuales, el orden es para toda la cadena y sucesión de nuestras acciones, dándoles su plenitud, perfección y tanto mérito como son capaces de recibir. Pero, ¿quién no sabe que mantener este buen orden es obra de la paciencia? Perder la paciencia es el principio del desorden. El verdadero orden es el resultado de un pensamiento disciplinado y de un autocontrol deliberado en el que la paciencia es el elemento principal y dominante.

Se necesita mucha paciencia para mantener en orden nuestro propio interior, y no poca de esa virtud para hacer cada cosa en su debido lugar y tiempo, y de la mejor manera de que seamos capaces. Algunas personas tienen un amor natural por ver todo bien dispuesto a su alrededor; pero si algo se trastorna, su inquietud demuestra que no tienen el mismo amor por el orden interior. Aman más la belleza exterior que la interior, y se enorgullecen de ella, como de algo que puede darles crédito a los ojos de sus vecinos. El verdadero orden del hombre interior consiste en ascender de las cosas sensibles a las espirituales y, cuando se dedica a los deberes y asuntos externos, mantener en su interior las luces y motivos espirituales que dan valor a sus obras externas. La debida ordenación del alma interior consiste en mantener su centro recogido en Dios, y usar así de sus poderes y de sus miembros corporales para que sean los instrumentos para el cumplimiento de sus deberes. Nunca debe arrojar el alma central sobre nada, para que no se desvíe de la base de su fuerza. Si perdemos ese centro tranquilo y sereno por un tiempo, debe ser recuperado tan pronto como sea posible. Porque cuando la voluntad está unida a la luz y a la voluntad de Dios, resulta fácil, con un poco de paciencia, restablecer el orden en todo lo demás. Un buen orden interior producirá un buen orden exterior, pues cuando la voluntad está bien regulada puede regular bien todo lo demás.

Los ejemplos más bellos de orden exterior se encuentran en la Iglesia de Dios, donde el orden divino de las cosas se expresa externamente bajo la guía del Espíritu Santo. Lo mismo puede decirse del buen orden de las casas religiosas, cuando reflejan la regla en la vida de sus miembros. Este orden exterior ayuda mucho al orden interior, porque pone los sentidos del lado del orden y de la ley. Lo mismo puede decirse en su grado de cualquier otra clase de orden externo.

QUINTA REGLA: La quinta regla consiste en soportar con paciencia a los que tienen el temperamento débil, y soportar su temperamento con caritativa bondad.

Esta regla nos la da San Pablo: "Los más fuertes debemos soportar las flaquezas de los débiles, y no agradarnos a nosotros mismos. Cada uno de vosotros agrade a su prójimo para bien, para edificación. Porque Cristo no se agradó a sí mismo, sino como está escrito: Los vituperios de los que te vituperan cayeron sobre mí "22.

Casiano observa sagazmente que los espíritus débiles se apresuran a imaginar agravios y a infligir insultos e injurias, sin sospechar jamás que ellos mismos son culpables. Como se conocen poco a sí mismos, usan la licencia de la ofensa sin recelo, pero no pueden soportar la menor represión. Su irritabilidad e impaciencia es como una enfermedad dolorosa, que les produce gran perturbación, cuya causa no pueden ver. Nunca se les pasa por la cabeza que, al cargar sus sufrimientos a sus vecinos, ellos mismos se convierten en un espectáculo lamentable. Sin embargo, no inconscientes del dolor que infligen, confunden sus débiles quejas con una especie de poder sobre los demás, despreocupados del amor propio, despreocupados de la caridad.

Tales espíritus enfermos son víctimas de la tristeza, y necesitan ser soportados con gran paciencia, prudencia y caridad, como los enfermos del cuerpo o de la mente. Replicarles sería equivocar su caso y aumentar la enfermedad. Evitarlos sería abandonar la caridad y perder una ganancia para la propia alma, porque ofrecen una oportunidad para las virtudes de la paciencia, la caridad y la autoconquista. No vale responderles con palabras de dulzura afectada, que en vez de apaciguar, sólo encenderán una conflagración mayor. Tampoco servirá hacerles saber que los miras con compasión, y que los soportas con paciencia: esto sería afirmar una superioridad provocadora de indignación. Pero en tu corazón mantén la paciencia y en tu voz la alegría, y que tus palabras sean prudentes, pocas y amables. No pienses en lo tuyo, sino en lo que puede ser provechoso para ese espíritu enfermo. Recuerda cómo ese corazón está sufriendo en secreto, y sufrirá más cuando la emoción haya pasado. Así cosecharás los frutos de la paciencia en la caridad, y ayudarás a sanar esa alma doliente. Los santos han procurado ser servidores de esas almas irritables con miras a su autodisciplina y perfección, y finalmente las han llevado a la mansedumbre y a la paz.

Cuando nos relacionamos con los enfermos o con los enfermos del cuerpo, sus sufrimientos y quejas no despiertan amargura en nosotros; sabemos que estamos expuestos a las mismas enfermedades. De ahí que nos preocupemos tierna y caritativamente de los que están así afligidos. ¿Por qué, pues, habríamos de irritarnos con las almas débiles y enfermas, a no ser que quisiéramos contagiarnos de su enfermedad? Las necesidades de su condición exigen caridad. Dios las soporta, y ellas sufren por su enfermedad. Si en su misericordia nos ha dado un mayor dominio de nosotros mismos, la gratitud de nuestra paciencia requiere que soportemos lo que no podemos curar; y mientras soportamos la prueba debemos pedirle que cure lo que está más allá de nuestros remedios.

SEXTA REGLA-La sexta regla consiste en controlar sabiamente nuestras propias debilidades de temperamento. La provocación puede surgir dentro de nosotros mismos, o puede provenir de la voz o la conducta de otra persona. Cualquiera que sea, la verdadera causa del mal genio está siempre en uno mismo. Surge de la falta de control sobre nuestra naturaleza inferior, es decir, sobre nuestra imaginación y emociones sensuales. La imaginación, movida por el amor propio, genera temores y sospechas de mal o de humillación que son odiosos para nuestro orgullo; la sangre indómita se hincha en excitación, los nervios se agitan, y el amor propio añade su aguijón; entonces nuestra razón se nubla, la locura del hombre sensual es predominante, y la pasión tiene su dominio. La ira es una cosa brutal, y ha sido llamada con razón una locura transitoria. No corrige nada, no protege nada, no consigue más que desorden y mal.

El temperamento rápido tiene un doble aguijón: aguijonea el corazón y aguijonea la lengua. Sufre una doble pérdida: pérdida de sentido y pérdida de paz. La represión justa y merecida se mueve desde la recta razón con autoridad para corregir el orgullo y la desobediencia persistente o el mal. Pero la ira se mueve desde el amor propio ofendido, en el que nuestra propia imaginación engañada es comúnmente el principal ofensor. Cuando otro es el verdadero ofensor, no la ira sino la paciencia es nuestro verdadero protector.

Quien está habitualmente recogido en Dios no puede enojarse fácilmente. Descansando el alma en su fundamento divino, goza de una paz que hace que el alma se dé cuenta rápidamente de los primeros movimientos de perturbación, y se aleje rápidamente de ellos, de modo que no puedan apoderarse del alma superior. Pero en las almas menos recogidas el verdadero método de autodirección es éste: en el momento en que se sienta que la irritación y la perturbación surgen en la naturaleza inferior o animal, deja que la mente se vuelva hacia Dios y que la voluntad siga a la mente: entonces mantendrás tu alma en tu propia posesión, y esa brutal conmoción, abandonada a sí misma, se hundirá y morirá por falta de estímulo. Puedes entonces mirarla, e incluso sufrir que aparezca de nuevo, y ver por la luz de tu mente qué cosa tan despreciable es, y cuán feliz eres de estar libre de ella. Así, por el hábito de mirar tu mal genio con desprecio, como una debilidad brutal y una vil deformidad, te convertirás en su dueño.

El Salmista da esta regla: "Me turbé, y no hablé, "23 que él amplía así en otro lugar: "Dije: Cuidaré mis caminos, para no pecar con mi lengua. Esta guardia no es tanto el silencio de los labios como la paciencia del corazón, hasta que la voluntad obtenga el dominio. El poder de la voluntad sobre el movimiento de los sentidos es inmenso, siempre que miremos a Dios y nos detengamos en algún motivo elevado en la primera aparición del mal genio.

SÉPTIMA REGLA-Esta regla de paciencia es dada por San Pablo: "No te dejes vencer por el mal, sino vence el mal con el bien. "25</h2> El mal que vence nuestra paciencia puede provenir de nuestra propia mala naturaleza, imaginando mal donde no existe, o de rumiar en melancólico autodescontento, un sentimiento vil que nos hace estar disgustados con todos y con todo lo que nos rodea; o puede provenir de una provocación real o de un mal infligido; o, lo que es más común, de un mal que imaginamos que nos han infligido. En cualquiera de estos casos, lo primero es recobrar el temple y el buen humor, y volver a la caridad. Lo segundo es ser bondadosos y generosos, tanto si sólo nos hemos herido a nosotros mismos como si nos ha herido otro: vencer el mal con el bien.

No hay males peores que la tristeza y la melancolía, porque rechazan la cura de todos los demás males. La tristeza es un mal que desquicia el espíritu, contrae el corazón y hace descender las potencias del alma a las cavernas del amor propio, donde su luz se oscurece y las virtudes quedan sepultadas en un limo sensual. Una sombra oscura se cierne sobre la mente, y en esa sombra el amor propio pinta imágenes melancólicas de sí misma, que la halagan como si fuera una gran víctima del mal. La voluntad está encadenada cautiva de este amor propio, y el alma está enervada por ilusiones que exhalan los humores malignos vomitados por el espíritu oprimido y entristecido del orgullo herido y vencido.

Pero es asombroso con qué poco esfuerzo puede disolverse esta ilusión. Parece una pesadilla inmensa, inconquistable, inamovible, asentada sobre el alma. Pero cuando los ojos se abren, la pesadilla se desvanece. No se requiere más que un esfuerzo de la voluntad despierta para dispersar toda la ilusión; y el Poeta del Bazo ha encontrado un eco del sentido común de la humanidad a su famosa frase: "No tires más que una piedra, el gigante muere". Un pequeño esfuerzo para expandir el corazón contraído disolverá el hechizo. La enfermedad consiste en el colapso de los poderes sobre el amargo terreno del egoísmo y el amor propio: la cura se efectúa rompiendo esa cáscara corrosiva en la que se ha encerrado el espíritu, del mismo modo que un pinchazo extrae los humores de una hidropesía. El primer esfuerzo puede ser poco más que mecánico, pero es un esfuerzo de la voluntad, y, seguido, pronto se convertirá en un acto de caridad reanimadora. Una sonrisa, una mirada amable, una palabra gentil bastarán para abrir la nube, y admitir un rayo de luz que disipará el engaño, y mostrará que no era más que un sueño ocioso del malicioso amor propio.

Cuando estamos expuestos a la provocación o a la ofensa, entonces es el momento de contener la voluntad con firmeza hasta que estemos seguros de nuestro dominio propio, y de que podemos proceder sin ser tocados por el fuego de la ira. El Proverbio de Salomón nos da el lenguaje más claro sobre el tema: "El necio se enoja enseguida, pero el que disimula las injurias es sabio "26. Cuando otro te contradice o muestra resentimiento, es el momento de recordar la admonición apostólica: "Da lugar a la ira "27, cuyo sentido se explica en el Proverbio: "La respuesta suave quiebra la ira; pero la palabra áspera despierta el furor "28. Razonar con la ira es mostrar una luz a los ciegos; se toma por reproche, y sólo aumentará la irritación. Pero las miradas suaves y las palabras amables someten el fuego de la ira como con un encanto espiritual, y nos salvarán de contagiarnos. Si puedes seguir esto con beneficios vencerás el mal con el bien. Al dominarte a ti mismo dominarás también el mal.

OCTAVA REGLA-La octava regla de la paciencia consiste en soportar las pruebas, cruces y arideces internas con paz y resignación. Éstas son mucho más penosas que las tribulaciones exteriores, por los temores que despiertan respecto a nuestros intereses eternos, y también por la tristeza que provocan, si no se soportan con paciencia, y que, si se presenta, perturba mucho el alma e impide, si no hiere, el espíritu de oración. Pocas almas, cuando están sometidas a prueba, tienen suficientemente en cuenta el daño que se hacen a sí mismas con esos temores inquietantes y esa tristeza perturbadora. Considera, pues, cuán importante es ser paciente cuando tratas con Dios mismo. Cuando eres probado interiormente o desolado, para la purificación de tu alma, todo el provecho depende de tu paciencia y resignación. Tienes que ser paciente con Dios, que es paciente contigo. Pero de esto hablaremos ampliamente cuando lleguemos al tema de la paciencia en la oración.

NOVENA REGLA-La novena regla de la paciencia, y de gran importancia, es soportar pacientemente las propias faltas y fracasos. Las faltas merecen pesar, y los pecados, contrición y arrepentimiento. Pero no deben despertar la impaciencia del orgullo, ni el temor de no ser perdonados tras un verdadero arrepentimiento; porque esto es desconfiar de la bondad de Dios, y abrir la puerta a nuevas faltas y ofensas más graves. Si no soportamos nuestras faltas con paciencia, nos conducirán a innumerables faltas. Es extraordinario cuántas faltas espirituales pueden cometerse por una sola falta material. Esa falta puede ser indeliberada y carente de malicia, pero si humilla nuestro orgullo y veja nuestro amor propio, nos molestará, nos impacientará, perturbará nuestra paz, y así nos conducirá a una serie de faltas espirituales.

O sabemos algo de nuestra debilidad natural o no lo sabemos. Si no lo sabemos, ya es hora de que lo aprendamos, y nuestras faltas y fracasos serán nuestros instructores si los soportamos con paciencia. Pero si sabemos algo de nosotros mismos, no debemos sorprendernos, y menos aún turbarnos, cuando fracasamos, sino atribuirlo a que hemos confiado demasiado en nosotros mismos.

Pero si en vez de ser humillados y corregidos por nuestros fracasos, los convertimos en tentaciones, y alimentamos en ellos nuestro amor propio ofendido, estos fracasos accidentales se convertirán en ofensas positivas por el desorden espiritual al que dan ocasión. Así ponemos al alma en una perturbación y desorden que nunca provino de la falta original, sino de la molestia del amor propio. Ser paciente con uno mismo después de una falta es mantenerse en la disposición correcta para corregirla y repararla. Perder la paciencia por una falta es renunciar al remedio que puede repararla. Hay momentos en que no podemos soportar el recuerdo de un pasado lejano. ¿Quién no ha experimentado esos rápidos destellos de orgullo mortificado al recordar repentinamente algún acto de indiscreción o locura del pasado? Revelan lo que acecha oculto e indomable en el alma.

Si por debilidad de la naturaleza o por divagación de la mente perdemos por un tiempo el dominio de nosotros mismos, empezamos a tener una sensación de privación e incomodidad, y entonces hay que apelar a la paciencia para recuperar el recogimiento. Sin embargo, no es volviéndonos hacia nosotros mismos, no insistiendo en nuestros fracasos, ya que son desagradables para el amor propio, no dando rienda suelta a la impaciencia como se puede curar cualquier defecto, sino acudiendo a Dios, que es paciente con nosotros, que conoce nuestra condición, que recuerda que somos polvo, que se compadece de nuestras debilidades, y tiene misericordia de nuestras locuras: es acudiendo a Él como un niño a un padre, simplemente, y sin prudencia, que encontramos la medicina que nuestra debilidad requiere: "Sométete, alma mía, a Dios, porque de Él es mi paciencia".

DÉCIMA REGLA-La última regla es la de los perfectos, que encuentran un gozo alentador en las pruebas, contradicciones y sufrimientos; no sólo porque son grandes ayudas para avanzar hacia Dios sobre las bases de la humildad y la paciencia, sino porque no pueden encontrar nada más conducente al desprendimiento de todo lo que no es Dios, nada más eficaz para someter su naturaleza al reino de la gracia. Se deleitan en llevar sobre sí las marcas de Cristo crucificado, en cargar su cruz después de Él, en sufrir con Él, por el gran amor de Dios. San Pablo se regocijaba en todas sus tribulaciones, y en nada se gloriaba sino en Jesucristo crucificado. San Francisco encontró la perfección de la santa alegría en el desprecio y las humillaciones. Estos son sólo ejemplos de los caminos de los santos. Pero éste es un grado de fortaleza más que humano, un don singular del Espíritu Santo, por el cual la voluntad superior está tan estrechamente unida a Dios que elimina toda repugnancia al sufrimiento; y esa voluntad santificada abraza las cosas que son incluso contrarias a la naturaleza con una alegría a la que la sensualidad de la naturaleza no puede oponerse eficazmente, aunque vengan de repente y sin preparación.

1 Proverbios xix. 11.
2 Proverbios xvi. 32.
3 S. Greg. Mag. Hom. 35 en Evangel.
4 Salmo xvii. 3.
5 Salmo cxxi. 1-3.
6 Alberto Magno, De Virtutibus, c. De Fortitudine.
7 Ibid. c. De Materiae.
8 Casiano, Collat. 18, c. 13.
9 S. Bernardo, De Ordine Vitæ, c. 6.
10 S. Francisco, Assis. Opusc. c. 6.
11 S. Buenaventura, De Præfectu Religios. L. ii. c. 36.
12 S. Santiago i. 4.
13 Proverbios iv. 23.
14 S. Santiago iii.
15 Proverbios xvi. 1.
16 S. Mateo xii. 34-36.
17 Cánticos ii. 4.
18 1. Corintios xiv. 40.
19 S. Augusto. De Natura Boni, c. 23.
20 Job x. 22.

21 S. Buenaventura, Speculum Disciplinae.
22 Romanos xv. 1-3.
23 Salmo lxxvi. 5.
24 Salmo xxxviii. 2.
25 Romanos xii. 21.
26 Proverbios xiv. 16.
27 Romanos xii. 19.
28 Proverbios xv. 1.

7

SOBRE LA PACIENCIA COMO PERFECCIONADORA DE NUESTROS DEBERES COTIDIANOS

"Que en buena tierra están los que de buen y muy buen corazón, oyendo la palabra, la guardan y dan fruto en la paciencia"-S. Lucas viii. 15.

Que la perfección de la vida consiste en hacer bien nuestras acciones ordinarias es una de las máximas más sabias de los santos. Esos deberes constituyen la suma principal de nuestra vida durante el tiempo que se nos asigna en este mundo. Como debemos nuestra vida y nuestro tiempo a Dios, el buen cristiano tiene deberes a todas horas; incluso el tiempo que se dedica propiamente a la recreación y al reposo saludable requiere ser regulado por las virtudes, y por lo tanto cae bajo el nombre de deber; y esto tanto más cuanto que es el tiempo más expuesto a las tentaciones insidiosas. Pocas veces estamos llamados a realizar grandes acciones o a soportar grandes sufrimientos;

pero cuando llegue la hora de ellos, podremos pasarlos con espíritu grande y generoso en proporción a la perfección con que cumplamos nuestros deberes cotidianos.

La perfección de nuestras acciones ordinarias depende de los altos motivos, de la buena voluntad y de la alegre paciencia. Los motivos elevados les dan su valor ante Dios; la buena voluntad los hace vigorosos; la paciencia alegre los hace ordenados, pacíficos, eficaces y agradables. Porque lo que da a nuestras acciones su valor ante Dios no es su magnitud visible, su publicidad o brillantez, sino la pureza y elevación de sus motivos, y la generosidad con que siguen la luz y cumplen la voluntad de Dios. Son ennoblecidos por el sacrificio de la naturaleza a la gracia. De ahí que el pobre hombre que acude a sus fatigas diarias con buena voluntad y alegre paciencia por amor de Dios sea una persona mucho más noble a los ojos de Dios que el hombre que, por meros motivos humanos, brilla con espléndidas acciones a los ojos del mundo. El uno actúa por un principio divino, el otro por uno humano; el uno tiene su corazón con Dios, el otro con el mundo; el uno tiene a Dios por amigo, el otro tiene el aplauso de los hombres; el uno puede tener un exterior rudo, pero está interiormente refinado por la conversación con Dios y sus Santos; el otro puede tener el lustre exterior de la vida social, mientras que su interior es un caos moral.

El amor de Dios dignifica la obra más humilde y al obrero más humilde. ¡Qué amplitud y elevación pertenece al alma que puede unir el trabajo más bajo que se realiza en esta tierra con el motivo más elevado que reina en el Cielo! Por su encarnación y vida humana, el Hijo de Dios ha glorificado las cosas más bajas de la vida humana y el trabajo que se realiza por amor a Dios. El trabajo así motivado ha recibido una dignidad especial de los pacientes esfuerzos del Hijo de Dios en el taller de José. ¡Cómo las cosas humildes de Dios confunden los orgullosos juicios del mundo! No estaba muy equivocado aquel filósofo pagano que, a la pregunta de qué hacía Dios, respondió "Derriba lo alto y eleva lo bajo", palabras que nos recuerdan todo el tenor del sublime Magnificat.

Podemos aceptar como principio que todo lo que hacemos es perfecto en proporción a la serenidad con que lo hacemos, y que la serenidad es proporcional a la paciencia. Tomemos primero los trabajos de la mente. San Zenón observa, con gran verdad, que sin paciencia no podemos aprender ni enseñar. Incluso compensará ciertas deficiencias en el poder de aprehensión, y ayudará en gran medida al poder de la memoria. Ya sea que aprendamos de los hombres, de los libros o de las cosas, es la virtud de la paciencia la que estabiliza la atención y libera la mente de lo que interfiere o perturba la atención. El esfuerzo, en resumen, es paciencia. Es la paciencia la que da a la perspicacia la capacidad de penetrar a través de los detalles de un tema hasta su principio. Y éste es el acto del estudio, primero alcanzar el principio del tema a través de los detalles de su enunciado, y luego, a la luz del principio, comprender los detalles y retenerlos en la mente tal como se relacionan con ese principio. Pues aprender a fondo una materia es poseerla en la mente en el orden en que existe, y conocerla por los principios de que depende. Pues es el primer principio de cada materia el que arroja luz sobre todos los detalles que le pertenecen, y cuando la mente lo posee no es difícil comprender y recordar el conjunto. Pero sin una buena dosis de paciente atención es imposible ascender de los detalles a su principio, y así llevar la luz de ese principio a través de los detalles.

La comprensión es proporcional a la atención y a la reflexión; la memoria es igualmente proporcional a la atención y a la reflexión. En su célebre tratado sobre el hombre, Buffon insiste en que la paciencia es la base del genio. Alguna verdad por descubrir se cierne oscuramente y como a distancia sobre la mente. Hasta ahora es poco más que una conjetura vaga e indistinta; la mente mira y mira, espera y espera, en paciente expectación de más luz. Por fin, la luz destella repentinamente en el entendimiento, y la pluma no puede ir lo suficientemente rápido para registrar el descubrimiento. Más bien deberíamos decir con Platón que el genio es un poder original de aprehensión, y que la paciencia es la disciplina en virtud de la cual ese poder de aprehensión obtiene su éxito. Sir Isaac Newton atribuyó su éxito en los descubrimientos a la prolongada paciencia que le permitió pensar más tiempo sobre un tema que otros hombres. Cuando le preguntaron por qué medios había llegado a sus descubrimientos, respondió: "Mantengo el tema constantemente ante mí, y espero hasta que el primer amanecer se abre lentamente, poco a poco, en una luz plena y clara". De nuevo, en una carta al Dr. Bentley, dice: "Si he hecho algún servicio al público de esta manera, no se debe a otra cosa que a la industria y al pensamiento paciente".

El mayor defecto de los profesores modernos de ciencias, incluso en nuestras propias escuelas, es la negligencia a la hora de enseñar a sus alumnos el uso correcto de sus facultades. Esto se hacía en el colegio donde el escritor se formó hace unos sesenta años mediante visitas ocasionales de los profesores a los estudiantes en sus habitaciones, cuando los métodos lógicos y morales se explicaban de forma amable y adaptada a la capacidad y progreso de cada uno. Tales visitas amables eran siempre un alivio agradable, así como una ayuda amistosa.

La paciencia que requiere un buen maestro es proverbial. Un profesor así requiere una doble paciencia: paciencia con sus alumnos y paciencia consigo mismo. A menos que tenga paciencia con sus alumnos, nunca llegará a la medida de su capacidad o de sus logros, nunca conseguirá que se sientan cómodos, asegurar su atención o controlar su inquietud. Debe tener paciencia sobre todo con las cabezas embotadas e irresponsables, conduciéndolas paso a paso hasta donde puedan llegar, y no esperar de ellas lo que está más allá de su poder. También debe recordar que cuando su voluntad es buena, a menudo sufren mucho por la conciencia de sus deficiencias y necesitan estímulo en lugar de una mayor humillación. Pero cuando el orgullo acompaña a una inteligencia superior, es propenso a ser injustamente duro y desalentador. Los ingeniosos necesitan más la brida que la espuela para evitar que se extralimiten en su materia o desvíen su mente por caminos tortuosos.

Si el maestro no tiene paciencia consigo mismo, no podrá conseguir la atención respetuosa de sus alumnos, y cometerá notables errores de método en su enseñanza. Debe retener gran parte de sus conocimientos y no dejar que lleguen antes de tiempo, es decir, cuando sus oyentes están preparados para recibirlos. Los conocimientos que se comunican antes de que puedan unirse a los que ya se poseen, desconciertan y confunden la mente y dan ocasión al desaliento. De ahí que los grandes pensadores rara vez estén bien preparados para enseñar los elementos del conocimiento, ya que sus propios últimos pensamientos les ocupan mucho más que los primeros pensamientos de sus alumnos.

Ambas clases de paciencia son esenciales para el buen juicio en la enseñanza. Una paciencia alegre concilia la atención y despierta el interés; una paciencia amable y genial inspira una confianza afectuosa, y es el mejor medio de asegurar una respuesta cariñosa y laboriosa a los trabajos del maestro. Los jóvenes son rápidos para discernir dónde la fuerza de voluntad está cubierta por un interés amable y comprensivo en su progreso; y en ambos lados la atención y el esmero son proporcionales a la paciencia bondadosa que el maestro posee e inspira. En las ramas superiores del estudio, cuando se trata de ciencias abstrusas, el verdadero profesor no se limitará a sus conferencias, sino que se interesará amablemente por el progreso de cada uno, y le dará aquellas ayudas privadas que puedan permitirle utilizar su mente de la mejor manera. Es maravilloso lo mucho que una mente lenta puede ser estimulada por tal ayuda y simpatía.

En todas las ocupaciones y actividades, el éxito depende del esfuerzo. Pero esmerarse no es más que otra palabra para designar la labor paciente y perseverante, que siempre cuesta más o menos dolor a nuestra naturaleza. Este dolor surge de la restricción impuesta a los sentidos inquietos, de la resistencia que la atención ofrece a la tendencia de la mente a divagar, y de la fatiga resultante de la tensión de los nervios y las facultades después de un cierto período de tiempo. Cualquiera que sea la aptitud para una actividad especial -estudio, arte, enseñanza, administración, gobierno o trabajo manual de cualquier tipo- el principal ingrediente moral del esfuerzo es la paciencia. Por lo tanto, puede tomarse como máxima que toda obra es perfecta en proporción a la cantidad de paciencia que se pone en ella. Aquí tenemos toda la diferencia en el arte entre las producciones mecánicas y manuales. Más allá del diseño original del inventor, lo que produce la maquinaria está tan muerto como la máquina misma, mientras que el trabajo manual vibra con la vida, la mente y la imaginación del artista, y ofrece alguna expresión de la paciencia amorosa que se le ha dado al trabajo. La una es una producción material, la otra moral, y lo que nos deleita en la última es la expresión que nos transmite de la mente, la voluntad y el sentimiento.

En su descripción de la virtud de la paciencia, San Buenaventura incluye la resistencia voluntaria e inconquistable del trabajo con vistas a la gloria eterna. Esto implica poner las virtudes cristianas en nuestro trabajo en la proporción debida a su carácter. Nada, por insignificante que sea, puede hacerse bien sin buen juicio. Hay cincuenta maneras de hacer algo, pero sólo una manera perfecta. El juicio es un acto tanto de la mente como de la voluntad: de la mente que considera, de la voluntad que decide lo que es mejor. Pero nada se juzga correctamente cuando se permite que las fantasías personales o los sentimientos egoístas se mezclen en la consideración de ello; deforman el juicio y confunden el objeto en consideración. Ya sea en el trabajo, en los empleos, en la gestión de los asuntos, en hacer justicia a los demás, o en los oficios de la bondad y la caridad, se requiere paciencia para asegurar el buen juicio. La naturaleza tiende siempre a apresurarse, a correr antes del juicio, y a evitar el menor dolor del suspenso. Pero la gracia es deliberada y consciente de la responsabilidad, conteniendo los sentimientos y excitaciones egoístas para que la deliberación sea justa y prudente.

Obrar con juicio es obrar con inteligencia; pero esto implica pensar antes de actuar, y demorarse cuando es necesario, hasta comprender la manera correcta de actuar. Trabajar con fruto es trabajar con voluntad paciente; la prisa precipitada perjudica tanto a la obra como al obrero. No hay energía sana sin resistencia. La prisa es despilfarro; y hay mucha verdad en el adagio: "Cuanta más prisa, menos velocidad". Lord Bacon cita el dicho de un viejo y astuto hombre de negocios, quien, cada vez que veía a alguien con prisa inquieta por su trabajo, se interponía con la observación: "Espera un poco; no hay tiempo que perder". Todo buen trabajo lleva en sí la impronta del juicio, el esmero y la paciencia; y todo lo que hacemos reacciona sobre nuestro propio carácter moral. Lo que hacemos bien queda embalsamado con los motivos y virtudes con que se hace; lo que hacemos mal o de mala gana nos deja personalmente más pobres.

La paciencia es especialmente necesaria cuando surge algún nudo o enredo en nuestro trabajo. Porque cuando estamos en el ritmo y el contenido de nuestro empleo, tales interrupciones son propensas a preocupar y burlarse de la mente, y nos ponen fuera de tiempo y temperamento. La trivialidad misma de tales impedimentos inesperados se convierte en causa de molestia, e interrumpirá nuestra calma con irritación e impaciencia. Ofende a nuestra autocomplacencia ser detenidos por nimiedades en pleno curso de acción, y exige un poco más de paciencia de la que en ese momento estamos dispuestos a dar. Pero obsérvese que esos roces e impedimentos burlones son momentos valiosos para la autodisciplina, y que utilizarlos bien no es cosa baladí. Quien es paciente con los obstáculos, lo será cuando la obra marche sobre ruedas. Tales impedimentos están en la naturaleza del trabajo, y no hay razón para ofenderse con ellos, aunque muchas personas, como niños irrazonables, se enfadan por el trabajo inocente cuando la culpa está en ellos mismos.

Lo que se ha dicho del trabajo, ya sea mental o manual, es igualmente aplicable a las personas. Sus interrupciones, interferencias y entrometimientos son a menudo una prueba para la naturaleza humana, y requieren el paciente manejo de la voluntad para salvarnos de la perturbación interior. Cuando se nos interrumpe inesperadamente en asuntos de gravedad, o en los que estamos interesados, requerimos no poca paciencia para salvarnos de estar internamente molestos y fastidiados; y ser así repentinamente llamados de una cosa a otra, o de un deber inacabado a otro, es a menudo una prueba para un temperamento indisciplinado. Hay pocas pruebas mayores de un interior bien disciplinado que ser capaz de interrumpir en cualquier momento con alegría un deber y volver con igual alegría a otro, por inesperada que sea la interrupción. Es un efecto de ese desprendimiento de la voluntad que proviene de la caridad paciente.

La gestión de los asuntos comprende la prudente dirección tanto de las personas como de las cosas, a fin de mantener el recto orden de las cosas y observar la justicia para con todas las personas interesadas en ellas. Pero para establecer el recto orden en las cosas confusas, y para mantener el recto orden en las cosas que tienden por su naturaleza, o por negligencia humana, al desorden, se requiere mucha paciencia además de juicio. Cuando los asuntos son complicados u oscuros para la mente, debido a la falta de información, la prisa impaciente sólo aumentará la dificultad, y el retraso prudente los llevará más pronto a su fin; mientras que la consulta contribuirá en gran medida a su elucidación. Porque cuando recurrimos a la consulta, no es sólo la luz que obtenemos de otros lo que nos ayuda a ver más claramente, sino la mayor luz que obtenemos de nuestras propias mentes, hablando del tema en voz alta, de la que somos capaces de obtener simplemente dándole vueltas dentro de la mente. Siempre que los intereses de los demás se mezclan con los nuestros, a menos que la paciencia esté ahí para apartar la mente de los motivos egoístas y refrenar la voluntad de las emociones egoístas, la justicia difícilmente puede ser impartida con equidad a todos los implicados. La misma regla interior será válida en la distribución de la bondad y la atención a los que tienen derechos sobre nuestro aliento; la paciencia debe retener la voluntad de todas las preocupaciones, prejuicios y preferencias de favoritismo.

Lord Bacon ha dicho sabiamente que "la paciencia y la grave escucha son esenciales para la justicia". Cuando un superior tiene que tratar con acusaciones o quejas, lo primero que debe hacer es poner la mente en posición judicial, para escuchar las declaraciones de ambas partes con una mente despojada de todo color y prejuicio, y así adoptar una visión puramente objetiva del caso hasta que se investigue el asunto y se aclaren los hechos. Esta es la caridad paciente de la justicia, que no actúa por pasión sino por razón, y hace grandes concesiones a las limitaciones y debilidades humanas cuando hay ausencia de malicia y escándalo. Porque la misericordia debe ser siempre exaltada por encima del juicio cuando el corazón está sometido a la autoridad.

Para que nuestros oficios de bondad y caridad tengan toda su dulzura, belleza y consuelo, deben proceder con directa sencillez del amor de Dios en el corazón. El amor de Dios es la más sincera y práctica de todas las cosas; y cuando se dedica con sinceridad al servicio de nuestro prójimo, nos coloca en una posición sublime que tiene más del cielo que de la tierra; y el valor de nuestras acciones bondadosas se ve grandemente aumentado por esa paciencia que vence toda repugnancia en nuestra propia naturaleza. En su principio, el amor de Dios abarca el amor de toda la humanidad; en la práctica, abarca a todos aquellos con quienes entramos en contacto y a quienes, por lo tanto, llamamos nuestros vecinos. Pero su ejercicio más fecundo es hacia aquellos que, debido a su ignorancia, sufrimientos o angustia, están más necesitados de nuestra ayuda amorosa. Dios ama a todas y cada una de las almas con un amor eterno tan grande, que se ha constituido en el objeto supremo de su amor y felicidad; y cuando, con gran crueldad para consigo mismas, no buscan su felicidad en Él, sigue siendo para ellas el bien soberano que deben buscar. Entonces, ¿qué caridad más noble puede haber que ayudarles a volver a su bien soberano? Dios es paciente con todas las almas y bueno con todas las almas; y entramos en su caridad cuando imitamos su amor paciente hacia todos los que entran en nuestra esfera de acción.

Por naturaleza, nuestros afectos se sienten atraídos por algunas personas, son indiferentes a otras, y se alejan con aversión y repulsión de otras, a menudo por motivos insignificantes. Pero nuestro Divino Señor hace su don de caridad tan expansivo como el suyo propio, para que pueda abrazar a toda criatura que Él ama, y por la que Él murió. Para que el don de la caridad se extienda a todos, le ha añadido el don de la paciencia, para que con su ayuda venzamos toda repugnancia que de otro modo podría surgir en nuestra naturaleza para impedir la extensión de la caridad. Y para que por medio de la paciencia llevemos nuestra caridad a su plenitud y la elevemos a su altura más ennoblecedora, nos ha dado esta ley: "Habéis oído que se ha dicho: Amarás a tu prójimo y odiarás a tu enemigo. Pero yo os digo: Amad a vuestros enemigos, haced bien a los que os odian, y orad por los que os persiguen y calumnian, para que seáis hijos de vuestro Padre que está en los cielos, que hace brillar su sol sobre buenos y malos, y llover sobre justos e injustos."[1] Pero esta ley de la caridad sobrenatural nos invita a una triple conquista y a un triple triunfo sobre la dureza de nuestra naturaleza; una conquista por la resistencia sobre los agravios que se nos infligen; una conquista por la paciencia sobre las repugnancias de nuestra naturaleza; y una conquista por el amor generoso sobre esas enemistades de la naturaleza que contraen el corazón, para que se dilate en caridad hacia los que no nos aman.

Para que este amor sublime, que eleva el alma a Dios y nos hace semejantes a Él, pueda tener su generoso influjo, sin impedimentos de nuestra irritable naturaleza, sin oposición de las repugnancias del orgullo, sin freno de las repugnancias del amor propio, Dios ha puesto la fuerza de la paciencia dentro del ardiente don de la caridad, como médula de esta virtud celestial; para que siempre que la naturaleza se levante con sus temores y repugnancias egoístas contra la expansión del corazón en la caridad, la paciencia esté dispuesta a resistir las repugnancias hinchadas del orgullo, y deje a la caridad su generoso dominio.

Cada deber exige más o menos cuidado, es decir, atención y consideración proporcionales a su naturaleza. Los asuntos de mayor importancia, especialmente si presentan dificultades, exigen solicitud, es decir, una atención y consideración vigilantes y atentas. En una mente bien regulada por la paciencia, éstas son operaciones pacíficas que no causan perturbación al alma. Hay, en efecto, un cuidado y una solicitud por las cosas de esta vida contra las que nuestro Señor nos hace una solemne advertencia, porque ahogan las semillas divinas de vida y gracia implantadas en el alma, e invierten el debido orden de las cosas, que exige que busquemos primero el reino de Dios y su justicia. Pero ésta es una preocupación que pertenece más a la ansiedad que a la vigilancia pacífica de la mente.

Cuidado con la ansiedad. El mismo sonido de la palabra ansiedad es doloroso. Aparte del pecado, no hay nada que perturbe tanto la mente, tense el corazón, angustie el alma y confunda el juicio. Es digno de mención que las palabras ansiedad e ira provienen de la misma raíz; ambas se derivan del verbo latino angere, sobrecargar o estrangular, que en su forma sustantiva es angor, que significa angustia o vejación. La ansiedad es la inquietud y el desasosiego a los que nos vemos abocados por alguna dificultad cuya solución no vemos, o por alguna incertidumbre con respecto a uno mismo o a otro, o por algún acontecimiento futuro del que no estamos seguros. Es más que desasosiego y turbación, más que preocupación y apuro; va acompañado de temor y perplejidad, e inclina el alma a la tristeza. Tiene una cierta influencia paralizante, comprimiendo el alma con los ligamentos del miedo, el suspense y la incertidumbre, que impiden y ahogan la libertad de sus poderes. San Gregorio la describe con una figura fuerte como "estrangulando la garganta de la mente". Un escritor moderno la ha descrito como "el miedo extendido por el alma".

La ansiedad no está en las cosas por las que estamos ansiosos; tiene su existencia en una combinación de pasiones levantadas en el alma. Es causada por llevar nuestras solicitudes e incertidumbres a nuestro propio interior, y allí convertirlas en el tema de nuestros atribulados, inquietos y sobrecargados sentimientos; el resultado de esto es que la mente se oscurece y el corazón se inquieta, de modo que no puede formarse un juicio claro sobre el tema de nuestra inquietud. En algunos aspectos la ansiedad tiene un parecido considerable con la escrupulosidad: produce un oscurecimiento semejante de la mente, un dolor semejante que tortura el corazón, un miedo y sufrimiento semejantes por la incertidumbre, y una perturbación semejante de la paz del alma. La escrupulosidad es, de hecho, uno de los tipos de ansiedad más dolorosos y perturbadores. Algunas personas son por naturaleza ansiosas, como otras son por constitución escrupulosas; y en ambos casos hay un desgarramiento y un desgaste del hombre espiritual, y lo que San Gregorio en una figura fuerte llama "el estrangulamiento de la garganta de la mente".

De ahí que San Francisco de Sales haya observado que la ansiedad es la más perjudicial de todas las cosas para el alma, después del pecado.

Sólo hay un remedio para la ansiedad, y es usar la firme fuerza de la paciencia para mantener los objetos de nuestra preocupación en su lugar apropiado, y ese lugar está fuera de los sentimientos y delante de la mente. Porque no son los sentimientos, sino la mente y la voluntad, los verdaderos jueces de las cosas. Cuando los sentimientos se mezclan con cualquier tema de solicitud, se convierten en pasiones, y se vuelven ansiosos, excitados e inquietos; confunden la mente y ciegan el juicio. Sabemos cuándo somos arrojados a este estado de ansiedad por la turbación y perturbación del alma y el oscurecimiento e incertidumbre de la mente. Cuando nos encontramos en este estado de incertidumbre e indecisión, el tema de nuestra ansiedad debe ser desechado por completo de la mente por un tiempo, para que pueda ser reanudado cuando los sentimientos se hayan calmado y la mente esté clara. También esto es obra de la paciencia, y requiere no poca firmeza de voluntad, porque si no se suprimen por completo el afán, la curiosidad, el miedo y la inquietud que suscitan la ansiedad, será imposible recobrar la serenidad de ánimo y la tranquilidad del alma. Además, el suspenso en sí es doloroso, y especialmente cuando es atacado por cualquiera de las pasiones antes mencionadas; y esto, una vez más, exige paciencia duradera.

Pero cuando hemos obtenido un temperamento más tranquilo y un mejor control de nuestros sentimientos, al volver al tema, será para la paciencia mantener los sentimientos en sujeción mientras la voluntad pone la atención de la mente sin perturbación. Cuando las cosas externas a nosotros se mantienen así en su posición externa y apropiada fuera del alma, son mucho más capaces de ser vistas, comprendidas y tratadas. Lo que no se ve en una primera consideración, se verá en una segunda, o en una tercera, siempre que la mente no esté turbada por las pasiones de la ansiedad. Pero si las dificultades persisten, entonces es el momento de recurrir a algún consejero prudente que, desde su posición más independiente, pueda ver el caso con mayor claridad.

Además de las ansiedades que inquietan e hieren a las almas a causa de personas y cosas externas, hay demasiadas que tienen su origen en problemas internos, debido a la falta de autodisciplina interior y de esa paciencia interior que es la guardiana de la paz. Pero para esta clase de ansiedad hemos dado reglas en varias partes de estas conferencias; y no pocas veces requieren obediencia a un sabio director. Todo lo que diremos más por el momento es esto, que cada avance en la humildad y la paciencia elimina las causas de la ansiedad y los problemas, porque todos ellos tienen sus raíces en la impaciencia inquieta del amor propio sensible.

San Francisco de Sales ha escrito tan sabiamente sobre el espíritu con el que debemos manejar nuestros asuntos que nada tan bueno puede reemplazar sus máximas. Observa que el cuidado y la diligencia que debemos a nuestros deberes son cosas muy distintas de la ansiedad y el afán. Nuestros Ángeles Custodios tienen diligente cuidado de nosotros; esto pertenece a su caridad. Pero no están ansiosos, no están ansiosos de excitación, porque esto interferiría con su paz y felicidad. Tened cuidado, sed diligentes en todo lo que se os ha confiado. Dios os ha confiado estas cosas y espera que las administréis con gran cuidado; pero evitad en lo posible toda inquietud, ansiedad, afán y prisa, porque perturban la paz del alma, turban la razón y el juicio e impiden que las cosas se hagan bien y con éxito.

Nuestro Señor no reprendió a Marta porque fuera diligente en su servicio, sino porque estaba "solícita y preocupada por muchas cosas". Nada que se haga con ansiosa excitación puede hacerse bien. Las moscas no son formidables por su fuerza, sino por su multitud: así los grandes asuntos nos dan menos problemas que los asuntos más pequeños cuando son numerosos. Asúmelos en paz, y en su orden, uno por uno; porque si tratas de asumirlos en conjunto, o de manera desordenada, te oprimirán, te descorazonarán, y no harás nada que sea eficaz y satisfactorio.

En todos tus asuntos y responsabilidades descansa enteramente en la providencia de Dios, que es el único que puede llevar tus planes a feliz término. Sin embargo, haz todo lo posible por seguir pacíficamente la guía de la providencia de Dios; y entonces ten la seguridad de que si tu confianza ha estado en Dios, cualquier éxito que obtengas será tanto más provechoso para ti, sea lo que sea lo que tú mismo te inclines a pensar de él.2

El reverso de la solicitud ansiosa y de la excitación inquietante se encuentra en la tristeza y en la pereza. Estos vicios corrompidos y corruptores se oponen directamente tanto a la paciencia como a la caridad; estancan el alma y corrompen sus frutos.

Los Padres y los Divinos de la Iglesia de Oriente y Occidente incluyen estos dos vicios bajo el único nombre de acedia, dando así a entender que la pereza y la tristeza van juntas. San Buenaventura da otra razón por la que ambos se expresan con la misma palabra: porque ambos son enemigos de la devoción religiosa. En su sentido primitivo, la palabra acedia significa desmayo o desfallecer por debilidad. Pero aquí significa desmayo del alma por la debilidad y languidez que causa el vicio de la tristeza.

La caridad se deleita en el bien espiritual y divino; pero la tristeza perezosa hunde el alma en el amor propio y el egoísmo. Allí engendra una antipatía hacia todo bien divino e interior, y el alma, mientras se adhiere al amor propio sensual, no está dispuesta a levantarse de él para buscar el bien divino y adherirse a él con amor; de modo que incluso hay cierta aversión hacia ese bien, debido a la corrupción del apetito espiritual por la enfermedad del amor propio. De ahí que este vicio se oponga tanto a la caridad como a la paciencia. Cuando destruye la caridad en el alma es mortal; cuando sólo debilita la caridad es venial. Pero aun en su forma venial este vicio de la tristeza es muy debilitante, y tan sutil en su movimiento, que las almas piadosas son a menudo engañadas por él, y confunden la tristeza con el pesar por sus faltas y deficiencias. Pero la tristeza procede del amor propio; el arrepentimiento, del movimiento de la gracia.

La pereza es definida como una torpeza del alma que descuida comenzar lo que es bueno; la tristeza es definida por Santo Tomás como un cansancio de, y una morosidad con respecto al bien interno y espiritual, al cual estas palabras del Salmo son aplicables: "En nuestros catecismos se la considera como uno de los pecados capitales bajo el nombre de pereza, y se la llama pecado capital o vicio porque es la cabeza o causa inmediata de otros pecados o vicios. Porque, así como el efecto de la caridad es la alegría espiritual, los efectos de la tristeza o pereza espiritual son la malicia, el rencor, la pusilanimidad, el abatimiento, la torpeza y el extravío de la mente de los pensamientos buenos a los malos. Tal es la fecunda cría de la tristeza melancólica; todos sus vástagos participan de su deformidad moral.

Si juntamos lo que los Padres dicen de la tristeza, es una pena enervante y una ansiedad desgastante del alma que impide la alegría, extingue el gozo espiritual, hace que la oración sea insípida, y los deberes espirituales desagradables, mientras que se traduce en un temperamento perezoso e impracticable, y produce la enfermedad inmoral y desquiciante de la pereza. Lo que se nos dice de San Galo es igualmente aplicable a todos los santos: "Era alegre en la acción y soso en el hablar, porque la tristeza era extraña a su corazón". Nos informa San Gregorio en su Vida de San Benito que uno de los discípulos de ese patriarca de la religión se había entregado a Satanás por los vicios de la pereza y la tristeza; pero el Santo aplicó una corrección tan pronta y severa que el discípulo se libró de ambos vicios al instante.

La causa de la tristeza es o el orgullo herido, o el amor propio defraudado, o la ansiedad irrazonable. Casiano distingue dos clases de tristeza, una de las cuales sigue a la ira agotada, o a alguna injuria recibida o que imaginamos haber recibido, o a haber sido obstaculizados o derrotados en algo que deseamos. El segundo tipo desciende como una carga angustiosa sobre el corazón de la ansiedad irrazonable o abatimiento de la mente. Como un gusano dentro del alma, este vicio miserable roe y consume la alegría y la fuerza de las virtudes, mientras que el alma misma se contrae y se arruga como una hoja atacada por el tizón. La tristeza amarga, impaciente, obstinada, llena de rencor, llena de dolor, pena, aflicción y abatimiento el espíritu del que se apodera. Frena el esfuerzo, se mantiene estupefacto ante la entrada de la tristeza sanadora y el arrepentimiento, destruye la eficacia de la oración y vacía el alma de los frutos del Espíritu Santo."

Bajo la influencia de esta languidez mórbida se prefiere la soledad a la conversación en sociedad, de modo que el amor propio, que es la cosa más solitaria, puede fomentarse en la melancolía melancólica. Porque, a pesar del dolor de la enfermedad, se extrae un sombrío placer del intenso egoísmo que genera la tristeza. La mente se llena de fantasías desagradables y se deleita en comparaciones odiosas. La brillante alegría de los demás se mira con ojos siniestros, como si fuera un insulto a la miseria que el triste ama abrigar. Aunque se anhela la simpatía, se la considera odiosa, porque predomina el orgullo, y para el orgullo la simpatía de los demás toma la forma de conmiseración por nuestra debilidad. El malhumor y la hosquedad son los primeros pasos hacia la tristeza, y ya participan de su obstinación y melancolía.

La tristeza se opone a la alegría espiritual, y la paciencia se opone a la tristeza. La tristeza que es según Dios no tiene nada de triste; es una tristeza sanadora, para que, como dice San Pablo: "En nada sufráis daño por nosotros", porque, como continúa el Apóstol, "la tristeza que es según Dios obra penitencia firme para salvación".4 Como la convalecencia después de la enfermedad, esta tristeza está llena de consuelo y consolación; las fuerzas vitales reviven bajo su influjo y restablecen el brillo de la caridad. "Bienaventurados los que lloran, porque ellos serán consolados "5 .

Pero mientras que el dolor del arrepentimiento expande el alma hacia la vida, el dolor de la tristeza contrae el alma y la encierra en sí misma, la envuelve con las vendas de la amarga conciencia de sí misma y le cierra el paso a todos los movimientos generosos. Allí se siente a sí misma, se saborea a sí misma, se ama a sí misma, y es infeliz con lo que la alimenta. El remedio para toda esta miseria es salir por algún acto resuelto de voluntad del engaño al que el alma está atada por la pegajosa unción del amor propio. Un soplo de viento rompe la burbuja de jabón, y un acto de bondad rompe la tristeza.

San Bernardo observa con razón que la diversidad de ocupaciones es un gran remedio contra la tristeza. Esto está felizmente previsto en las reglas de la vida religiosa. Pero en todo estado de vida debe consultarse el principio de la variedad. La variedad refresca la mente y el cuerpo y evita el ensimismamiento. El cambio de ocupación y el cambio de ambiente traen el cambio de mente, alivian el sistema y restauran su equilibrio.

Nunca se insistirá demasiado en el deber de mantener todas las preocupaciones y solicitudes fuera del corazón y los sentimientos, de mantenerlos firmemente en su posición objetiva, y de hacer de ellos únicamente los objetos de la mente y el juicio. Se requiere un buen y fuerte hábito de paciencia interior para resistir que se apoderen de los afectos, pero esto muestra el extremo valor de la paciencia interior. Porque a menos que tengamos esta paciencia interior, de modo que podamos tomarlos y dejarlos a voluntad, nuestras solicitudes y cuidados se convertirán en ansiedades, acosarán, desgastarán y oscurecerán la mente, y perturbarán en gran medida la paz y la serenidad del alma. ¡Cuántas personas han sufrido enajenación mental y moral por esta falta de método paciente en el manejo de sus preocupaciones!

Hay una forma de tristeza que se prolonga criminalmente al vivir persistentemente en el recuerdo de alguna gran aflicción, pérdida o decepción, hasta desquiciar el alma y descuidar los deberes presentes. La imagen de ese acontecimiento se mantiene ante la mente con todas sus circunstancias, y se le permite oprimir el corazón hasta que los rasgos llevan el sello fijo de un dolor acariciado. Y lo que es peor, el doliente confunde con la virtud ese cariñoso entretenimiento del recuerdo entristecido que se prolonga a lo largo de los años, pues parece imitar las virtudes de la constancia, la resistencia y la perseverancia. El entendimiento es engañado, así como el corazón, por esta tensión duradera de amor propio y tristeza. Pero esto es un pecado contra la providencia de Dios, cuya mano está en todos los acontecimientos; contra el alma misma, cuyas facultades enerva y deprava; y contra ese alegre cumplimiento de nuestros deberes, para el cual el alma pierde su libertad rumiando acontecimientos pasados.

Puede tomarse como máxima que todo lo que fomenta el egoísmo dispone al alma a la tristeza. Hay un hábito de auto-introspección, demasiado consentido por muchas personas bien intencionadas, que es desastroso para el espíritu de alegría y generosidad religiosas. El conocimiento de uno mismo es inestimable; pero no se obtiene escudriñando en nuestra propia oscuridad, sino viéndonos tal como nos refleja la luz divina. Nunca encontraremos lo que somos morando en nuestros propios problemas, y haciéndolos mientras moramos en ellos, sino poniendo nuestra mente por encima de ellos, y morando en la bondad de Dios, cuando esa bondad divina nos enseñará lo que somos comparándonos con Él. Pero cuando nos detenemos sólo en nosotros mismos, y habitamos en nosotros apartados de la vista de Dios, se nos oculta la verdad, y no sentimos más que desaliento. Las almas que actúan así se aferran a sí mismas, desanimadas, entristecidas y descorazonadas. Con los ojos inclinados hacia sus propios pechos no ven más que a sí mismas, y eso de la manera más superficial; sólo mirando a Dios pueden verse verdaderamente a sí mismas. "Conócete a ti mismo", dice Santa Catalina de Siena, "no en ti mismo, sino en Dios, y Dios en ti". Entonces encontrarás lo que eres a los ojos de Dios.

Ocuparse mucho y solícitamente de uno mismo produce mucha conciencia de uno mismo, y esto engendra un sentido del yo que interfiere grandemente con el sentido de Dios. No nos da el verdadero sentido de nosotros mismos, sino uno ficticio, por medio de la imaginación, de modo que abrazamos alternativamente nuestra autocomplacencia y nuestras miserias, en lugar de mirar con alegre confianza a Dios para su remedio. Porque en vez de unirse con el corazón a Dios, tales almas se unen a sí mismas con amor propio, y sufren más de las sutilezas de la tristeza de lo que creen. Tienen miedo de abandonar las arenosas orillas de su naturaleza, y de dejar atrás el sentido de sí mismas, para poder lanzarse con generosa fe y confianza al océano de la bondad y misericordia de Dios.

Por otra parte, esta incesante auto-introspección y conciencia de sí mismo impide en gran medida el espíritu del deber, así como de la devoción. Estos laboriosos autoinspectores no pueden tener ese "corazón muy bueno que, oyendo la palabra de Dios, la guarda y da fruto con paciencia". Porque ese corazón muy bueno es desinteresado, abierto, amoroso, paciente, alegre, generoso, "que no busca lo suyo propio, sino lo que es provechoso para muchos", y diligente en todos los deberes por amor de Dios. Este aferrarse a la conciencia de sí mismo deja defectuosa la paciencia, defectuosa la humildad, y defectuosa la caridad; porque ¿cómo puede uno estar sujeto a Dios, o adherirse a Dios, cuando está internamente ocupado con el sentimiento de sí mismo? Enrollada en sí misma, como el caracol en su concha viscosa, el alma no puede abrirse a Dios ni al prójimo. Está demasiado ocupada con sus sentimientos egoístas para mirar a Dios con ojos serenos, o para sentirlo con un corazón amoroso. Y esa alma sufre: sufre la corrosión interna, sufre la depresión y la tristeza, sufre la irritación y la impaciencia, sufre la falta de un aire más divino que respirar, sufre la ansiedad y la pérdida de la alegría. Pero la alegría de la caridad paciente, mejor que todas esas ansiedades de la autointrospección, mejor que todas esas hendiduras del amor propio hacia sí mismo, alejaría las tentaciones y el mal, y purgaría la fantasía de sus megrimas. La irritabilidad que en las personas ociosas y acomplejadas produce tantos desórdenes encontraría su legítima salida en obras y servicios útiles, consultando la salud tanto del cuerpo como del alma.

El trabajo disciplina la voluntad a la paciencia y a la resistencia. ¡Qué fuerza expresa esta palabra! La resistencia mantiene la voluntad firme en Dios, a pesar de cualquier desaliento que se mueva en nuestra naturaleza. La resistencia sostiene la voluntad en paciencia contra toda presión de cosas desagradables y mortificantes. La fortaleza mantiene el alma atenta a sus buenas obras, y resiste toda tentación de abandonar el bien por el mal. La resistencia mantiene en alto la voluntad por encima de los movimientos de irritación, miedo o desaliento, y con su sólida fuerza repele las degradantes solicitaciones de nuestra naturaleza animal. La resistencia se mantiene firme y leal al amor de Dios en medio de pruebas, disgustos y sufrimientos. La resistencia sustrae al alma de las garras de la tristeza. En una palabra, la resistencia soporta todas las cosas que hay que soportar, independientemente del dolor y la presión del momento. Y por la virtud de la paciente resistencia, don de Dios, poseemos el gobierno de nuestras almas, y conservamos nuestro pacífico recogimiento frente a todos nuestros adversarios.

Pero, como hemos repetido tantas veces, y no podemos repetirlo demasiado, porque es el principio fundamental de todo lo que enseñamos, esta paciente resistencia depende enteramente de la adhesión del alma por su centro a Dios, que debe mantenerse en medio de los deberes de la vida y en nuestros combates con nuestras pruebas. El soldado, bien ejercitado en el uso de sus armas y en los movimientos del campo, está siempre listo para la batalla. Confirmados por la gracia fortalecedora del Espíritu Santo, somos los soldados de Cristo; y por el ejercicio diario de la paciencia y la resistencia estamos preparados para la hora de la prueba, que para nosotros es la hora del combate. No estar preparados es asegurarse la derrota. Cuando la pasión ha llegado a su apogeo, no escucha ni a la regla ni a la razón. El orgullo y la locura son sus únicos consejeros. Para usar la ilustración de Plutarco, un hombre en el oleaje de la pasión es como una casa en llamas, llena de humo, ruido y confusión; es sordo a todo excepto al estruendo y estrépito de las llamas que rugen dentro de él. Pero cuando, como los restos que caen de ese incendio, su pasión se hunde en la tristeza, llena su alma de cólera, amargura y morosidad; la voluntad se desplaza y hace cosas funestas.6 Pero quien esté bien disciplinado en la paciencia interior detectará y sofocará la irritación antes de que pueda convertirse en pasión.

El gran remedio para la tristeza es la oración. Porque como la tristeza surge de un morboso aferramiento a uno mismo, la oración es el medio más eficaz para desprenderse de esa desmesurada adhesión a uno mismo, y para alejarnos de uno mismo hacia Dios; a la vez que obtiene la gracia para superar ese vil aferramiento al propio desorden. "Pero como es propio de la tristeza aborrecer el remedio de la oración, ésta sólo puede iniciarse mediante un esfuerzo, y comenzando por la oración vocal, que, a medida que el alma se hace más libre y se desprende más de sí misma, conducirá a la oración mental.

Hay una cualidad de la resistencia que, debido a su gran valor como disciplina del alma, exige una observación especial. Esa cualidad es el poder de esperar. Siempre que la mente está ansiosa, o en un estado de suspense e incertidumbre, encuentra ese estado doloroso e inquieto, y tiene la disposición de precipitarse en la acción. Pero como esta acción carece de la debida luz y es irrazonable, es seguro que nos llevará a cometer alguna locura. Un alma que es paciente espera con serena resistencia la luz antes de actuar, y en virtud de esta calma y paciente resistencia no sufre dolor o ansiedad, porque el alma se posee a sí misma y espera la luz; y cuando la mente espera pacientemente la luz, tarde o temprano es seguro que vendrá. Las pruebas de la mente nos afectan más profundamente que los dolores del cuerpo, y si damos paso a la ansiedad tales pruebas se convierten en problemas, y se incrementan inmensamente. Pero esto no puede suceder a aquellas almas pacientes, que, independientemente de los respetos humanos, sienten que están en las manos de Dios, y que están rodeadas de Su providencia paternal, y que todas las cosas están a Su disposición. Cuando no vemos nuestro camino a través de alguna prueba o dificultad, sólo tenemos que mirar a Dios, y esperar con paciencia, y a su debido tiempo Su luz vendrá y nos guiará. Esta misma actitud de espera, esta misma paciencia de esperar, dispondrá la mente para recibir, y la voluntad para usar correctamente, la luz necesaria.

Siempre que estés perplejo en cuanto al curso que debes tomar, si entras ciegamente en acción, seguro que te arrepentirás de ello. Espera la luz, espera con paciencia, y la luz no te faltará. Pero demorarse cuando se debe actuar es todo lo contrario del espíritu de espera paciente. Cuando dejas para mañana lo que debes hacer hoy, y puedes hacer hoy, no es la espera de la paciencia, sino una falta de voluntad para ejercitar la paciencia requerida para el deber.

Cuando se te someta a alguna prueba que aflija y duela el alma, la caridad paciente reconocerá la voluntad de Dios, enviada en esta forma para la disciplina de las virtudes. No busques escapar de ella, sino recuerda las palabras de nuestro Señor: "Llevad mi yugo sobre vosotros". Esperad con paciente resistencia la liberación de Dios, y esto aumentará grandemente vuestra virtud. Soportar la prueba con alegre resignación fortalecerá y endulzará tu alma. "Mi yugo es dulce, y ligera mi carga". La cruz que es pesada para la ansiedad impaciente es ligera cuando se lleva con amor paciente, porque Aquel que da la carga sensible da la fuerza secreta para llevarla dulcemente.

Hay pruebas impuestas a las almas devotas de las que parece extraerse hasta la última gota de dulzura sensible. El único sentido que queda es el de la desolación. En esta prueba purificadora, el alma que sufre comparte la desolación de su Señor en la cruz. Sin embargo, aún queda un camino para ver la voluntad de Dios, para aceptar la prueba, para comprender su justicia, para esperar con paciente paciencia la venida de Dios y, mientras tanto, ver la mano de Dios. Grande es el dolor, la privación y la presión, pero el alma puede desear y orar, y sentir su pobreza, permaneciendo en la actitud resignada de espera y resistencia; y es consciente de la sabiduría divina expresada en las palabras del Eclesiástico: "Espera en Dios con paciencia; únete a Dios y resiste, para que tu vida sea aumentada en el último fin "8.

Magnífica es la paciencia de la fe en una prueba tan bien soportada; y tanto más cuanto que el que sufre no ve la virtud de su resistencia; sólo la contemplan los ángeles auxiliadores. Lo que el alma ve es su ingenua pobreza; lo que desea es la bondad divina. Lo que siente en el fondo de su espíritu es una infusión del don de la resistencia. Entonces el corazón dirá a Dios con el salmista: "Escucha, Señor, mi voz, con la que he clamado a Ti. Ten piedad de mí y escúchame. Mi corazón te ha dicho: Mi rostro te ha buscado. Tu rostro, Señor, seguiré buscando. No apartes de mí tu rostro... Creo ver las cosas buenas del Señor en la tierra de los vivos. Espera en el Señor, actúa con valentía, y que tu corazón se anime y espere en el Señor".9 Mira cómo el alma es atraída hacia Dios por la prueba que sólo parece alejarla de Él. La voz le busca, el corazón le busca, el rostro le busca, las necesidades del alma le buscan, la desolación le busca; la paciencia suplica, la resistencia suplica, la espera expectante del alma suplica, y el amor suplica en todas ellas. Y cuando todas estas súplicas han purificado el espíritu, y han sacado todo deseo purificado del yo hacia Dios, entonces Dios muestra Su rostro a esa alma en la gran benignidad y dulzura de Su visitación.

    1 S. Mateo v. 43-45.
    2 Ver S. Francisco de Sales, Introducción a la Vida Devota, Parte 3ª, c. ro.
    3 Salmo cvi 18; S. Tomás, De Malo, q. 11, a. 1.
    4 2 Corintios vii. 9-10.
    5 San Mateo v. 5.
    6 Plutarco, De Ira.
    7 Santiago v. 13.
    8 Ecles. ii. 3.
    9 Salmo, xxvi. 7-9 y 13-14.

8
ÁNIMOS A LA PACIENCIA

"El que es paciente se gobierna con mucha sabiduría; pero el que es impaciente exalta su necedad" -Proverbios xiv. 29.

Hay dos virtudes cristianas cuyos nombres suenan desagradablemente al hombre sensual. La humildad es una de ellas, y la paciencia es la otra. Si la cruz es una ofensa para él, es porque es la expresión de estas dos virtudes santificadas y reforzadas por el ejemplo divino de Dios en el hombre. La sensualidad de la vida engendra amor propio en el corazón, y debilita a todo el hombre con la irritabilidad. Estos dos desórdenes, por la presión que ejercen sobre el alma, producen una inmensa conciencia de sí mismos y debilitan la vida del espíritu. La humildad libera al sistema espiritual de esos malos humores, y la paciencia le devuelve su fuerza. Pero el amor propio y la impaciencia son vicios cobardes, que se alejan con miedo insano de los trabajos saludables de la humildad y la paciencia. A un niño le disgusta la medicina que le da salud, y las tareas que le dan entendimiento; y el hombre sensual es poco mejor que un niño: sus sentimientos sensuales gobiernan su mente; no tiene ni la sinceridad interior que da la humildad, ni la fuerza interior que da la paciencia. Nada sino la gracia poderosa de Dios puede darle corazón para vencer sus debilidades, y valor para abrazar la paciencia que lo fortalecerá. Sin embargo, con sólo pedirlo, esto le será dado, y entonces la cruz se convertirá para él en el signo consolador de la vida.

¿Qué es esta paciencia cristiana para que alguien le tenga miedo? Es la armadura defensiva del alma cristiana. A diferencia de la rígida armadura del orgullo, es tan flexible como fuerte, flexible pero impenetrable, no pesada por su peso, sino ligera como el aire para llevarla, brillante por su origen celestial como la armadura de los ángeles, no de metal terrenal sino de poder espiritual, no cubre el cuerpo sino que se teje a través del alma. Es un hábito divinamente dado que da al alma su seguridad, y sólo es formidable para sus enemigos. Obtenido de Dios, da al hombre cristiano su carácter.

Tan completamente forma y perfecciona el hábito de la paciencia el carácter del hombre cristiano, tan completamente proporciona la prueba de su fe así como de su caridad, que San Pablo no ha dejado de señalar esto en su propio ejemplo a su discípulo favorito Timoteo. "Y el gran Apóstol apela a su paciencia como uno de los principales signos del poder de Dios que obraba en su debilidad. "Las señales de mi apostolado se han manifestado en vosotros con toda paciencia, en señales, prodigios y maravillas"2.

El maravilloso carácter que su paciencia y constancia dieron a los primeros cristianos bajo aquellas privaciones, aflicciones y sufrimientos que su fe les acarreó, fue algo tan nuevo y tan sorprendente, que golpeó la mente del mundo pagano, y llevó a muchos a preguntar por qué poder divino se había efectuado este maravilloso cambio de carácter. Era un hecho tan notorio que, en su Apología de los cristianos dirigida a las autoridades del Imperio Romano, Tertuliano lo convierte en el tema de su apelación final. "Esa constancia", dice, "que nos reprocháis como si fuera obstinación, es la del maestro cristiano. ¿Quién, cuando reflexiona sobre esta constancia, no queda impresionado por ella? ¿Quién, al reflexionar así, no se pregunta cuál puede ser la causa de ello en estos cristianos? ¿Quién, una vez descubierta la causa, no se une a ellos? ¿Quién, cuando se ha unido a ellos, no desea sufrir lo mismo? Y eso con el fin de obtener toda la gracia de Dios, y el perdón completo a cambio de su sangre. Pues todos los pecados son perdonados a la paciente obra del sufrimiento; y por esta razón, en el momento en que pronunciáis vuestros juicios sobre nosotros, damos gracias a Dios. Vuestro conflicto con nosotros es el del poder humano con el divino; cuando nos condenáis, Dios nos absuelve".3

"La suma del carácter cristiano -repetimos con San Máximo- es devolver amor por amor y paciencia por injuria.

Esta ley de perfección la introdujo nuestro Señor cuando nos enseñó a amar a nuestros enemigos y a orar por nuestros perseguidores, para que seamos semejantes a nuestro Padre celestial, que vence el mal con el bien. El Señor nos enseñó también, en una ocasión especial, que el sufrimiento paciente trae consigo la más alta de todas las recompensas. Cuando la madre de Santiago y Juan pidió que sus dos hijos se sentaran a Su derecha y a Su izquierda en Su reino, Él preguntó: "¿Podéis beber del cáliz que yo he de beber? "5, dando a entender claramente que los que más sufrieran con Él en la más paciente caridad serían los más grandes en Su reino. Y coronó Sus Bienaventuranzas con la declaración de que los que más sufrían por Su causa debían regocijarse y alegrarse, porque su recompensa sería muy grande en el Cielo.

Divinamente ayudada y divinamente motivada, esta virtud de la paciencia es una sublime imitación de Dios, tanto más grandiosa cuanto que es un combate por la vida contra las debilidades de la naturaleza que producen la muerte. Da poder a la voluntad para mantener el camino de la justicia, serenidad a la mente para ver el camino hacia Dios, regulación a los poderes y disciplina a la vida. La fortaleza es el don del Espíritu Santo, y la paciencia entrena el poder de la fortaleza, dando unidad, consistencia y armonía al alma, y conquista sobre todo lo que en nuestra naturaleza se levanta contra la voluntad de Dios. Los dones de conocimiento, entendimiento, consejo y sabiduría se ponen en acción vital por medio de la paciencia. Cualesquiera que sean las posibilidades de bien que Dios ha sembrado en nuestra naturaleza, son llevadas a la acción y al deber por esa caridad que es paciente.

La paciencia de Dios es maravillosa. Pertenece a su bondad y sabiduría. ¿Cómo pueden comprender esa paciencia soberana criaturas tan débiles e impacientes como nosotros? Pertenece al poder moral de la Omnipotencia. Es un elemento de esa Caridad Eterna que es la vida de Dios. ¡Cuán infinita es la bondad que hizo criaturas tan débiles e inconstantes, sabiendo que sólo a través de Su infinita paciencia con ellas puede sacarlas de su miseria para llevarlas a Su felicidad! Considera con qué paciencia sostiene a cada criatura, no sea que por su debilidad inherente vuelva a caer en la nada. Asómbrate cuando consideres la paciencia con que Dios soporta, sostiene y dota de beneficios a esas miríadas de criaturas inteligentes que, creadas para Él, han vuelto contra Sí sus bondades y se han entregado al vicio y a la locura.

Si, desde el punto de vista remoto y oscuro en que estamos situados, nuestro asombro ante esa paciencia soberana es tan grande, ¡cuál sería nuestro asombro si estuviéramos situados a la plena luz de Dios, y en esa luz pudiéramos ver los corazones de la multitud de sus criaturas dependientes tal como Dios los contempla, y la paciencia divina con que Él trata con ellos! Cuán profundamente significativas de esa paciencia misericordiosa son las palabras que Dios dirigió a Noé después del hundimiento del diluvio. "No maldeciré más la tierra por causa del hombre; porque la imaginación y el pensamiento del corazón del hombre son propensos al mal desde su juventud; por tanto, no destruiré más a toda alma viviente como lo he hecho "6. Dios pronunció la palabra de su eterna paciencia en vista de la redención y salvación preparadas en su Hijo, el Verbo de su seno. Habiendo hecho al hombre libre para ser autor de sus propios actos, vio que el pecado abundaría; unió Su paciencia a Su misericordia para que Su gracia y justicia abundaran más.

Su paciencia retrasa Su justicia para que Su misericordia pueda seguir su curso; y para que soportándonos mientras estamos sumidos en el mal, la magnífica gracia y la cruz de Su Hijo puedan levantarnos de nuestra malicia, y hacernos herederos de Su gloria. Nunca podríamos ser hijos de su misericordia si antes no fuéramos sujetos de su paciencia. Al abstenerse de castigar nuestras iniquidades, Dios se reserva Su justicia; y, enviando Su gracia misericordiosa, espera nuestro regreso a cosas mejores. Ni siquiera ha alejado de nosotros esas cosas buenas, sino que pacientemente las mantiene a nuestras puertas, siempre esperando nuestro arrepentimiento, siempre listo para nuestra aceptación. En nuestra mente Él deja la preciosa luz de la razón, en nuestra mente cristiana la luz mucho más preciosa de la fe, para que cuando volvamos a ellas desde nuestros vagabundeos salvajes, encontremos Su verdad, y volvamos a Su paciente misericordia. Contemplad con qué silenciosa paciencia soporta nuestro Dios el abuso de sus magníficos dones, la perversión de la razón, el descuido de la fe, la hinchazón del orgullo y la sensualidad corruptora que manchan y ensucian esas luminosas bendiciones con oscura ingratitud.

Desde sus altos Cielos, el pacientísimo Dios de misericordia envía esas gracias sanadoras y restauradoras, compra de los sufrimientos pacientes de su Hijo, para limpiarnos de errores y males, y llenarnos de las virtudes de una vida santa. El complemento de esas bendiciones espirituales son los dones de su Espíritu Santo envueltos en el fuego de la caridad; el don de la fortaleza, para que nos adhiramos a Dios, e imitando su paciencia resistamos al pecado, y podamos sufrir con gran recompensa; y el don de la sabiduría, por el que podamos conocer y sentir el valor de las cosas eternas en comparación con las cosas de este mundo sublunar. Sin embargo, a pesar de todo lo que Dios ha hecho por nosotros; a pesar de todo lo que Cristo ha sufrido por nosotros; a pesar de los dones celestiales con que nos ha dotado, todavía tenemos gran necesidad de la infinita paciencia de Dios, esperando y ayudando, todavía esperando y ayudando, esperando largamente nuestra conversión y ayudando nuestra flaqueza, para que nos apartemos de los débiles elementos del mundo, y lleguemos a las cosas divinas de nuestra paz. Porque "el Señor es compasivo y misericordioso; paciente y generoso en misericordia. Él conoce nuestra condición; se acuerda de que somos polvo "7.

Si no tenemos esas cosas divinas en abundancia es porque no tenemos valor para imitar la paciencia divina, para que la caridad se perfeccione y el mal se mantenga a distancia. ¿Qué mal hemos conocido, experimentado u oído, que no demuestre la paciencia de Dios y la pérdida de la paciencia en el hombre? Mientras que el incrédulo afecta escandalizarse de la paciencia de Dios, y ciego a la verdad de que su paciencia pertenece a su bondad, y usa profanamente de su paciencia como argumento contra su bondad, esa misericordiosísima y bendita paciencia es una profunda instrucción y un consuelo sin límites para el alma fiel. Porque Dios soporta todo este mal para ejercitar la paciencia de los justos, y dar tiempo a los injustos para que vuelvan a la justicia. Aunque calla a los sentidos, no calla en la conciencia; allí se oye su voz; allí reprende a los ingratos; allí, por su propia razón, los juzga; por sus temores los ata; por sus remordimientos los atormenta. "No digas", dice el sabio, "he pecado, ¿y qué mal me ha sobrevenido? Oh pecador, mira en tu interior y te encontrarás desolado. Escucha en tu interior, y descubrirás que el Dios paciente es tu terror. Ausente de tu corazón, Él habla a tu conciencia: "¿Desprecias las riquezas de su bondad, paciencia y longanimidad? ¿No sabes que la benignidad de Dios te lleva al arrepentimiento?"9 Sin embargo, si el pecador no se arrepiente, sino que abusa de la paciencia misericordiosa que le espera, entonces las palabras del santo Job vuelven a él: "Dios le ha dado lugar para el arrepentimiento, y él abusa de él hasta la soberbia; pero Sus ojos están sobre Sus caminos".10

Como la razón del hombre no es medida de la revelación de Dios, la paciencia del hombre no es medida de la paciencia de Dios. Su infinita paciencia es una con Su inagotable bondad y misericordia. Todas las cosas del tiempo con todos sus tiempos están igualmente presentes a Su vida indivisa y eterna, "en quien no hay cambio ni sombra de alteración". Lo que es perfecto es inmutable. La paciencia de Dios es inmutable. Pero nosotros, con nuestra poca paciencia, somos sujetos del tiempo y del cambio; y la impaciencia siempre nos cambia a peor. El cambio, como la muerte, destruye lo que había antes; si el cambio viene de Dios, es un cambio feliz; nos hace mejores que antes. Si viene de la impaciencia, nos hace peores que antes. Pero quien por la paciencia se adhiere a Dios se salva de los cambios que nos empeoran por la unión con el bien inmutable, por el que siempre cambiamos a cosas mejores. Esta verdad inspiró a San Pablo cuando escribió estas notables palabras: "A los que, según la paciencia en las buenas obras, buscan la gloria, el honor y la incorrupción, la vida eterna".11 Palabras que San Juan Crisóstomo interpreta de la constancia y perseverancia que persigue serenamente el bien, resiste la tentación, soporta la prueba y niega la voluntad a todo elemento perturbador, esperando con paciencia la venida de la vida eterna.12

El bien que la Majestad divina contempla en su paciencia con los pecadores es magnífico, pero espantoso. San Pablo se ha adentrado en las profundidades de la paciencia divina en las siguientes frases: "Dios, queriendo mostrar su ira y manifestar su poder, soporta con mucha paciencia los vasos de ira, destinados a la destrucción, para mostrar las riquezas de su gloria en los vasos de misericordia, que ha preparado para su gloria".13 No es Dios quien hace que esos vasos sean vasos de ira; ellos mismos se hacen tales cuando se llenan de la inmundicia del pecado, y Dios los soporta con mucha paciencia. Los soporta para que, si se vuelven a Él, los haga vasos de misericordia. Mientras tanto se convierten en instrumentos para probar la paciencia de los siervos de Dios, y así perfeccionarlos. Pero si durante el tiempo que la mucha paciencia de Dios les permite, no vuelven a Él, entonces dice el Apóstol: "Según tu dureza e impenitencia de corazón, atesoras para ti mismo ira, para el día de la ira y de la revelación del justo juicio de Dios".14 Muy consoladores para el penitente, muy terribles para el impenitente, son los caminos de la paciencia de Dios.

Por eso el Padre todopoderoso dio toda la paciencia a su Hijo, que la ejercitó plenamente y la llevó hasta el extremo por nuestra salvación, y luego nos la dio en gracia con su ejemplo. E iluminó el poder del don con el precepto: "En vuestra paciencia poseeréis vuestras almas". Todo hombre es hombre sólo en la medida en que tiene la libre posesión de su alma. Toda mujer es verdaderamente mujer sólo en la medida en que posee su alma en paz. El cristiano es verdaderamente cristiano en la medida en que posee su alma en Dios, de modo que el mundo no puede apoderarse de él. Y el secreto de este dominio de sí mismo está en la paciencia que le da un hermoso parecido con Cristo. Pero hay una semejanza mucho más profunda con Cristo en el paciente aguante de los males, e incluso una participación mucho mayor con Cristo en Su obra de salvar almas, de lo que aparece en la superficie. Consciente de ello en el fondo de su alma inspirada, el gran Apóstol dice audazmente: "Me alegro de mis padecimientos por vosotros, y lleno lo que falta a los padecimientos de Cristo, en mi carne por su cuerpo, que es la Iglesia". 15 El Apóstol no dice que faltara algo en los padecimientos de Cristo; al contrario, en otro lugar enseña que Dios "perfeccionó por su pasión al Autor de nuestra salvación".16 Dice que con sus padecimientos colma lo que falta a Cristo en su cuerpo que es la Iglesia. Esto abre una gran visión de toda la economía del sufrimiento, así como del profundo significado de la paciencia.

Cristo es la Cabeza, la Iglesia su cuerpo, unido a la Cabeza; en la cual la verdad, el espíritu y la vida de Cristo descienden y se difunden a través de sus miembros, dando a la Iglesia una vida orgánica con Cristo, animada por su espíritu, viviendo de su virtud. Y aunque no todos los miembros están igualmente animados por su espíritu, sino unos más y otros menos, todos los que están en la unidad de su cuerpo participan en algún grado de su espíritu, por la fe si no por la caridad. Él está presente con su Iglesia y enseña a través de ella; su gracia anima a la Iglesia y produce las virtudes divinas que imitan las suyas. Los sufrimientos que Él padeció, los padece la Iglesia en sus miembros, para que en todas las cosas la Iglesia, como Su cuerpo, exhiba Su propia vida y muerte al Padre. Por esta razón la Iglesia parece siempre morir al mundo, mientras vive siempre para Dios.

Porque Cristo nuestro Señor no sólo perfeccionó su propia paciencia por sus sufrimientos, sino que recibe todos los sufrimientos soportados por sus miembros por su causa, los incorpora a los suyos, los dota de sus méritos, y así les da una comunión con los suyos proporcional a su amorosa paciencia. Porque en virtud de su gracia y de su amor son hechos santos y sagrados. Por medio de estos sufrimientos pacientes la Iglesia se propaga y defiende, sus miembros se perfeccionan, y ella misma se hace semejante a Cristo en su vida y pasión paciente, y especialmente en su resistencia a la Cruz; y cuando como Cabeza de todos ofrezca al Padre todo lo que ha redimido y santificado, entre las ofrendas más ricas estarán los sufrimientos pacientes de sus santos unidos a los suyos.

Como la Cabeza y el cuerpo de la Iglesia son místicamente uno, una es la pasión de Cristo con los sufrimientos de la Iglesia soportados por su gracia y por su presencia en sus miembros. En sus apóstoles, mártires, santos y miembros fieles, la Iglesia sufre en Cristo, por Cristo, con Cristo y por Cristo. Él santifica esos sufrimientos y los hace fecundos. No sólo lo que se sufre externamente, a causa de sus enemigos y a la vista de los hombres, sino lo que se soporta internamente con paciencia por su causa y por causa de las virtudes, se une a los sufrimientos interiores de Cristo y es santificado por su gracia y aceptación, una ofrenda a Dios. Hasta qué punto Cristo hace suyos los sufrimientos pacientes de sus miembros, Él mismo nos lo ha enseñado en los términos más conmovedores. A los que dan de comer al hambriento, visten al desnudo, hospedan al desamparado, consuelan al enfermo o al afligido, les dice: "De cierto os digo que en cuanto lo hicisteis a uno de estos mis hermanos más pequeños, a mí lo hicisteis "[17]. Y cuando Saulo se ensañó contra la Iglesia y persiguió a sus miembros, Cristo le dijo: "¿Por qué me persigues?", haciendo suyos los sufrimientos de los miembros de la Iglesia.

En su profundo sentido de las cosas divinas en su seno, la Iglesia, por lo tanto, tiene una visión grandiosa y elevada de los beneficios que se derivan de los sufrimientos pacientes de sus hijos. Toda nuestra redención y salvación descansan en los sufrimientos. Unidos a la paciencia de la caridad, tienen un poder misteriosísimo de destruir el mal y producir el bien. El Apocalipsis es la historia profética de los sufrimientos de la Iglesia a través de los siglos, en la que los fieles sufrientes miran con adoración "al Cordero que fue inmolado y que nos redimió con su sangre"; y toda la historia de la Iglesia militante se resume finalmente en esta frase: "He aquí la paciencia de los santos, que guardan los mandamientos de Dios y la fe de Jesús"18.

Así como hay una gran comunicación del mal en el mundo, hay una gran comunión del bien en la Iglesia. Ni rezamos, ni sufrimos, ni hacemos buenas obras para nosotros solos. Del sufrimiento paciente, cuando se soporta en Cristo, se deriva un bien expiatorio más allá de lo que podemos imaginar. San Pablo sufrió mucho por la Iglesia en general, y este motivo generoso le dio alegría y consuelo. Explícita o implícitamente, todos los siervos de Dios sufren por la Iglesia y por sí mismos. Porque, como enseña el Apóstol, todos somos cuerpo de Cristo, "y si un miembro padece algo, todos los miembros padecen con él; o si un miembro se gloría, todos los miembros se gozan con él"19. Y como todos los miembros están unidos en Cristo, quien deposita sus sufrimientos con paciente humildad en la Cruz de Jesús, obtiene de su Sangre un rico mérito no sólo para sí mismo, sino también para los miembros necesitados de la Iglesia, que el Vicario de Cristo distribuye en su nombre.

En su dureza de corazón, la comunión de los impíos "atesora ira para el día de la ira". Pero la comunión de los justos atesora buenas obras y sufrimientos pacientes para el día de la recompensa. Los malvados, con sus vicios egoístas, difunden por todas partes la comunicación del mal; los justos, en cambio, difunden por todas partes la comunicación de su bien, y son generosos con sus oraciones y sufrimientos desinteresados para con todos los necesitados de misericordia. ¡Qué contraste entre estas dos comuniones! ¡Qué oposición entre estos tesoros! El tesoro malo procede de corazones malos; el tesoro bueno, de corazones buenos. El uno brota del egoísmo y de la malicia; el otro, de la caridad y de la paciencia. El uno es el oscuro tesoro subterráneo de la ira, que finalmente debe ser sepultado en el infierno; el otro es el brillante tesoro del amor paciente guardado en el cielo, donde Cristo une los sufrimientos glorificados de sus siervos con los suyos propios.

Muchas cosas faltan a los sufrimientos del cuerpo de Cristo, la Iglesia, antes de que se complete su gloria; faltan para perfeccionar su semejanza con Cristo; faltan para perfeccionar su virtud en sus miembros; faltan para atraer a los incrédulos y pecadores a su misericordia; faltan para completar la santificación de sus elegidos; faltan para que pueda presentar su Iglesia a Dios Padre glorificada con la victoria, y llevando en sus miembros las cicatrices y heridas de la lucha de la paciencia. Éstas las llenan los Apóstoles y los siervos de Dios con su predicación, sufrimiento y paciencia. Pero, según el plan divino, se necesitan también otros sufrimientos, para que los sufrimientos de Cristo se apliquen diaria y más abundantemente a las almas. Porque los sufrimientos de las almas pacientes son una gran oración, que suplica por las almas con una voz más profunda que la que pueden pronunciar las lenguas. Todo fiel cuya alma está en la caridad se aplica a sí mismo la satisfacción de Cristo por sus oraciones, por sus buenas obras y por sus sufrimientos, pero de manera más especial por sus sufrimientos; y así satisface por las penas debidas a sus pecados. Pero después de haber recibido el perdón de sus pecados, y de haber satisfecho las penas de ellos, todo lo cual descansa en la satisfacción de Cristo, y está mezclado con esa satisfacción divina, lo que queda de las buenas obras y del sufrimiento paciente es aplicable a otras almas que están en necesidad de ayuda. Esto pertenece a la comunión de los santos y a los miembros de la Iglesia. Pero sólo son aplicables a través de los sufrimientos y satisfacciones de Cristo, como de los miembros a través de la Cabeza.

Así, como un rey honra a sus siervos fieles dándoles parte en su poder y gobierno, Cristo honra a sus siervos devotos, los asocia a Sí mismo y les da parte en el servicio de la Iglesia y en la gran obra de satisfacción. No como causas primarias, sino como causas secundarias y subordinadas, que obran por su poder y por los méritos de sus sufrimientos. Es en este sentido que San Pablo dice: "Yo lleno lo que falta a los padecimientos de Cristo, en mi carne por su cuerpo, que es la Iglesia".[20]

No hay nada que suframos por el honor de Dios, por poco que sea, que no nos sea más útil que si poseyéramos el dominio del mundo. Pero el sufrimiento debe ser desinteresado, y cuando se sufre por Dios debe ser sacrificial. Por eso, en recompensa por lo poco que soportamos con amorosa paciencia, Dios nos dará nada menos que a sí mismo. Sabiendo como sabemos cuánto y con qué alegría sufrieron los santos por amor de Dios, debemos recordar igualmente que eran frágiles mortales como nosotros. El brazo de Dios no se ha acortado; Él está tan dispuesto a ayudarnos como lo estuvo a ayudarlos a ellos. Pero si nos acobardamos ante el dolor y la paciencia del sufrimiento, dejemos que esta reflexión nos confunda: no es porque no podamos, sino porque no queremos sufrir por amor de Dios. Porque Dios no es menos poderoso ni está menos dispuesto a ayudarnos a nosotros que a ellos.

Reflexiona una vez más que Dios no quiere que suframos por Él nada que no sea útil y fructífero para nosotros mismos. Reflexiona una vez más, que por grande que sea nuestra prueba o aflicción, y nuestras pruebas interiores son las más grandes, el Hijo de Dios las soportó primero, y las permite para nuestro bien. Son fáciles de soportar cuando comprendemos una vez que vienen de la mano de Dios. No hay adversidad que nos sobrevenga que no repugne en cierto modo a la naturaleza divina; y esto hace tanto más cierto que Dios nunca permitiría que la adversidad nos sobreviniera, si no fuera porque ve el gran fruto que podemos obtener de ella. Pues la aflicción no agrada a Dios por ser aflicción, sino sólo por el bien incorruptible a que nos lleva, bien que Él ha ordenado desde la eternidad. Como la providencia de Dios envía la carga que llevamos, y como Aquel que todo lo soportó por nosotros lleva la carga de las pruebas de cada uno que se resigna a Él, la cruz con su aflicción se hace dulce y divina, y el que sufre aprende de ella a ser indiferente al desprecio o al honor, a la experiencia de las cosas amargas o dulces, y por su semejanza con Cristo se hace divino por el Espíritu de Dios que se mueve en él.21

Sería largo, y rebasaría el ámbito de estas conferencias, entrar en la historia de la paciencia de los santos. Quien ame esta virtud esencial no dejará de rastrear esa historia en las Sagradas Escrituras y en las Vidas de los Santos. Pero no debemos pasar por alto lo que podemos aprender de la paciencia del más grande y perfecto de los Santos. Todos los actos y palabras de la Santísima Virgen María que han llegado hasta nosotros respiran la más exquisita mansedumbre y tranquilidad, a través de las cuales se revela la más perfecta paciencia.

En la Iglesia primitiva existía la tradición de que ella era muy silenciosa y sólo hablaba cuando la llamaba la caridad. De este hábito de recogimiento silencioso nos da noticia San Lucas. Contemplad aquella cámara silenciosa con María en modesto recogimiento; la repentina presencia del Arcángel, y la turbación de su corazón ante el saludo. El mensajero celestial disipa sus temores de doncella; y por poderoso y terrible que sea el misterio que se le invita a compartir, con serena sencillez de corazón se somete a la voluntad divina en las palabras: "He aquí la esclava del Señor, hágase en mí según tu palabra". Sin embargo, guarda silencio ante José y ante todo el mundo sobre el estupendo misterio del que fue objeto, dejando su revelación a Dios a su debido tiempo, y soportando pacientemente mientras tanto las interpretaciones erróneas y los reproches.

Su espíritu profundamente contemplativo, en el que la fortaleza es la base moral, se nos da a conocer a través de su sublime cántico, el Magnificat. En él leemos la clara profundidad de su humildad en la embelesada dulzura de su gratitud. Allí vemos la sublime altura de su intuición de los fines contemplados por la Divina Encarnación ya realizada en su seno. Ella está llena de Dios, y en pocas frases ardientes resume la luz de los Profetas de todas las épocas pasadas. Después de ese estallido de humildad y gratitud, todo fundido en alabanza, que conmovió su alma pura de manera indecible, vemos en sus palabras al Verbo Encarnado derribando a los poderosos de sus asientos, dispersando a los orgullosos y elevando a los humildes. Lo vemos colmando de bienes a los hambrientos de justicia y despidiendo vacíos a los que se glorían en sus riquezas. Vemos cumplidas las promesas de Dios a los Patriarcas, y al verdadero Israel recibido a misericordia. Toda la misión de su Hijo se despliega ante nuestros ojos.

Después del nacimiento de su Hijo, San Lucas nos dice: "Todos los que oían se maravillaban de lo que les decían los pastores. Pero María guardaba todas estas palabras, meditándolas en su corazón. Todos hablan y se maravillan a su alrededor; ella piensa en Dios. Mientras el Arcángel la proclamaba llena de gracia y la preparaba para la plena presencia del Espíritu Santo, no nos queda más que conjeturar sobre su fortaleza y paciencia. Además, lo vemos todo en la ruda cueva de Belén. ¡Qué prueba fue aquella repentina orden en la noche de volar a Egipto, con toda su solicitud por su Hijo infante; allí vivir en la pobreza en aquella extraña tierra pagana; allí esperar con toda paciencia e incertidumbre la orden divina de regresar! ¡Qué conmovedor fue el incidente de sus tres días de dolor por la pérdida de su Hijo y qué consuelo cuando lo encontró en el Templo! Ya había en su alma la sombra de los tres días de la Pasión.

Ella sigue piadosamente a su Hijo en sus viajes, trabajos, ministerio y penas; y cualesquiera que sean las contradicciones, insultos y persecuciones que Él soportó en su persona, ella las sufrió en su corazón. Pues la profecía de Simeón se cumplió de principio a fin. "Este niño está puesto para caída y resurrección de muchos en Israel, y para señal que será contradicha. . . Y tu propia alma una espada atravesará "22.

Toda la fuerza de su paciencia y fortaleza está expresada en una frase del Evangelio. San Juan nos dice: "Estaban junto a la cruz de Jesús su Madre, y la hermana de su Madre, María Cleofás, y María Magdalena "23. Allí, junto a la cruz, estaba la Madre de Jesús. En medio de la más espantosa escena de sacrilegio y violencia que el mundo haya presenciado jamás; entre los rudos verdugos y los toscos soldados paganos; rodeada de la muchedumbre enloquecida, que se burlaba, se mofaba, con fuertes clamores y gestos groseros se mofaba; junto a la cruz estaba la Madre de Jesús. Los Apóstoles habían huido aterrorizados; sólo quedaba Juan, atado por su amor a Jesús y a María. Clavado en aquella cruz, con las espinas alrededor de la cabeza, desgarrado por los azotes, desgastado por prolongados sufrimientos, estaba Jesús, su hijo y el Hijo de Dios. Él fue traspasado por cinco heridas: ella por todos sus sentidos hasta el alma. Sin embargo, se mantuvo en pie. Su fortaleza y paciencia son divinas y revelan toda la virtud de su vida inocente.

Su hermana María Cleofás y María Magdalena están a su lado, fieles compañeras de su dolor y angustia. Se aferran con gran fe y constancia a Jesús, y no lo abandonan en el tremendo día de su sacrificio. Permanecen junto a su Madre traspasada en todo su ser por aquella gran agonía, la Madre junto al Hijo, haciendo su oblación con su sacrificio, y recibiendo sus últimas palabras, hasta que expira entre dos criminales. "Y tu propia alma una espada traspasará, para que de muchos corazones sean revelados los pensamientos".

Nada golpea con tanta profundidad en el alma como la pasión de nuestro Señor y Salvador. Nada penetra tan eficazmente en nuestras locuras. Nada implanta en nosotros una sabiduría tan divina. A través de los sufrimientos de Jesús vemos directamente hacia la eternidad, y contemplamos la compasión de Dios por nosotros, miserables pecadores. Allí vemos el costo del pecado y el valor de las almas inmortales. Amar los sufrimientos de Cristo y Su paciencia es traer Su espíritu a nuestro corazón con gran energía y luz. Desde Su cruz Él revela la gran verdad a nuestra alma de que la paciencia tiene una obra perfecta. Desde la cruz nos inspira el amor a la paciencia. Desde la cruz nos concede paciencia. Cuando contemplamos al Hijo de Dios con su espíritu exaltado por encima de todos sus sufrimientos, y vemos el corazón de la Madre exaltado a Él por encima de todos sus sufrimientos, sentimos el poder curativo de la paciencia. Y a través de la paciencia del Hijo vemos la paciencia del Padre, que permite estas crueldades para nuestra salvación.

Tanto en el Hijo como en la Madre se siente el poder divino de la resignación. Estas palabras: Hágase tu voluntad, cuando brotan de la entrega de todo a Dios, traen al alma una paz y un valor que no dejan de gustar la bondad de Dios. ¿Para qué se permiten las grandes pruebas, si no es para llevar al alma a devotos actos de resignación? "Esta pura resignación", como observa el experimentado Taulerus, "lleva al alma directamente a Dios, la establece en Dios y la hace conforme a Dios; ni puede esa alma buscar el puro honor de Dios sin respeto a su propio goce, o sin un sentido de Dios en su propio espíritu, por oculto que esté." La verdadera devoción consiste, pues, en la verdadera y humildísima resignación, y ésta incluye la abnegación de sí mismo, tanto si abundamos en consuelos, como si nos quedamos en la penuria y la desolación, de modo que, suceda lo que suceda, permanezcamos siempre con Dios en paz. Así supo San Pablo abundar y padecer necesidad, seguro en Dios que le fortalecía.

Cuando vengan tentaciones no buscadas ni deseadas, no te alarmes ni te desanimes. Las virtudes se perfeccionan por sus conflictos con el mal. Es útil que Dios nos deje esas malas propensiones, para que podamos resistirlas varonilmente; no enfrentándonos a ellas, no entrometiéndonos en ellas, no dándoles pábulo de ninguna manera, sino apartándonos de ellas y adhiriéndonos pacientemente a Dios. Así nos impulsan a Dios cuando menos dispuestos estamos a buscarle; y para este esfuerzo lícito está preparada una gran recompensa. Cuando las cosechas del campo han soportado los rigores del invierno, se hacen más fuertes y fructíferas; y no todos pueden llegar a la perfección sin rudos conflictos con la tentación. Las palabras de Elifaz no eran aplicables al santo Job, pero a muchas almas débiles les llegan con demasiada verdad. "El azote ha venido sobre ti, y desmayas; te ha tocado, y estás turbado. ¿Dónde está tu temor, tu fortaleza, tu paciencia y la perfección de tus caminos?"24

Estas son las almas suaves y tiernas que han vivido en devociones sensibles, que tienen necesidad de pruebas no sólo para fortalecer sus virtudes, sino para sacarlas de sí mismas, para que por la tensión de la prueba puedan acercarse a Dios. Sin tales pruebas nunca podrán perfeccionarse.

Es muy cierto, como observa el devoto Blosius, que las personas que tienen una propensión natural al vicio y, por consiguiente, les cuesta trabajo mantener la imaginación libre de imágenes vanas e insensatas que imprimen sus colores en el alma inferior, cuando se esfuerzan seriamente por mortificarse y librarse de esas intrusiones, se vuelven mucho más vigorosas en la virtud que las que no están atribuladas por tales propensiones, o asediadas por tales imaginaciones. Una estatua que ha sido tallada con laboriosa paciencia y perseverancia en una forma perfecta a partir de un bloque de mármol es mucho más preciosa que la misma figura moldeada con facilidad a partir de un trozo de cera blanda. Cuanto más difícil sea el material con el que se perfecciona el alma, más gloriosa será la obra una vez terminada.

De ahí que los que se han esforzado más enérgicamente contra sí mismos, aunque dejen este mundo imperfecto y tengan que purificarse en el otro, obtendrán un lugar mucho más elevado en el Cielo que los que no se han esforzado con la misma energía y paciencia, aunque estos últimos lleguen al Cielo sin necesidad de purgación.

A veces, incluso las almas más perfectas sienten movimientos desordenados en su naturaleza inferior o sentidos animales, a los que se opone toda su razón y voluntad. Una tempestad puede desencadenarse en la naturaleza inferior mientras que el hombre superior está en paz. Tales cosas ocurren, y son desagradables a la voluntad; pero que no imagine esa alma que la gracia de Dios la ha abandonado. Porque Dios a menudo promueve la salvación de sus elegidos por medio de cosas que al que las sufre le parecen contrarias a la salvación. De ahí que a veces permita esas tentaciones asquerosas e infernales que son un horror para el alma. En medio de tales pruebas involuntarias, el alma devota se resignará a Dios, se adherirá a Dios y permanecerá en su naturaleza superior, y no omitirá ni sus buenas obras ni la Sagrada Comunión; pues mientras el alma niegue su consentimiento no sufre ningún daño. La imaginación puede verse acosada incluso por blasfemias y otras locuras absurdas, sugestiones del maligno, y casi puede parecer que hablan con voz humana; aun así, que el alma no se inquiete más que si fueran otras tantas moscas zumbando alrededor de la cara, y que se vuelva a Dios. Si se vuelven urgentes y vehementes, póngase la señal de la cruz, mire a la Pasión de Nuestro Señor, y dígale: "Mantén inmaculado mi corazón, para que no me confunda".

Puede haber una prueba aún más terrible. En tu hora de desolación puede parecer a tu imaginación que Dios te ha abandonado, y que a tus sentimientos parecería decir: "Ya no me agradas y te dejo". Sin embargo, ni siquiera entonces debes abandonar tu paciente confianza en tu Padre Celestial, sino que debes decir con el santo Job con plena fe: "Aunque me mate, confiaré en Él; pero aun así reprobaré mis caminos ante Sus ojos".25

¿Por qué ha venido esta prueba sino a fortalecer tu fe y tu esperanza, y a despertar en ti un sentido más profundo de tu nada aparte de Dios? ¿Por qué te ha desolado sino para llevarte a ejercitar esa paciencia fundamental, y sacar de ti esa profunda resignación, que, escudriñando profundamente tu naturaleza, permitirá a la gracia de Dios penetrar, secretamente en verdad, pero en la esencia misma de tu alma?26

Podemos ahora resumir el valor del sufrimiento paciente y resignado en el lenguaje del devoto y erudito Blosius.

1. 1. Nada más valioso puede acontecer a un hombre que la tribulación, cuando se soporta con paciencia por amor a Dios; porque no hay señal más cierta de

la elección divina. Pero esto debe entenderse tanto de las pruebas internas como de las externas, que las personas de cierto tipo de piedad tienden a olvidar.

2. Es la cadena de sufrimientos pacientes la que forma el anillo con que Cristo desposa a un alma consigo.

3. 3. Hay tal dignidad en sufrir por amor de Dios, que debemos considerarnos indignos de un honor tan grande.

4. Las buenas obras son de gran valor; pero incluso aquellos dolores y pruebas menores que se soportan con paz y paciencia son más valiosos que muchas buenas obras.

5. Toda prueba dolorosa tiene alguna semejanza con la excelentísima Pasión de nuestro Señor Jesucristo; y cuando se soporta con paciencia, hace a quien la soporta más perfecto partícipe de la Pasión de su Señor y Salvador.

6. La tribulación abre el alma a los dones de Dios; y cuando se reciben, la tribulación los conserva.

7. Lo que ahora sufrimos, Dios lo ha previsto desde la eternidad y ha ordenado que lo padezcamos así y no de otro modo. ¿Permitiría Él que cayera sobre sus hijos la menor adversidad, o que entrara dentro de ellos, o que soplara sobre ellos el menor soplo de viento, que Él viera que no era conveniente para su salvación? El calor y el frío, el hambre y la sed, las enfermedades y las aflicciones, todas éstas y cada una de ellas, siempre que sobrevienen a los siervos de Dios, vienen no sólo a purificar, sino a adornar sus almas.

8. El artista pone sus líneas y colores en luces y sombras sobre el lienzo, para exponer alguna bella producción de su genio. La noble doncella se adorna con ricas vestiduras engastadas con oro y joyas para sus nupcias. Así adorna Dios a sus elegidos, a quienes separa para sí, revistiéndolos de las magníficas virtudes producidas por los sufrimientos, como aquellas con las que adornó a su amado Hijo. Por tanto, toda aflicción y amargura deben soportarse con alegre paciencia, pues son mucho mejores que las penas del purgatorio o las llamas eternas.

9. Uno de los amigos de Dios ha dicho: Cuando alguno siente aflicción o pena, y se resigna humildemente a Dios, esta resignación es como un arpa que da notas de dulce sonido, y el Espíritu Santo saca un cántico que resuena melodiosamente, aunque en secreto, al oído de nuestro Padre celestial. Las cuerdas inferiores, encordadas en la naturaleza inferior del hombre, emiten notas graves y lúgubres de dolor; pero las cuerdas superiores, encordadas en las potencias superiores del alma, están llenas de devoción, y

resuenan con las notas libres y elevadas de la paciente resignación a la gloriosa voluntad de Dios. La naturaleza sensible está crucificada, y suspira por sus sufrimientos; pero el espíritu racional alaba a Dios en paz. Porque esas ardientes aflicciones que consumen la médula y los huesos preparan al alma para una estrecha unión con Dios; y como el fuego prepara la cera para recibir nuevas formas, estas pruebas preparan al alma para recibir una mejor semejanza de Dios. Nada puede recibir la forma de otro hasta que su propia forma es desechada; y antes de que el Artista Divino pueda imprimir la más noble imagen de Su gloria en el alma, esa alma debe renunciar a la imagen del viejo Adán con dolor y sufrimiento, para que pueda ser sobrenaturalmente cambiada y transformada. El Todopoderoso la prepara, pues, para esta feliz transformación mediante severas adversidades. Habiendo decretado adornarla, después de esta divina transformación, con los dones más divinos, un cambio tan grande no puede efectuarse con baños suaves y calmantes, sino sumergiéndola en un mar de amargura.

Sin embargo, no todos son llevados a las mismas profundidades de la prueba interior, ni todos están sujetos a la misma acumulación de aflicciones externas. Estos son los favores especiales de Dios a las almas marcadas para una gran perfección, y por consiguiente para una gran parte de la cruz y la gloria de Cristo. De estas purificaciones divinas puede decirse con verdad que "muchos son los llamados, pero pocos los escogidos". Las almas más débiles son tratadas de manera más suave. A algunas Dios las conduce más por el camino del consuelo que por el de la cruz. Otras, por su naturaleza más fuerte, requieren mayor purificación. Otras, por ser fieles al don de la fortaleza, pueden soportar más por amor de Dios. Pero en este mundo o en el otro, cada alma debe ser perfectamente purificada antes de ser admitida a la gloria abierta de Dios.

De ningún modo se deduce que las naturalezas más fuertes, ya sean fuertes de cuerpo o de mente, tengan asignada la mayor parte de la cruz y de los sufrimientos de Cristo. Estos favores se conceden a los que son fieles a las gracias más fuertes. De ahí que a menudo los veamos concedidos a personas de contextura débil o de mente sencilla, en quienes, como verdaderos amantes de la cruz, la gracia triunfa sobre la naturaleza de maneras admirables. Santa Gertrudis fue divinamente instruida, que algunas veces cuando Dios quiere favorecer a un alma permaneciendo con ella, cuando ella no es constante en permanecer con El, El le envía problemas o dolores de cuerpo o alma para cambiar su espíritu, para que pueda permanecer con El. Estos son los misteriosos caminos de la gracia y de la bondad de Dios. Porque "el Señor está cerca de los contritos de corazón "27 . Y de los tales dice: "Clamará a mí, y yo le oiré: Yo estoy con él en su angustia "28. Hay una instrucción más, y de gran importancia, que se puede dar en las palabras de Santa Catalina de Siena. Las penas que las personas sufren en este mundo se deben principalmente a la desmesura de la voluntad. Si la voluntad estuviese en su justo lugar, en su justo orden y de acuerdo con la voluntad de Dios, el alma con tal voluntad estaría en cierto modo libre de dolor. Porque aunque uno dotado de una voluntad tan santa y bien regulada todavía siente trabajo y dolor, sin embargo, soporta todo esto como si no tuviera dolor, porque lo soporta de muy buena gana, y con el claro conocimiento de que está sufriendo por la santa voluntad y el permiso de Dios. Su mente es libre, no tiene ansiedad por lo que tan bien comprende, y su voluntad está unida a la voluntad de Dios. La aflicción y el dolor dependen de cómo los tomemos; un hombre sólo está afligido por tener lo que no quiere tener, o por no tener lo que desea tener. Quitadle la voluntad propia, y su espíritu se tranquiliza y goza de paz.29

No podemos concluir mejor esta conferencia que con los elogios dados a la virtud de la paciencia por San Cipriano, el santo Obispo y Mártir de Cartago. "Después de sopesar cuidadosamente los bienes de la paciencia y los males de la impaciencia, aferrémonos a la disciplina plena de la paciencia, para que permanezcamos en Cristo y lleguemos por Cristo a Dios. Esta virtud es tan abundante y tan múltiple que no puede mantenerse dentro de límites estrechos ni ser forzada a condiciones encogidas. Es una virtud de largo alcance, cuya gran abundancia procede de una fuente divina, pero cuyos arroyos se extienden por muchos caminos de gloria. En nuestras acciones y alabanzas nada puede ser completo a menos que la firmeza de la paciencia esté allí para darle perfección.

"La paciencia es aquella virtud que nos encomienda a Dios, y nos mantiene con Dios. Suaviza la ira, mantiene la lengua obediente, gobierna la mente, mantiene la paz y nos sostiene en la buena disciplina. Aplasta los asaltos de la concupiscencia, refrena el alma de la hinchazón del orgullo y apaga las llamas ocultas del odio. En los ricos y poderosos refrena el abuso de poder; en los pobres fomenta el contentamiento con su suerte; protege la bendita integridad de las vírgenes, la laboriosa castidad de la viudez y la unida caridad de la vida matrimonial. Nos hace humildes en la prosperidad, fuertes en la adversidad y suaves ante los insultos y las injurias. El paciente es pronto para perdonar y está dispuesto a pedir perdón cuando se le ha ofendido. Por la paciencia nos hacemos fuertes para resistir la tentación, para soportar la persecución, para consumar el sufrimiento, para perfeccionar el martirio por causa de la justicia. Esta virtud da a la fe su base firme y sus cimientos sólidos, eleva sublimemente el crecimiento de la esperanza

PACIENCIA CRISTIANA

y dirige nuestras energías a seguir el camino de Cristo imitando su larga resistencia. Da a los hijos de Dios el espíritu de perseverancia, por el que imitamos la paciencia de nuestro Padre celestial".30

1 1 Timoteo i. 16.
2 2 Corintios xii. 12.
3 Tertuliano, Apología, c. 50.
4 S. Máximo, Hom. De S. Michaele.
5 S. Mateo xx. 22.
6 Génesis viii. 21.
7 Salmo cii. 8-14.
8 Eclesiástico iv. 4.
9 Romanos ii. 4.
10 Job xxiv. 23.
11 Romanos ii. 7.
12 S. J. Crisóstomo in locum.
13 Romanos ix. 22-23.
14 Romanos ii. 5.
15 Colosenses i. 24.
16 Hebreos ii. 10.
17 S. Mateo xxv. 40.
18 Apocalipsis xiv. 12.
19 1 Corintios xii. 26.
20 Véase la copiosa exposición del texto en Cornelius a Lapide.
21 Rusbrokius, De Præcipuis Virtutibus, L. v. c. 9.
22 S. Lucas ii. 18-19. Ib. 34-35.
23 S. Juan xix. 25.
24 Job iv. 5-6.
25 Job xiii. 15.
26 Véase Blosius, Institutio Spiritualis, c. 8, secc.
27 Salmo xxxiii. 19.
28 Salmo xc. 15. Véase Blosius, Institutio Spiritualis, c. 8. secc. 3.
29 S. Caterina da Siena, Trat. l. c. 45; Trat. 2. c. 13.
30 S. Cipriano, De Bono Patientiæ, c 20.

9
SOBRE LOS DONES DEL ESPÍRITU SANTO

"E l Espíritu nos ayuda en nuestra flaqueza" -ROMANOS viii. 26.

La fortaleza es uno de los siete dones del Espíritu Santo: es el don fortalecedor, y la paciencia está incluida en la fortaleza. Por tanto, estas instrucciones estarían incompletas sin una exposición del don divino de la fortaleza. Pero como los siete dones del Espíritu Santo están unidos entre sí, esto exige de nuevo que expliquemos el conjunto de los dones divinos, primero en su unión y luego en sus distinciones.

Dios Padre se manifestó especialmente en la obra de la creación, Dios Hijo en la obra de la redención y Dios Espíritu Santo en la obra de la santificación. Pero incluso en la obra de la creación hubo cierta manifestación del Hijo y del Espíritu Santo. El Padre expresó su voluntad creadora por medio de su Verbo eterno, y el Espíritu, como un pájaro divino, se cernió sobre los elementos caóticos para fecundar la creación y llevarla al orden y la plenitud. También insufló el aliento de gracia viva en el recién creado Adán. En el Antiguo Testamento fue igualmente prometido con el Hijo, se manifestó en las bendiciones de los Patriarcas, habló a través de los Profetas, dio fortaleza a los héroes de Dios y santidad a los justos.

En el profeta Ezequiel se promete especialmente el Espíritu Santo de Dios como santificador de las almas purificadas en la sangre de Cristo. "Derramaré sobre vosotros agua limpia, y quedaréis limpios de vuestra inmundicia, y os limpiaré de todos vuestros ídolos, y os daré un corazón nuevo, y un espíritu nuevo dentro de vosotros; y os quitaré vuestro corazón de piedra, y os daré un corazón de carne. Y pondré Mi Espíritu en medio de vosotros, y haré que andéis en Mis mandamientos, y que guardéis Mis juicios, y los pongáis por obra. . . . Y seréis mi pueblo, y yo seré vuestro Dios".1

En el Credo, el Espíritu Santo se distingue especialmente por lo que hace por nosotros como "Señor y Dador de Vida". Este oficio de Dador de vida lo ha revelado en una de las figuras más sorprendentes de la Sagrada Escritura, en la profecía de Ezequiel, donde devuelve la vida y el vigor a la inmensa multitud que yacía muerta y reducida a huesos secos en el campo de batalla.

"La mano del Señor está sobre mí", dice el profeta, "y me sacó en el Espíritu del Señor; y me puso en medio de la llanura que estaba llena de huesos, y me condujo a través de ellos por todas partes: ahora había muchos sobre la faz de la llanura, y estaban muy secos. Y me dijo Hijo de hombre, ¿crees que estos huesos vivirán? Y yo respondí: Oh Señor Dios, Tú lo sabes. Y él me dijo Profetiza acerca de estos huesos; y diles: Huesos secos, oíd la palabra del Señor. Así dice el Señor Dios a estos huesos: He aquí que yo enviaré espíritu a vosotros, y viviréis. . . . Y profeticé como me había mandado; y mientras profetizaba, se oyó un ruido, y he aquí una conmoción; y los huesos se juntaron, cada uno a su coyuntura. Y miré, y he aquí los tendones y la carne subían sobre ellos: y la piel se extendía sobre ellos, pero no había espíritu en ellos.

"Y me dijo Profetiza al Espíritu, profetiza, hijo de hombre, y di al Espíritu: Así ha dicho el Señor Dios: Ven, Espíritu, de los cuatro vientos, y sopla sobre estos muertos, y hazlos revivir. Y profeticé como me había mandado; y el Espíritu entró en ellos, y vivieron; y se levantaron sobre sus pies, un ejército numerosísimo. Y el Señor Dios dijo: Sabréis que yo soy el Señor, cuando abra vuestros sepulcros y os saque de vuestros sepulcros, pueblo mío, y ponga en vosotros mi Espíritu, y viviréis "2.

Pero, aunque prometido como Dador de vida en el Antiguo Testamento, el Espíritu Santo no se manifestó completamente como Tercera Persona de la Santísima Trinidad hasta la realización del misterio divino de la Encarnación, cuando el Padre lo reveló por medio del Hijo. Como "poder del Altísimo", se manifestó a María en la Encarnación. A Juan Bautista y a sus discípulos se manifestó en el bautismo de Jesús, cuando apareció en forma de paloma posada sobre el Hijo de Dios, a quien una voz proclamó maestro de la humanidad. Se manifestó cuando el Hijo de Dios proclamó su misión en la Sinagoga de Nazaret. "El Espíritu del Señor está sobre mí, por eso me ha ungido, para predicar el Evangelio a los pobres me ha enviado".3

Se manifestó en la predicación de Cristo, que lo prometió como iluminador y fortalecedor de las almas. Se manifestó en la gloriosa Transfiguración de Cristo, cuando su gloria interior se derramó ante testigos escogidos, y el Espíritu Santo estaba en la nube luminosa de lo alto, y su voz procedía de la nube. Se manifestó después de la Resurrección, cuando el Hijo de Dios sopló sobre sus Apóstoles y dijo: "Recibid el Espíritu Santo; a quienes perdonéis los pecados, les son perdonados "4.

Se manifestó con esplendor y gloria el día de Pentecostés, cuando, como en un viento impetuoso, descendió del Cielo y se posó en lenguas de fuego sobre las cabezas de los Apóstoles, "y todos quedaron llenos del Espíritu Santo".5

A través de los Apóstoles, el Espíritu Santo se manifestó al mundo en la inspiración de su predicación, la fortaleza de sus sufrimientos y la sabiduría y santidad de sus vidas. Él se manifiesta incesantemente en la Iglesia a través de su maravillosa unidad, la inmutabilidad de su enseñanza, los dones divinos de su ministerio y el número de sus santos.

Qué poderoso Creador es el Espíritu Santo! exclama San Gregorio. Basta que toque el alma para que todo se enseñe. Llena de su espíritu al joven David, que se convierte en salmista. Llena al rústico Amós con Su espíritu, y se convierte en profeta. Él llena al niño Daniel con Su espíritu, y él juzga a los ancianos, y proclama la destrucción venidera de príncipes y poderes. Llena al pescador con Su espíritu, y se convierte en Apóstol. Llena al fariseo perseguidor con Su espíritu, y se convierte en el Doctor de los Gentiles. Se hace rápidamente, porque la gracia del Espíritu Santo no conoce demoras.

¿Qué debemos entender por los dones del Espíritu Santo?

¿En qué coinciden con las gracias de las virtudes? ¿En qué difieren de ellas? ¿Cuáles son los efectos que producen en las almas que les son fieles?

El atributo del Espíritu Santo como "Señor y Dador de vida" merece una meditación prolongada, y lo que sigue no será sino la exposición de ese atributo. La vida espiritual implica luz, amor, libertad, poder y unión con Dios por medio de Su Espíritu que mora en nosotros. El Espíritu Santo es el principio del amor y de la unión en la Santísima Trinidad. También es el principio de gracia de nuestra unión con Dios. Su gracia santificante da el primer principio de vida sobrenatural a nuestra alma en el bautismo; y en esta gracia santificante o justificante recibimos el hábito de las virtudes teologales y morales. Estos hábitos son las operaciones del Espíritu Santo dentro de nuestras almas, dándonos disposiciones e inclinaciones para creer en Dios, esperar en Él, amarle y cumplir la ley de Dios en el ejercicio de las demás virtudes.

La gracia santificante viene con la caridad, y es caridad; esta caridad da vida, y por ella recibimos el principio de los dones del Espíritu Santo. Pero esta gracia santificante o justificante es un principio sobrenatural y divino implantado por el Espíritu Santo en el alma. Cómo se recibe en el alma para alcanzar todas sus potencias lo explicará Santo Tomás. "Así como las potencias del alma brotan de su esencia, y estas potencias son los principios de sus acciones; así de la gracia santificante brotan los hábitos de las virtudes a través de la esencia del alma hacia sus potencias, y por medio de estos hábitos de virtud las potencias son movidas a la acción".6

Pero esta gracia santificante es algo más que un principio divino; es una participación real del Espíritu Santo de Dios, del que San Pedro dice: "Gracia a vosotros y paz en el conocimiento de Dios y de Cristo Jesús, Señor nuestro, como todas las cosas de poder divino que pertenecen a la vida y a la piedad nos son dadas por el conocimiento de Aquel que nos llamó por su propia gloria y virtud. Por quien nos ha dado grandísimas y preciosas promesas, para que por ellas seáis hechos partícipes de la naturaleza divina".7

Y San Pablo enseña que "la caridad de Dios se derrama en nuestros corazones por el Espíritu Santo que nos es dado".8 Estas palabras, "el Espíritu Santo que nos es dado" y "somos hechos partícipes de la naturaleza divina", requieren una cuidadosa explicación. Santo Tomás observa que, aunque la luz y el poder de la gracia son participaciones de la naturaleza divina, y la gracia santificante del Espíritu Santo establece en nosotros una santa unión con Dios, sin embargo, esto es por una participación creada, y no una participación de la sustancia de Dios. Proviene de Su divina presencia en el alma, y de Su operación, y es el resultado de Su acción divina. Tampoco es la sustancia del alma, sino que es dada a esa sustancia, y puede ser quitada a los indignos. Por lo cual dice San Pablo: "¿No sabéis que sois templo de Dios, y que el Espíritu de Dios mora en vosotros? Pero si alguien viola el templo de Dios, Dios lo destruirá "9.

Debemos a la suprema condescendencia de Dios que su Espíritu Santo se una a sus dones de gracia santificante y de caridad. De este modo habita en nosotros, nos da vida, nos adopta, nos dignifica, nos hace semejantes a Dios y nos mueve hacia Dios. Pero el Espíritu Santo nunca está sin el Padre y el Hijo, con quienes es para nosotros vínculo de unión. Esta verdad la expresó el Señor a sus discípulos con estas palabras: "Si alguno me ama, guardará mi palabra, y mi Padre le amará, y vendremos a él, y haremos morada en él "10 .

La gracia santificante del Espíritu Santo nos establece, pues, en un estado sobrenatural de vida, eleva la imagen de Dios en nosotros a Su semejanza, nos hace hijos de Dios, herederos de Su reino y templos en los que Él se digna habitar. Tan grande, noble y preciosa es esta gracia, que exalta el alma por encima del orden de la naturaleza y la lleva a tal unión con Dios, que el bien de esta gracia en una sola alma es mayor que todo el bien natural de todo el universo11.

¡Qué tema inagotable de meditación y gratitud! La presencia de Dios en el alma dotada de caridad es un hecho divino, que la mente debe realizar al máximo. Sitúa al poseedor de la gracia en un orden divino de cosas, que conduce a Dios y apunta a su gloria. Tomemos todo el círculo de la naturaleza creada, donde no está la gracia; esa naturaleza es impotente para ascender a Dios. De esto se sigue necesariamente que no puede haber proporción de valor entre la gracia y la naturaleza.

Pero los dones del Espíritu Santo tienen una excelencia más alta, una fuerza superior y una eficacia más poderosa que los hábitos de las virtudes; tienen una referencia inmediata al Espíritu Santo como morador dentro de nosotros, de quien proceden como de su causa directa y su generosísimo Dador. Porque una cosa es tener movimientos divinos en el alma y otra tener al Movedor Divino presente, y actuando inmediatamente dentro de las potencias, y perfeccionando su acción.

Santo Tomás define los dones del Espíritu Santo como ciertos hábitos que perfeccionan el alma para obedecer al Espíritu Santo con prontitud12. Estos hábitos atraen al alma a seguir las inspiraciones o inhalaciones divinas con facilidad y libertad. El mismo Espíritu Santo es llamado Altissimi donum Dei, el don por excelencia del Dios Altísimo. Los siete dones se llaman también los siete espíritus, es decir, las siete irradiaciones de luz divina, flujos de unción espiritual, soplos de poder, que atraen y atraen la voluntad para cumplir las inspiraciones del Espíritu Santo. San Pablo dice: "Hay diversidad de gracias, pero un solo Espíritu". Y Santo Tomás observa justamente que debemos seguir el lenguaje de la Sagrada Escritura que llama a estos dones espíritus: "El espíritu de sabiduría, el espíritu de ciencia", y los demás. Los siete espíritus son siete cualidades divinas insufladas. Cabe preguntarse si los Siete Espíritus que están ante el trono de Dios no representan cada uno de estos siete dones del Espíritu Santo en grado eminente. El soplo del Espíritu en Adán le dio el aliento de vida espiritual sobre su creación. El soplo de Cristo sobre los Apóstoles les transmitió el poder del Espíritu Santo para sanar al Adán caído en su descendencia: "Recibid el Espíritu Santo, a quienes perdonéis los pecados, les son perdonados". Pero el Espíritu Santo que mora en el alma es la fuente de los siete dones; verdad que expresamos en el himno de la Iglesia, en el que le invitamos a venir y colmar nuestras almas; en el que también le invocamos como "manantial vivo, fuego vivo, dulce unción y amor verdadero"; y le pedimos que nos confirme y fortalezca con un poder constante.

Hay, pues, dos principios de movimiento en el alma cristiana; uno es el movimiento del hombre, el otro es el movimiento de Dios. Las meras virtudes humanas se mueven desde la razón natural; las virtudes cristianas se mueven desde la gracia, el libre albedrío obra con ellas, y perfeccionan al hombre hacia su salvación. Pero los dones del Espíritu Santo dan a las facultades una perfección superior a la gracia de las virtudes, elevando nuestro espíritu a cosas superiores y haciéndolo pronto, vigoroso y fácilmente sensible a las influencias divinas.

Cuatro de estos dones -conocimiento, entendimiento, consejo y sabiduría- se refieren a la iluminación y elevación de la mente; los otros tres -fortaleza, piedad y temor del Señor- se refieren directamente al fortalecimiento, dulcificación y exaltación de la voluntad, porque afectan al corazón o voluntad con el sentido de las cosas divinas. Pero los cuatro dones para la mente son también dones para la voluntad, porque no sólo son los mayores iluminadores y guías de la voluntad, sino que dan libertad y fuerza de acción a la voluntad, tanto en la contemplación como en la conducta de la vida. Porque el don de sabiduría, que incluye los otros tres, es tanto del corazón como de la mente, dando un gusto sensible de aquellas cosas celestiales que la verdad presenta a la mente, y que sentimos por la unción del Espíritu Santo.

De esta iluminación divina del Espíritu Santo dice nuestro Señor: "Él os enseñará toda la verdad", y otra vez: "Os recordará todo lo que yo os haya dicho".13 Y san Pablo nos dice: "Y alabando a los Colosenses por su "amor en el Espíritu", el Apóstol pide para ellos toda la operación perfeccionadora del Espíritu Santo. "Para que seáis llenos del conocimiento de su voluntad, en toda sabiduría e inteligencia espiritual. Para que andéis como es digno de Dios, agradándole en todo; fructificando en toda buena obra, y creciendo en el conocimiento de Dios; fortalecidos con todo poder, según la potencia de su gloria; en toda paciencia y longanimidad con gozo, dando gracias a Dios Padre, que nos hizo partícipes de la suerte de los santos en luz". 15

En este inspirado pasaje se nos presenta todo el poder iluminador y fortalecedor del Espíritu Santo, perfeccionando las virtudes con sus dones. Con respecto, de nuevo, a los dones de fortaleza y piedad, dice el Apóstol: "Si esperamos lo que no vemos, lo aguardamos con paciencia. Así también el Espíritu ayuda nuestra debilidad. Porque no sabemos lo que hemos de pedir como conviene; pero el Espíritu mismo pide por nosotros con gemidos indecibles. Y el que escudriña los corazones sabe lo que el Espíritu desea, porque pide por los santos según Dios".16

Cuando los dones divinos coinciden con las virtudes, sólo se distinguen por su mayor esplendor y fecundidad. Las virtudes se dan en la gracia del Bautismo; los dones se dan con mayor fuerza y abundancia en la Confirmación; y después se aumentan en proporción a la humildad y caridad del que los recibe. De esto tenemos la seguridad divina: "Si me amáis, guardad mis mandamientos; y yo rogaré al Padre, y os dará otro paráclito, para que esté con vosotros para siempre. El Espíritu de verdad, a quien el mundo no puede recibir, porque no le ve, ni le conoce, pero vosotros le conoceréis, porque estará con vosotros y permanecerá con vosotros".17

Debemos, pues, comprender que los movimientos espirituales del alma son imperfectos e inadecuados para alcanzar su fin de un modo perfecto, sin la presencia inmediata, la inspiración y la operación del Espíritu Santo, que nos mueve según la luz y el sentido de su sabiduría eterna. Sin embargo, Él sólo nos mueve en la medida en que estamos dispuestos a ser movidos, y cuando no nos oponemos a Él con la resistencia sorda y la tenacidad inflexible de nuestra voluntad propia, aferrándonos a cosas indignas o contaminantes. Pero cuando la voluntad es abierta, pura y libre, podemos decir confiadamente con el Salmista: "Tu buen Espíritu me guiará a la tierra recta "18. Y podemos sentir la seguridad que nos da San Pablo de que "todos los que son guiados por el Espíritu de Dios, ésos son hijos de Dios "19.

Comprenda, pues, el alma a fondo, y reflexione seriamente sobre ello, que es la presencia, la caridad y la acción del Espíritu Santo en nosotros lo que nos hace aceptables a Dios, cuando somos fielmente obedientes a su luz y a sus inspiraciones. Porque lo que agrada a nuestro Padre Celestial en nosotros es su propio Espíritu Divino, que nos ha sido dado por los méritos de su Hijo, obrando en nuestra naturaleza y atrayendo nuestra voluntad y nuestra mente para que trabajen con Él. Cuando nuestro Padre Celestial contempla la Sangre de Su Hijo sobre nuestra alma, Su Evangelio en nuestro corazón, y Su Espíritu dentro de nuestro espíritu, moviéndonos hacia Él; cuando ve a Su propio Espíritu extendiendo Sus dones en nuestros poderes, y oye a ese Espíritu suplicando por nosotros a través de la oración que Él inspira con Sus propias indecibles expresiones, nuestro Padre Celestial es propiciado por la gran presencia dentro de nosotros, y se complace en aceptarnos por el bien divino que ha entrado en nosotros, y que es el vínculo de unión entre la débil criatura y su Omnipotente y todopuro Creador. El Espíritu Santo es también nuestro protector contra nuestros enemigos. Porque, citando una vez más a Santo Tomás, cuando los dones del Espíritu Santo se combinan con las virtudes, son suficientes para excluir los pecados y los vicios, y para protegernos tanto en el presente como en el futuro del pecado. Pero con respecto a los pecados pasados cuya culpa aún no ha sido removida, tenemos un remedio especial en los sacramentos.20

Sin embargo, los movimientos del Espíritu Santo están tan lejos de impedir la libertad de la voluntad, que promueven esa libertad como ninguna otra cosa puede hacerlo. Porque levantan la voluntad de sus grilletes materiales, repelen los obstáculos a esa libertad interpuestos por el amor propio y por los otros vicios que la obstruyen, y dan mayor libertad dando mayor poder a la voluntad. De ahí que San Pablo diga: "Donde está el Espíritu del Señor, allí está la libertad "21. San Basilio compara al hombre con una nave a vela. La nave puede estar bien construida y provista, pero sin el impulso del viento no puede moverse hacia su destino. Así el hombre puede tener la gracia santificante y los hábitos de las virtudes, pero sin la fuerza motriz del Espíritu Santo no puede avanzar hacia Dios. Sin el viento el barco no está en libertad: sin la respiración del Espíritu Santo el alma no tiene su libertad espiritual.

El profeta Isaías da los siete dones en el orden de su dignidad y excelencia, colocando en primer lugar la sabiduría y en último lugar el temor de Dios. Este es un método habitual en las Escrituras, y lo tenemos en los diez mandamientos. Es la precedencia debida a lo que está más cerca de Dios, y a lo que nos acerca más a Dios. Pero cuando consideramos los dones tal como nos vienen, debemos invertir el orden y colocar el temor de Dios en primer lugar y la sabiduría en último lugar. Esto ha sido señalado por San Agustín, y explicado por San Gregorio. En su estilo alegórico, el gran Doctor de Moral adjunta su instrucción a la visión del nuevo Templo como lo vio el Profeta Ezequiel. Describiendo la puerta del Patio que miraba al Norte, el Profeta dice: "Y subían a ella por siete gradas; y un pórtico estaba delante de ella "22.

Por siete escalones, dice San Gregorio, ascendemos a la puerta, como por los siete dones del Espíritu Santo llegamos al reino de los cielos. Estos dones, tal como los enumera Isaías, descansaban sobre la cabeza de Cristo, y descansan sobre su cuerpo, que somos nosotros. El Profeta habla de estos grados en su orden descendente y no ascendente. Porque indudablemente ascendemos del temor a la sabiduría. En nuestra mente, el primer escalón del ascenso es el temor; el segundo, la piedad; el tercero, el conocimiento; el cuarto, la fortaleza; el quinto, el consejo; el sexto, el entendimiento;

y el séptimo, la sabiduría. Pero, ¿qué es el temor sin la piedad? ¿Qué es la piedad sin el conocimiento? ¿Qué es el conocimiento sin el poder de la voluntad? Por lo tanto, nuestro conocimiento debe pasar a la fortaleza, para que lo que sepamos lo hagamos sin temor ni alarma, y podamos defender el bien que tenemos. Pero la fortaleza es insegura sin previsión y circunspección, que nos salva de precipitarnos en la presunción, y llegar a una caída. Por lo tanto, la fortaleza debe ascender al consejo, para que podamos ver lo que es mejor hacer, y podamos hacerlo con magnanimidad. Pero no puede haber consejo sin entendimiento, que nos enseñe el mal que debemos evitar, así como el bien que debemos buscar y consolidar. Por tanto, para el consejo debemos ascender al entendimiento. Sin embargo, aunque el entendimiento sea vigilante y esté bien informado, todavía necesitará ser madurado y aplicado por la sabiduría. Debemos, pues, ascender a la sabiduría, para que lo que el entendimiento descubra la sabiduría lo madure y lo lleve a sus debidos fines.

Así, pues, al elevarnos del temor a la piedad, y ser conducidos por la piedad a la ciencia, y pasar de la ciencia a la fortaleza, y tender de la fortaleza al consejo, y por el consejo avanzar al entendimiento, y por el entendimiento ascender a la madurez de la sabiduría, subimos por estos siete peldaños a la puerta que se abre a la vida eterna.

Pero está escrito que hay un pórtico antes del ascenso; porque a menos que un hombre tenga humildad antes de ascender, no puede subir esos escalones espirituales, ni alcanzar esos dones espirituales. Como está escrito: "¿A quién tendré respeto, sino al que es pobre y pequeño, de espíritu contrito y que tiembla ante mis palabras?"23 Y se dice en el Salmo: "Este valle es un lugar hermoso, donde el pecador aflige su corazón con lágrimas mientras avanza hacia las virtudes. De nuevo está escrito: "Haces brotar manantiales en los valles; las aguas pasarán entre medio de las colinas".25 Estas son las corrientes de agua viva de las que habla nuestro Señor, que brotan del Espíritu Santo para vida eterna. Brotan en los valles, y por los valles fluyen, porque los dones del Espíritu Santo se dan a los humildes.26

A través de esta diversidad de dones de un solo Espíritu disponemos ascensiones en nuestro corazón desde lo más bajo hasta lo más alto: sin embargo, quien ha recibido la perfección de la sabiduría ha recibido todos estos dones en aquél. Porque el Espíritu Santo es la Sabiduría Eterna, y Él imparte los dones que pertenecen a la sabiduría en proporción a las disposiciones del que los recibe. De ahí que se diga en los Proverbios: "Esta casa es el alma santificada en la que mora el Espíritu Santo, y los siete pilares son los siete dones luminosos y fortalecedores que en la casa viva aspiran a Dios.

Pero la principal es la sabiduría, que nos da tanto el conocimiento como el sentido de las cosas divinas, y de ella proceden la piedad más pura y la fortaleza más firme, por las que nos adherimos a Dios y rechazamos lo que se opone a Dios. Y el temor de Dios que pertenece a la sabiduría no es un temor predominante del castigo, sino un sentido tan vivo de Dios infundido en el corazón, que nos llena del sentido de nuestra propia indignidad.

El temor del Señor es el principio de la sabiduría", porque, como observa San Bernardo, "el alma obtiene su primer sentido de Dios a través del temor, y no a través del conocimiento". Cuando temes la justicia y el poder de Dios es porque Él te da un sentido vívido de Sí mismo como Él es justo y poderoso. Pero el temor afecta a nuestro sentido interior, y así como el conocimiento nos da entendimiento, el temor nos da sensibilidad. Por tanto, cuando empezamos a sentir a Dios, empezamos a entrar en Su sabiduría, porque la sabiduría procede del sentido de Dios".28 Pero ese temor de Dios que es la sabiduría perfecta es el temor del amor y la reverencia, y surge de un sentimiento omnipresente de la Bondad Infinita, la Majestad sublime y la Gloria eterna de Dios, en contraste con nuestra nada ante Él. La Sabiduría, por lo tanto, como enseña la Escritura, "es un tesoro infinito para los hombres: que los que la usan se convierten en amigos de Dios, siendo alabados por los dones de la disciplina "29.

Los siete dones se oponen a los siete pecados capitales; y son la vida de las ocho bienaventuranzas. Así como el corazón envía la sangre de la vida por todas las venas y miembros del cuerpo, el Espíritu Santo envía su fuego vivo y su unción por todas las potencias del alma. Maestro del amor y de la santidad, desciende a las criaturas indignas de su presencia por la condescendencia de la caridad, y llena la mente con su luz, el corazón con su sentido y la voluntad con su fuerza; quitando el mal, trayendo el bien. Santificar es purificar y unir con Dios, y Él purifica con fuego, y une con unción el alma que abraza con caridad.

Los siete dones fueron prefigurados en diversas formas en las épocas proféticas, pero en ninguna más completa que en el candelabro de siete brazos que ardía día y noche en el santo santuario del Templo de Dios. El tallo de oro puro era una figura de la humanidad de Cristo, que, unida hipostáticamente a su divinidad, ascendía erguida hacia el cielo. Las siete ramas que salían del tallo eran lirios de oro puro, unidos al tallo como el Espíritu de Dios está unido a Cristo, cuyos siete dones abarcan su pura humanidad. Las siete lámparas de oro, siempre ardiendo con aceite puro, simbolizan los siete dones del Espíritu Santo, ardiendo en las almas para honra y gloria de Dios en las llamas de la caridad, según la mente y el sentido de Cristo. Como dice el Apóstol: "Haya, pues, en vosotros este sentir que hubo también en Cristo Jesús "30. Las tres lámparas de la derecha son las lámparas de la iluminación: ciencia, inteligencia y consejo. Las tres lámparas de la mano izquierda, el lado del corazón, son las lámparas del sentido y del poder espirituales; son el temor, la piedad y la fortaleza. La lámpara del centro corona el conjunto; se apoya en el tallo, que es Cristo, y ésta es la lámpara de la sabiduría.

La primera lámpara que se enciende en el alma es la lámpara del temor; no del temor servil, porque precede a los dones divinos, sino del temor y reverencia infantiles. Este temor procede de la caridad: es la reverencia casta y veneradora que brota del toque del Espíritu Santo en la voluntad, moviendo al alma a reverenciar a nuestro Padre celestial con facilidad y prontitud, y a temer ofenderle. Este temor nos despoja de nuestra propia voluntad y nos hace conscientes de que pertenecemos a Dios y no a nosotros mismos. El comienzo de este temor arroja sobre el alma cierto santo horror por el sentido de la terrible Majestad de Dios, y nos hace sentir cuán pequeños somos a sus ojos, cuán débiles ante su infinito poder, ante quien tiemblan los ángeles y a quien nada puede resistirse. Este temor derriba la locura de la presunción, y nos humilla en nuestra nada. Muestra que no tenemos fundamento en nosotros mismos, y nos mueve con humilde y sobrecogida reverencia a buscar nuestro fundamento en Dios. Nos infunde un nuevo sentido, y da a luz una nueva resolución que nos hace obedientes y pacientes, sin preocuparnos de nada más allá de la voluntad de Dios, y prontos a confesar nuestros fallos e indignidad.

Este temor infantil es el verdadero principio de la esperanza y de la sabiduría, porque, al liberarnos de la confianza en nosotros mismos, nos libera para confiar en Dios. No es un temor servil, mundano o carnal, sino la reverencia a Dios en el temor de nosotros mismos. El temor servil es el miedo del esclavo bajo el látigo de su amo, aunque la bondad del amo puede cambiar ese temor en reverencia amorosa. Pero mientras el temor sea servil, antepone el amor a sí mismo al amor a Dios, y teme más sus castigos que perderlo a Él. El temor mundano es el miedo a perder las ventajas temporales o la reputación social. El temor carnal es el miedo a las privaciones corporales, a los sufrimientos o a la muerte. El poder del don del temor de Dios es vencer estos temores de la criatura, absorberlos y desterrarlos así del alma; y devolvernos nuestra libertad y dignidad, porque el don del temor de Dios nos libra de cualquier otro temor.

El temor del Señor expulsa el orgullo, que es la deformidad radical del hombre. Como observa San Buenaventura, introduce a Dios a través de la humildad que trae consigo, porque el hombre es puesto bajo la poderosa mano de Dios. Por eso, como concluye justamente San Anselmo: "El temor del Señor es el principio de los dones divinos, y el Espíritu Santo da este temor como fundamento sobre el que edificar los demás dones "31.

La segunda lámpara, con su vaso de oro, su aceite y su llama, es el don de la piedad. La piedad es el don del Espíritu Santo que nos llena de afecto infantil hacia nuestro Padre celestial y nos inclina a amarle, honrarle y adorarle. Es mucho más excelente honrar a Dios con el afecto de un niño como nuestro Padre, que sólo honrarlo con temor como nuestro Creador, Señor y Juez; y por lo tanto el don de piedad se eleva mucho más alto que la virtud de la religión. Por la piedad natural aman los hijos a sus padres; por aquella piedad que es fruto de la gracia tiende el cristiano al amor, honor y culto de Dios. Pero el don de la piedad se infunde de aquella misma Fuente Eterna de piedad en que el Espíritu Santo ama al Padre y al Hijo, y es amado por ellos; y esta divina infusión de piedad ablanda la dureza de nuestra naturaleza, engrandece el alma por el ardor que enciende, la endulza con unción, y la atrae con ternura hacia Dios, para servirle con alegría, y adorarle con todas sus potencias.

Hugo de San Víctor ha descrito bellamente este don como un afecto y una devoción derramada de la dulzura de la Divina Benignidad, que es a la vez agradecida en sí misma, y útil a la humanidad.32

Porque estos rayos del Sol de la piedad divina atraen el alma en la que entran a la Fuente de toda belleza y dulzura, mientras que devotamente nos inclinan a la ayuda de nuestros hermanos. Escribiendo a San Timoteo, San Pablo tiene esta amplia visión del don: "Ejercítate en la piedad. Porque el ejercicio corporal para poco es provechoso, pero la piedad es provechosa para todo, pues tiene promesa de la vida presente y futura "33.

La piedad se llama también piedad, por llevar todos nuestros afectos a Dios; porque cuando estamos dotados de este don no podemos estar contenidos en nosotros mismos, sino que debemos salir, llevados por la llama de la piedad hacia la Unidad Divina, y movidos por el amor a la Unidad Divina a obras de misericordia y compasión. Por eso nuestro Santísimo Señor en su piedad se entregó totalmente en su interior a la Divina Unidad, y totalmente en su exterior a nosotros, en palabra, en vida, en muerte y en la Sagrada Eucaristía.

La piedad es el dulce refrigerio de un alma llena del sentido de Dios y de la conciencia de su amistad. Inspira la disposición a gastar la misericordia recibida en obras de misericordia, tanto corporales como espirituales. "Esta piedad", por citar de nuevo a Hugo de San Víctor, "nos invita a abandonar el abatimiento; el amor que hay en ella nos saca de nuestra propia voluntad; la misericordia que hay en ella apacigua nuestra irritabilidad; la alegría que hay en ella nos hace sentir seguros; la afabilidad que hay en ella conduce a la familiaridad, y la familiaridad revela los secretos divinos. La amistad se conserva en la unidad de espíritu, y la humildad nos acerca a Dios "34. Porque, según San Pablo, "el que está unido al Señor es un solo espíritu "35.

La tercera lámpara a la izquierda del candelabro de oro es el don de la fortaleza. La fortaleza es aquel don del Espíritu Santo que infunde fuerza en la voluntad, para que controle el apetito irascible, y dé fuerza y valor tanto para hacer como para soportar grandes cosas con la confianza de triunfar ante las dificultades, según la voluntad de Dios. También es obra de la fortaleza reprimir las solicitaciones de la concupiscencia y repeler las falsas seducciones del amor propio, a fin de alejar los temores que surgen de las adversidades y calamidades.

Entre la virtud y el don de la fortaleza San Antonino ha establecido estas cuatro distinciones. En primer lugar, la virtud de la fortaleza actúa dentro de los límites de la naturaleza humana, pero el don tiene su medida del poder divino. El Salmista dice: "Por Ti seré librado de la tentación; y por mi Dios pasaré el muro".36 Es decir, superaré obstáculos que mi fuerza natural nunca podría dominar. En segundo lugar, aunque la virtud de la fortaleza da valor para afrontar los peligros, no tiene fuerza ni confianza para vencerlos todos; pero el don de la fortaleza nos capacita para afrontar todos los peligros que se presentan en el camino del deber, y para superarlos todos.

En tercer lugar, la virtud de la fortaleza no se extiende a todas las dificultades, porque se apoya demasiado en la fuerza humana, que es mayor en una facultad en una persona, y menor en otra facultad en otra persona. Así, una persona tendrá fuerza para vencer la concupiscencia, y otra para morir por amor de Dios. Pero el don de la fortaleza no descansa en nuestro propio poder, sino en el poder de Dios; y por consiguiente se extiende a todas las dificultades, y basta para todas. Así lo declaró magnánimamente el santo Job: "Líbrame, Señor, y ponme junto a Ti, y que la mano de nadie luche contra mí".37

En cuarto lugar, la virtud de la fortaleza no llevará a feliz término todas las empresas, porque no pertenece al hombre llevar a salvo todas sus obras a través de los males y peligros que se oponen a su terminación. La muerte puede interrumpirlas, aunque ninguna otra cosa se interponga. Pero el don de fortaleza realiza todo lo que

Dios nos manda, y nos lleva a la vida eterna, feliz término de nuestras empresas y de nuestros peligros. Por eso San Pablo dice de este don: "Todo lo puedo en Aquel que me fortalece"38.

Debemos añadir otra distinción importante que el devoto Gerson ha sacado de Santo Tomás. Cuando nos encontramos en una situación tal que debemos afrontar grandes peligros o sufrimientos, o bien abandonar el bien de la virtud -la declaración de nuestra fe, por ejemplo, o nuestra adhesión a la causa de la justicia-, la virtud de la fortaleza nos capacitará para sufrir o soportar; pero el don de la fortaleza irá mucho más lejos, y nos capacitará para perfeccionar nuestras acciones, ya que abarcan los consejos divinos o el estado de perfección. Puede objetarse que esto limitaría el don en su abundancia a los que son perfectos; sin embargo, esto no se deduce en absoluto, porque una cosa es tener el don tal como existe en el hábito, y otra es tenerlo en acción mediante una cooperación fiel. Como hábito, el don se da con la caridad, de modo que incluso los imperfectos que están en la caridad tienen el hábito de la fortaleza; pero por descuidar el ejercicio del don, no lo tienen en acto. En cambio, los perfectos han puesto en acción el hábito del don, y lo han acrecentado grandemente en recompensa de su fidelidad39.

El espíritu de fortaleza incluye la paciencia como parte integrante del don; y es este don de paciencia el que "tiene una obra perfecta", por la cual poseemos nuestras almas en Dios. Por tanto, mucho de lo que se ha dicho en estas conferencias sobre la paciencia pertenece más al don que a la simple virtud. El don exige que nos elevemos en espíritu por encima de todo lo que no se parece a Dios; que consideremos que nuestras facultades nativas son de poco valor en comparación con el don; y que entreguemos libremente nuestra voluntad al poder y virtud divinos para que nos aseguren en todo combate. Si entregamos generosamente nuestra voluntad a la influencia del Espíritu Santo, éste eliminará toda duda, desconfianza, temor, encogimiento, inconstancia y mudanza, dondequiera que aparezca manifiestamente la voluntad de Dios. Surgirá la esperanza de que el don nos preservará del pecado mortal; y esa parte noble de la virtud llamada magnanimidad surgirá en un espíritu recto, no permitirá ningún compromiso, despreciará todo lo que sea vicioso, y tendrá muy poco en cuenta lo que es terrenal y por lo tanto fluctuante. Sin preocuparse de estas cosas, el alma magnánima no teme a nadie más que a Dios, no mira a nadie como grande o poderoso excepto a Dios, y no pone gran confianza en nadie más que en Dios.

El alma honesta, y como no hay alma honesta sin humildad, el alma humilde entonces, ascenderá en unión con el Espíritu Santo por encima de todas las criaturas para adorar a Dios con gratitud y alabanza. Alabándolo en su vida más que en sus palabras, se volverá magnánima, robusta e inconquistable. Cuanto más agudamente la asalte la provocación o la tentación, tanto más vigorosa se volverá, combatiendo con el poder consciente e invencible de Dios. Al contemplar la grandeza y majestad de Dios, la mente se volverá sencilla, libre de toda visión y sentimiento estrechos, y en su creciente percepción de Su bondad no sabrá cómo alabarle lo suficiente. A través de esta alabanza a Dios el alma sentirá su propia insuficiencia, y la misma conciencia de lo que ella misma es en presencia de Su indecible excelencia llenará su espíritu de alegría, salvación y el comienzo de la beatitud. Puede, pues, decir con la Santísima Virgen: "Mi alma engrandece al Señor, y mi espíritu se alegra en Dios, mi Salvador "40.

El don de fortaleza inspira valor para emprender grandes cosas. ¿Cuáles son esas grandes cosas? Si las limitamos a lo que está por encima de los acontecimientos ordinarios de la vida, el don sería raramente necesario. ¿Cuáles son las grandes cosas para las que se concede habitualmente? Para comprenderlo bastará considerar que el hombre es un rey caído que ha perdido su estado real. Lo niegue quien lo niegue, se revela a cada hombre en cada hora de su vida. Lo encuentra en su interior en la lucha entre el bien y el mal. Lo encuentra en esos sublimes instintos de su corazón que reprenden perpetuamente sus propensiones degradantes. Estamos llamados a reconquistar el reino del que hemos caído. Esta verdad es el fundamento de toda religión y de toda legislación sabia; descansa en la distinción entre el bien y el mal. Lo que nos lleva a Dios es el bien; lo que nos aleja de Dios es el mal. Nuestra gran obra es recuperar el reino perdido de los cielos.

Los medios para recuperar este reino tienen el mismo carácter sobrenatural que nuestro fin último. Dios es el objeto supremo del alma, y esos grandes medios deben venir de Dios. Emplearlos con valor y perseverancia es, pues, la gran cosa que hay que realizar, y para ello es esencial el don de fortaleza. Los grandes medios que hay que emplear son las virtudes teologales y morales, resumidas en el credo y en los mandamientos. Dotado de estas virtudes, y viviendo en ellas, el hombre es restituido a Dios, se convierte en rey, se posee y se gobierna a sí mismo, y hereda el reino de los cielos.

Esta es la mayor y más difícil de todas las empresas. Tres espantosos poderes se alían contra su éxito y se esfuerzan por hacerla fracasar: el mundo, la carne y el diablo.

No necesitamos hablar aquí de la astucia, crueldad y odio del diablo y sus legiones. La carne es el cuerpo que nos pertenece, un horno caliente que arde día y noche con el combustible de los afectos ilícitos; con la codicia, con los apetitos desordenados, con la insubordinación y la vanidad; con la aversión, la ira, el odio, la audacia y la tristeza; con el amor a los deleites sin ley, con el miedo, con el abatimiento. Como otra Eva, la carne nos ofrece el fruto prohibido, e invita al alma a deleitarse en el mal. Como la mujer de Putifar, invita a José a la deshonra. Como Dalila, corta la fuerza de Sampson con sus mechones, y entrega al hombre al diablo como ella entregó a Sampson a los filisteos. El cuerpo no sólo atrapa al alma para el mal, sino que la aparta del bien. No hay guerra que el cuerpo no libre contra el alma, ni sacrificio que el alma no tenga que hacer para salvarse de los ataques del cuerpo, y esto no sólo en interés de una virtud, sino de todas las virtudes.

¿Qué es el mundo sino una multitud abigarrada e inmensa de renegados de Dios, o de las virtudes? Sin embargo, este mismo mundo no siempre es visto ni siquiera por sus propios miembros como lo que es; a pesar de sus sucios errores, falsas filosofías, máximas laxas, modales pretenciosos, vicios encubiertos y encantos seductores. Y sin embargo, como los tres niños en el horno de Babilonia, debemos vivir en medio de esta conflagración rebelde, sin ser abrasados por sus llamas. Vencer al mundo, a la carne y al diablo es la más ardua de todas las empresas, y excede con mucho nuestras fuerzas sin la presencia, la luz y el poder del Espíritu Santo. Esta es la primera parte de nuestra tarea. La segunda es sufrir.

Para sufrir bien se requiere mucha más fortaleza que para actuar bien. Actuar contra el mal y afrontar el peligro del mal es lo primero en cuanto al tiempo. Pero sufrir y aguantar es más esencial para acumular fuerza interior. Esto último es también más difícil, más noble y más perfecto. San Antonino, siguiendo a Santo Tomás, pone el argumento en esta forma. Es más difícil combatir con el fuerte que con el débil. Pero el ataque toma la posición del fuerte, y la defensa la del débil. El que ataca a otro no ve más que un posible y lejano peligro para sí mismo. Pero el que recibe el ataque debe soportar un mal que está realmente presente, y que debe ser soportado en el momento presente. Un ataque se hace en un instante; pero los que tienen que soportar el ataque deben sufrir durante un tiempo indefinido e incierto. Se requiere, pues, mucha más fortaleza y constancia de voluntad para ser firme y paciente bajo el peligro, el ataque, el dolor y el sufrimiento del mal presente, que para emprender activamente una obra difícil. De ahí que sea bien sabido que los soldados más valerosos no son los que están alerta en el ataque, sino los que son pacientes y fuertes para soportar los asaltos.

¿Qué tiene que sufrir el hombre? Más bien habría que preguntar: ¿Qué cosas no tiene que sufrir? Dolores y angustias del cuerpo; dolores y penas del alma; dolores y penas de conciencia; y el temor que inspiran. "Conflictos fuera, temores dentro". Enfermedades a las que está expuesta cada parte de su cuerpo mortal; pobreza, contradicción, injuria, injusticia; los ataques del mundo, de la carne y del diablo. Estos son nuestros acompañantes desde la cuna hasta la tumba. A menudo, el cristiano devoto está predestinado a sufrimientos excepcionales, especialmente de tipo interior, para que el espíritu se fortalezca para la eternidad. Entonces, de nuevo, sus virtudes irritan al diablo y al mundo; y a manos de ellos recibe sufrimientos providenciales para su purificación y perfección en la virtud.

Pero, ¿qué es el hombre? ¿Quién es él para emprender la escalada del Cielo y realizar esta hazaña frente a todos estos enemigos? Su naturaleza, su nombre mismo es debilidad. Mide la grandeza de su empresa por la debilidad de su naturaleza, y la diferencia entre ambas representa la fuerza divina de la que está constantemente necesitado. Este hombre débil, esta mujer más débil, deben convertirse en una fuerza viva y fuerte gracias al Espíritu Santo que mora en ellos.

Gracias al don divino de la fortaleza, durante casi mil novecientos años el mundo ha sido testigo de maravillas casi increíbles.

Ha visto millones de almas, pobres y ricas, ignorantes e instruidas, jóvenes y ancianos, hombres, mujeres e incluso niños, en todos los climas, de todas las razas, valientes y constantes a un gran y santo propósito; fuertes y vigorosos en la conquista de las tentaciones; valientes y magnánimos en soportar el dolor, la adversidad y la pena, por el bien del reino de los cielos. El mundo ha visto la pacífica paciencia y la heroica constancia de los mártires cristianos. El mundo ha visto la suave fortaleza, tan suave en su fuerza, de los confesores de Cristo, y su alegría en medio de innumerables sufrimientos. El mundo ha sido testigo de las pacientes fatigas y privaciones de los misioneros de la verdad y de las hijas de la caridad. Pero el mundo olvida rápidamente lo que sus hijos deberían tener más en cuenta.

Sin embargo, todo esto lo ha visto el mundo. ¿Y qué ha oído? Ha oído a San Pablo desafiar a los enemigos del alma en nombre de todos los hijos de la cruz. "No temo"-"Todo lo puedo en Aquel que me fortalece"-"¿Quién nos separará del amor de Cristo?". El mundo ha oído a San Francisco tomar a la pobreza por esposa, y saludar a la paciencia como hermana. Ha oído a Santa Teresa tomar por máxima heroica de su vida: "Sufrir o morir". Ha oído la máxima aún más heroica de Santa María Magdalena de Pazzi: "Sufrir, no morir". Ha oído a San Juan de la Cruz unir estas dos máximas en una sola: "Sufrir y ser despreciado por Dios". Cuántas notas semejantes, exhaladas por el don de la fortaleza y alabando el bien bendito de los sufrimientos, han resonado en el corazón y en la vida de los santos desde el día en que el Espíritu Santo vino en fuego sobre la cabeza de los Apóstoles41.

La primera rama a la derecha del candelero de oro es el don del conocimiento. En este don el Espíritu Santo mueve la mente y la voluntad a formar juicios justos y seguros en lo que pertenece a la fe, y a distinguir lo que es de fe de lo que no lo es, independientemente de todo razonamiento de causas secundarias o creadas. Por este don sabemos también lo que se debe hacer y lo que se debe dejar de hacer, según la ley de la justicia. Esta es la ciencia de los santos, de la que dice el Libro de la Sabiduría: "El Señor ha conducido al justo por caminos rectos, le ha mostrado el reino de Dios y le ha dado el conocimiento de las cosas santas"42. Santo Tomás explica así el don: "El conocimiento divino no procede del razonamiento, es absoluto y simple; y el don del conocimiento del Espíritu Santo es semejante a éste, es una cierta semejanza participada del conocimiento divino. Distinto de la virtud de la fe, perfecciona esa virtud con mayor luz y conocimiento".43

En primer lugar, el don de ciencia nos da luz para distinguir lo verdadero de lo falso, lo que es de Dios de lo que es de la criatura, lo que es sólido de lo que es vano e imaginario, y lo que es verdaderamente grande de lo que sólo lo parece, aunque no lo sea en realidad. Por ejemplo, nos permite ver la perfecta armonía que existe entre la humillación, la pobreza y el sufrimiento, y las verdaderas necesidades del hombre caído; y así aprendemos a aceptarlas como el enfermo toma sus medicinas, para salvarse de la muerte y recuperar la salud. Es un comercio santo, en el que cambiamos lo que es temporal y trivial por una riqueza que es imperecedera. San Pablo comprendió bien este comercio. "Las cosas -dice- que para mí eran ganancia, las he estimado como pérdida por Cristo. Más aún, estimo todas las cosas como pérdida por el excelente conocimiento de Jesucristo, mi Señor: por quien he sufrido la pérdida de todas las cosas, y las considero todas como inmundicia para ganar a Jesucristo".44

En segundo lugar, el don divino del conocimiento actúa sobre la voluntad, y pone el juicio y la acción en armonía con la verdad en la mente. En tercer lugar, este conocimiento irradia la luz de la verdad sobre las ciencias, muestra su verdadero lugar y les da su debido orden, mientras que las confirma, ennoblece y fertiliza.

El don de consejo es la segunda lámpara luminosa a la derecha del candelabro de oro. Nunca podemos correr bien o sabiamente a menos que sepamos a qué objeto y fin aspiramos, y por qué camino se puede obtener mejor el premio. San Antonino define el don de consejo como aquel don del Espíritu Santo que nos dirige en todas las cosas que están ordenadas para llevarnos a nuestro fin último en Dios, sean o no necesarias para nuestra salvación. Pero en la búsqueda del consejo el hombre necesita ser dirigido por Dios, a quien todas las cosas son conocidas. Este es el don del consejo.

45 Y Santo Tomás observa que el don de consejo responde a la virtud de la prudencia, que guarda y perfecciona.46 La prudencia resulta del buen uso del consejo en lo que se refiere a la conducta de la vida y a la gestión de los asuntos. Pero la prudencia humana falla a menudo, mientras que la divina nunca falla a las almas que actúan por su inspiración. Al principio puede haber dudas y vacilaciones, pero esto no es más que la criba y la limpieza de lo que es humano, fantasioso o erróneo en nuestras deliberaciones, de lo que la luz del consejo nos hace conscientes; mientras que, con la ayuda de la paciencia y la humildad, el consejo del Espíritu Santo brillará claro al final, y eso de una manera que no puede confundirse, porque pone la mente en paz. También se da una gracia a la voluntad para llevar a cabo en la acción lo que se ha resuelto por consejo.

Pero deberíamos confundir mucho el don del consejo al suponer que su luz se da siempre al individuo al que concierne directamente. El Espíritu Santo proporciona la virtud fundamental y esencial de la humildad, sin la cual no se puede recibir la plenitud del don. Por eso, a menudo oculta a uno lo que da a conocer a otro, y guía a uno para que busque la luz del otro, a fin de que la humildad del acto abra la mente para recibir la luz del consejo. También está escrito que "donde hay mucho consejo hay seguridad "47 . El consejo reúne en uno lo que la Divina Sabiduría distribuye entre varios, dando luz a uno y el deseo de luz a otro, que la obtiene mediante la consulta. De ahí que el santo Tobías amoneste a su hijo: "Busca siempre el consejo de un hombre sabio".48 Y a nosotros nos enseña el Espíritu Santo: "Estate en paz con todos los hombres, pero que uno entre mil sea tu consejero",49 San Bernardo señala una doble lepra que corroe la solidez del consejo, la voluntad propia y el interés propio, que escuchan más la perversidad de la naturaleza que la guía de Dios.

La tercera lámpara de la derecha es el don del entendimiento. Este don es una luz sobrenatural que desciende a través de la mente hasta nuestra naturaleza espiritual, y eleva nuestro sentido espiritual para penetrar en esa verdad que se da a la mente receptiva o a la memoria, permitiéndonos comprenderla y hacerla nuestra; y así llevarla a su uso y aplicación en la inteligencia práctica. De poco sirve tener la verdad en la mente si no se recibe en el entendimiento. Pero llevando el entendimiento a través del acto de la voluntad en el comercio con la luz de la verdad en la mente, es decir, por la atención, por la consideración, por la reflexión, y por la meditación, traemos la verdad presentada a la mente en nuestra naturaleza espiritual, y así hacerla nuestra. Pero el conocimiento que Dios nos ofrece nunca puede llegar a ser realmente nuestro, hasta que, por la búsqueda que el Espíritu Santo nos mueve a hacer, esa verdad desciende a nuestro sentido espiritual, y toma posesión de los poderes de la voluntad, para que lo que vemos con nuestro entendimiento podamos sentirlo en nuestra vida más íntima, dando nuestro consentimiento activo a la luz en nosotros que concuerda con la luz en Dios. Entonces, como observa San Agustín: "El entendimiento de la verdad limpia el corazón del afecto carnal, para que la intención pura nos dirija hacia nuestro fin último "50.

Por el don del entendimiento, el Espíritu Santo purifica el ojo del alma y nos conduce a nosotros mismos, donde empezamos a comprender lo que somos y lo que es Dios. Y mientras sometemos nuestro entendimiento a Dios, su verdad nos hace hijos de la luz. Elevándonos a través de esa luz, nos elevamos por encima de nuestros sentidos, de nuestra imaginación, de los instintos de nuestra naturaleza, y entramos con inteligencia en la presencia de Dios. Allí recibimos el don más abundantemente en la medida en que morimos a nosotros mismos; y del don crece una virtud singular, que tiene su origen en Dios y su vida en la voluntad, virtud que nos hace vigilantes del bien y conservadores de la luz de la vida. Este vivo y luminoso apetito del bien mira a Dios con gran contento, le da gracias y siente en pos de Él sus múltiples dones. En este sentido de Dios la mortificación de la naturaleza se renueva constantemente, el espíritu crece en la gracia del Espíritu Santo, y la luz divina se conserva en el alma. El alma se deleita en Dios, y el hombre interior se renueva día a día.

La séptima lámpara sobre el tallo de oro corona a las otras seis con el don soberano de la sabiduría. ¿Quién puede declarar el esplendor de este don? Implantada en el corazón humano, ilumina las cosas divinas y eternas, y nos da el sentido del bien eterno. La sabiduría humana consiste en el conocimiento de las cosas en sus causas, y especialmente en su causa suprema. Pero el don de la sabiduría divina es una cierta participación creada del Espíritu Santo como Él es la Sabiduría Eterna. Esa Sabiduría

Eterna es la luz infinita del amor infinito del Padre y del Hijo en la persona del Espíritu Santo. En palabras de San Buenaventura: "La sabiduría que desciende a nosotros desde lo alto es el esplendor de la verdad en el delicioso sentido del bien. Teniendo a Dios por su objeto principal, como Él es el verdadero bien que atrae hacia Él nuestra voluntad, nos lleva a amar a Dios y a deleitarnos en Él. Por tanto", concluye el gran Doctor y Santo, "el don de sabiduría es un hábito sobrenatural infundido en el alma por el Espíritu Santo, que nos capacita para conocer, amar y deleitarnos en Dios".51

Este don se da en abundancia a los puros de corazón, y se cultiva principalmente en la contemplación. Porque la contemplación acerca el alma a Dios, donde recibe la impresión de su semejanza con mucha simplicidad, y donde, elevándose por encima de la criatura, el alma absorbe el sentido de Dios. Pero el sentido de Dios es la sabiduría. "Comenzamos con el don del temor", dice San Agustín, "y pasando paso a paso por los dones intermedios, llegamos por fin a su consumación en el don de la sabiduría. El Espíritu Santo -observa San Anselmo- acumula este don sobre sus otros dones, cuando insufla sabiduría en el alma, haciendo que lo que se conoce correctamente por el don de entendimiento se saboree dulcemente en el don de sabiduría, en virtud del cual perseguimos lo que es excelente por puro amor. Habitando en esta casa del alma con sus dones, el Espíritu Santo gobierna toda la familia de los sentidos interiores del alma, y los dispone de tal modo a su servicio que ascienden a Dios, y, sin apartarse de Dios, descienden al servicio del prójimo. Por tanto, esa alma puede decir con el Salmista: 'El Señor me gobierna, y nada me falta. Me ha puesto en un lugar de pastos'"53.

Esta sabiduría es la "unción del Santo" que enseña todas las cosas: la luz que ilumina todas las tinieblas: el fuego ardiente que jugaba sobre las cabezas de los Apóstoles. El Sabio tuvo experiencia de esta luz, de esta unción, de este fuego ardiente cuando escribió este elogio de la sabiduría. "Quise, y se me dio inteligencia; invoqué a Dios, y vino a mí el Espíritu de la sabiduría, y la preferí a reinos y tronos, y estimé las riquezas como nada en comparación de ella. . . . La amé por encima de la salud y la belleza, y la preferí a la luz. Porque su luz no puede apagarse. Ella es un tesoro infinito para los hombres, que aquellos que la usan se convierten en amigos de Dios, siendo alabados por el don de la disciplina. Porque en ella está el espíritu de entendimiento: santo, uno múltiple, sutil, elocuente, activo, sin mancha, seguro, dulce, amante de lo que es bueno, rápido, que nada obstaculiza, benéfico, gentil, amable, firme, seguro, seguro, que tiene todo poder, supervisa todas las cosas, y llega a todas partes a causa de su pureza. A ella he amado, y la he buscado desde mi juventud, y he deseado tomarla por esposa, y me hice amante de su belleza. Dame sabiduría, que se sienta junto a Tu trono, y no me deseches de entre Tus hijos. Envíala desde tu santo Cielo, y desde el trono de tu Majestad, para que esté conmigo, y trabaje conmigo, para que yo sepa lo que es agradable a Ti.54

1 Ezequiel xxvi. 25-28
2 Ezequiel xxxvii. 1-14.
3 Lucas iv. 18.
4 Juan xx. 22-23.
5 Hechos ii. 4.
6 Santo Tomás, Sum. 1. 2. q. 110. a. 4.
7 2 S. Pedro i. 2-4.
8 Romanos v. 5.
9 1 Corintios iii. 16-17.
10 S. Juan xiv. 23.
11 S. Tomás, Sum. I. 2. q. 113. a. 9.
12 S. Tomás, Sum. 1. 2. q. 113. a. 9.
13 Juan xiv. 26.
14 1 Corintios ii. 12.
15 Colosenses i. 9-12.
16 Romanos viii. 25-27.
17 S. Juan xiv. 15-17.
18 Salmos cxlii. 10.
19 Romanos viii. 14.
20 Santo Tomás, Sum. I. 2 a. 68. q. 3.
21 2 Corintios iii. 17.
22 Ezequiel xl. 22.
23 Isaías lxvi. 2.
24 Salmo lxxxiii. 6, 7.
25 Salmo ciii. 10.
26 S. Greg. Mag. in Ezechiel. L. ii. Hom. 19.
27 Proverbios ix. 1.
28 S. Bernard. Serm. 23 in Cantic.

29 Sabiduría viii. 14.

30 Filipenses ii. 5.

31 S. Anselmo. De Similitudinibus, c. 130.

32 Hugo de S. Victore, De Claustro Anima, L. iii. c. 5.

33 1 Timoteo iv. 8.

34 Hugo de S. Victore, De Claustro Anima, L. iii. c. 5.

35 1 Corintios vi. 17.

36 Salmo xvii. 30.

37 Job xvi. 3.

38 Filipenses, iv. 13. 39 S. Antonino, In Sentent. p. 4 tit. 13. c. 1.

39 Gerson, Compend. Theolog. De Septem Donis.

40 Ver Rusbrockius In Tabernaculum Fœderis, c. 30.

41 Ver Gaume, Traité du Saint Esprit, Vol. ii. c. 30.

42 Sabiduría x. 10.

43 Santo Tomás, Sum. 2. 2. q. 9. a. 1.

44 Filipenses iii. 7-8.

45 S. Antonino, In Sentent. p. 4. tit. 12. c. 1.

46 Santo Tomás, Sum. 2. 2. q. 52. a. 1.

47 Proverbios xi. 14

48 Tobías iv. 19.

49 Eccius. vi. 6.

50 S. August. Serm. De Timore.

51 S. Buenaventura, De Dono Sapientiæ, c. 1.

52 S. Augusto. De Doctrina Christiana, c. 7.

53 Salmo xxii. 1-2. S. Anselmo. De Similitudinibus, c. 31.

54 Sabiduría vii.-ix.

10
SOBRE LA ORACIÓN

"Todo lo que pidiereis orando, creed que lo recibiréis, y os vendrá"-S. MARCOS xi 24.

Antes de entrar en el importante tema de la paciencia en la oración, será conveniente dar algunas instrucciones sobre el verdadero espíritu de la oración. El camino de la oración es el camino del Rey de la tierra al cielo. Mientras el cuerpo permanece en su tierra afín, el espíritu asciende sobre las alas de la gracia a esa región divina de luz y bien para la que fue creado. Este camino real conduce al alma a la Presencia Eterna, allí para defender su causa ante su Creador y Señor Soberano; allí para conversar en el humilde espíritu del afecto infantil con su Padre Celestial; allí para recibir Sus dones buenos y perfectos. Este camino real hacia Dios fue abierto para nosotros por nuestro Señor Jesucristo; fue consagrado por sus oraciones y sufrimientos; y fue iluminado por su ascensión al Cielo a través del camino que Él abrió. Por su encarnación, salvó toda la distancia entre la criatura y el Creador. Él mismo es el camino, la luz del camino y su seguridad. A través de Él tenemos acceso al Padre, que nos responde con misericordia y benignidad. "Yo voy al Padre; y todo lo que pidiereis al Padre en mi nombre, lo haré, para que el Padre sea glorificado en el Hijo "1.

Este santo camino de la oración fue figurado en la visión de Jacob. Reposando en soledad con la cabeza sobre una piedra, vio una escalera que ascendía de la tierra al cielo, y el Señor se apoyaba en la escalera, y los ángeles del Señor ascendían y descendían. Ascendían con las oraciones de los mortales, y descendían con los dones de Dios. La oración es la llave de oro que abre el tesoro celestial a nuestras necesidades espirituales, y abre la puerta de la providencia de Dios a nuestras necesidades temporales. En respuesta generosa al clamor de nuestros corazones, viene esa luz santa que ilumina nuestras mentes, esa gracia de vida que quita nuestras ofensas, ese fuego de caridad que enciende nuestra alma con amor, esa fortaleza que nos fortalece con los dones del Espíritu Santo. En una palabra, la oración es el comercio del alma con Dios por medio de Jesucristo en el asunto supremo de nuestra salvación y perfección. "Yo soy el camino, la verdad y la vida. Nadie viene al Padre sino por Mí "2.

La oración es, pues, la acción más noble y excelsa de que es capaz el hombre por la gracia de Dios. Es el acto más sublime de la inteligencia humana y el acto más grande de la voluntad humana. Si ponemos toda su grandeza en una frase, es la acción de la imagen creada de Dios que busca la unión con su Divino Original, y la busca para que esta imagen sea curada de la ofensa, y perfeccionada en la semejanza por la recepción de la vida de la Vida Eterna, y sea preparada para la beatitud a través de los dones que descienden de la perfección infinita de Dios. Tan maravilloso es el poder de la verdadera oración que hace evidente, tanto para la razón como para la fe, que su eficacia no puede depender nunca de criaturas tan débiles y pecadoras como nosotros. Además, hay obstáculos en nuestra propia naturaleza, en esas muchas y fuertes atracciones hacia nosotros mismos, contra el ejercicio de la oración verdadera y pura, que no sólo requieren un Mediador Divino de la oración, sino un Movedor Divino de la oración. Este Movedor es el Espíritu Santo de Dios. San Pablo nos ha enseñado esto: "Esperamos lo que no vemos; lo aguardamos con paciencia. Asimismo, el Espíritu ayuda nuestra debilidad. Porque no sabemos lo que hemos de pedir como conviene; pero el Espíritu mismo pide por nosotros con gemidos indecibles, y el que escudriña los corazones sabe lo que el Espíritu desea, porque pide por los santos según Dios".3

El Espíritu Santo es el motor principal de toda la verdadera oración que los espíritus creados ofrecen en súplica o adoración a la Santísima Trinidad. Él es también el ayudador y sostenedor de nuestras súplicas. Pero estas oraciones obtienen su fuerza efectiva del sacrificio y de las súplicas de nuestro Señor Jesucristo. Tal es la sublime dignidad de la oración. ¿Cuál es, pues, nuestra parte en este santo ejercicio? Seguir las inspiraciones, obedecer a los movimientos y atracciones del Espíritu Santo. El divino Consolador de las almas, a quien Jesucristo nos prometió ser nuestro Paráclito, nuestro otro Abogado ante el Padre, nos mueve al arrepentimiento, habita en nuestro corazón por la caridad, y socorre nuestra flaqueza con la luz de su sabiduría y el poder de sus dones. Nuestras oraciones se unen entonces a las oraciones de Jesucristo, nuestros sufrimientos a sus sufrimientos y nuestra paciencia a su paciencia. El Espíritu Santo, el más sublime amante de nuestras almas, mueve nuestra voluntad por su gracia, y sostiene nuestras humildes peticiones; y nosotros, cuando oramos en espíritu y en verdad, respondemos a sus movimientos, y, mientras gemimos bajo nuestra carga mortal, suspiramos con el deseo más allá de lo que las palabras pueden expresar de ser liberados de todo lo que es débil, pecaminoso y miserable en nosotros mismos, y ser llevados a la perfecta caridad y paz de Dios.

Tal es la sublimidad de la oración cristiana. Movida y ayudada por el Espíritu Santo, apoyada para su eficacia en los méritos de Cristo, y formada en el alma por la humilde obediencia a esas divinas inspiraciones, la oración del cristiano trasciende todo el orden de la creación, y por el amor de su Hijo encarnado y crucificado, y de la acción amorosa de su Espíritu Santo, el Padre contempla esa oración con clemencia, y la recompensa con misericordia y bondad. El alma misma es atraída a seguir su oración y, al seguirla, se acerca a Dios. El espíritu se humilla en la conciencia de sus necesidades; el corazón se abre y se llena de reverencia; las virtudes se elevan en nuestra oración y reciben mayor perfección de este santo ejercicio. Se nos ilumina la verdad, se eleva la esperanza, se enciende el amor, se profundiza el arrepentimiento. Porque las virtudes divinas descansan el alma en Dios, y se adhieren a Él como a su único y verdadero objeto. Tal es el espíritu de la verdadera oración. Si la prueba llega a oscurecer el entendimiento y a secar los afectos, mientras permanezca la recta intención, la eficacia de la oración no disminuye, sino que se hace más eficaz por la mayor fe y paciencia con que se continúa. Porque el objeto de la oración no es agradarnos a nosotros mismos, sino honrar a Dios, y abrirle los deseos de nuestro corazón; y cuanto más nos cuesta nuestra oración, tanto más preciosa es a los ojos de Dios. Entonces realizamos plenamente las palabras de San Pablo: "Esperamos lo que no vemos: lo aguardamos con paciencia".

La oración, pues, no es un asunto de palabras, sino una acción del espíritu interior. Las palabras no son más que un instrumento imperfecto para la manifestación de los movimientos más profundos del alma. Hay mucho en la acción de la verdadera oración que las palabras son incapaces de expresar. La palabra más verdadera de la oración es la palabra interior y espiritual, esa palabra del espíritu que consiste en el movimiento silencioso de los deseos del alma hacia Dios. También la postura del cuerpo debe ser una especie de palabra silenciosa que exprese la postura interior del alma. De la oración de palabras sin la oración del corazón habla con indignación el Todopoderoso. "Este pueblo se acerca a Mí con la boca, y con los labios me glorifica, pero su corazón está lejos de Mí, y me ha temido con doctrinas y mandamientos de hombres".4

"La hora viene", dice nuestro Señor, "y ahora es, cuando los verdaderos adoradores adorarán al Padre en espíritu y en verdad. Porque el Padre busca a los tales que le adoren. Por tanto, cuando nuestro Señor nos dio una forma de oración, hizo de su sacrificio el centro de la adoración y ordenó sus sacramentos, exigió que pusiéramos nuestro espíritu en su oración y nuestro corazón en su sacrificio y sacramentos. San Pablo ha indicado la gran diferencia entre la oración espiritual de la Nueva Ley y la oración ceremonial de la Antigua, cuando dice: "Oraré con el espíritu, oraré también con el entendimiento: Cantaré con el espíritu, cantaré también con el entendimiento "6 Adoramos al Padre en verdad cuando oramos en la fe de Cristo Jesús, la Verdad Eterna; le adoramos en espíritu cuando oramos en la gracia de su Espíritu Santo. Por tanto, cuando asistimos al Santo Sacrificio en el que Jesucristo, la Verdad misma, aboga por nosotros, o participamos en los oficios solemnes de la Iglesia, o, "habiendo cerrado la puerta, oramos al Padre en secreto", nuestra oración debe ser en espíritu y en verdad, y las palabras que empleamos deben expresar los movimientos y deseos interiores del corazón. "Porque el Padre busca a los tales para que le adoren".

De ahí que la oración vocal deba ser mental además de vocal, y espiritual además de mental. Cuando decimos la oración del Señor, o las oraciones devotas que la Iglesia nos proporciona, o recitamos los salmos inspirados, debemos recordar que las palabras nos son dadas para despertar en nuestras almas el sentido profundo de lo que significan, y para movernos por acción espiritual a poner ese sentido en las palabras que pronunciamos, para que la mente concuerde con la voz. "La verdadera oración -observa San Gregorio Magno- no se encuentra en las palabras de la voz, sino en los pensamientos del corazón. Las voces que llegan a los oídos de Dios no son palabras, sino deseos. Si buscamos la vida eterna con los labios, sin desear esa vida con el corazón, nuestro grito no es más que silencio. Pero cuando deseamos esa vida de corazón, aunque calle nuestra boca, en ese silencio clamamos a Dios".8 De ahí que el santo Job exclame: "¿Quién me concederá un oyente, para que el Todopoderoso escuche mi deseo? "9 Y el salmista dice: "El Señor ha escuchado el deseo de los pobres: Toda verdadera oración, incluso la que se llama vocal, se resuelve en oración mental y espiritual. Incluye los motivos internos que iluminan y elevan la mente, y las aspiraciones internas de deseo que mueven el alma hacia Dios; y las palabras no son sino la expresión externa de esos motivos y movimientos internos. La verdadera oración vocal, por lo tanto, es el lenguaje externo de la adoración y súplica internas en espíritu y en verdad.

La oración mental pura no usa palabras externas, sino sólo palabras internas. Cuanto más se habitúe el alma a esta oración interior, tanto más perfectamente hará su oración vocal. Esto no necesita prueba, pues es evidente que cuando el alma se acostumbra al recogimiento interior, lo traslada con facilidad a la oración vocal; y como el alma verdaderamente recogida ve a Dios en todas partes, lo encontrará especialmente en el lenguaje de la oración, que para el corazón recogido es el más agradable de todos los lenguajes.

La mano tiene cinco dedos flexibles y dóciles que se apoderan de sus objetos y realizan su trabajo, pero los tres primeros tienen el poder principal. El alma tiene también cinco facultades, que se emplean en la oración mental, y por medio de las cuales nos apoderamos de los objetos del alma y trabajamos con ellos. Pero de estas facultades tres son principales y puramente espirituales: la memoria, en la que se almacenan nuestra luz y conocimiento; el entendimiento, por el que extraemos luz y conocimiento de los almacenes de la memoria; y la voluntad, por la que consentimos o rechazamos lo que tenemos delante, por la que amamos u odiamos, por la que deseamos o rechazamos desear, por la que asentimos o disentimos, y por la que tomamos resoluciones para determinar y guiar nuestras acciones.

Pero además de estas tres facultades superiores hay otras dos que, cuando obran en su orden justo y debido, les están subordinadas. Estas son la imaginación, que da a la mente las imágenes de las cosas externas y visibles; y el sentido interior, que por su parte inferior está en comunicación con los sentidos corporales, y por su parte superior está en comunicación con los dones espirituales de Dios, por los cuales sentimos las cosas de Dios que mueven nuestros afectos espirituales. San Pablo dice: "Los que son según el espíritu sienten las cosas que son del espíritu".11 Y de nuevo: "La comida fuerte es para los perfectos: para los que tienen los sentidos ejercitados en el discernimiento del bien y del mal".12

Con la ayuda de la imaginación nos representamos la vida de Cristo, las verdades del Evangelio y los misterios de la fe, pero de un modo más o menos figurado. Estas imágenes de la mente están iluminadas por la luz que se nos da, y se perfeccionan a partir de los depósitos de verdad que hay en nuestra memoria. El paso siguiente consiste en penetrar con el entendimiento a través de estas imágenes sensibles, o palabras, en su sentido interior y espiritual, y elevarse así desde la representación visible hasta la pura verdad tal como es en Dios, sintiendo esa verdad, alimentándose de ella y absorbiéndola en el alma, como la abeja extrae la miel de las flores. Así la meditación es un ascenso gradual de la mente por el acto de la voluntad desde la representación sensible de las cosas sagradas formada en la imaginación con la ayuda de la memoria hasta su sentido y significación interior y espiritual; y desde su sentido y significación interior la mente asciende a la pura verdad tal como es en Dios; de modo que lo que comienza en la meditación termina en la contemplación.

"Cuando la verdad entra en el alma, se abren sus deseos, el Espíritu Santo de la verdad mueve los afectos, el sentido espiritual es tocado con la llama del amor, y el alma es movida a amar, a adorar y a resolver su conducta. La meditación conduce a la contemplación a medida que el alma asciende con mayor sencillez desde las figuras e imágenes de la verdad hasta la verdad misma tal como es en Dios, despojada por grados de esa imaginería sensible y multiplicada con que la revisten nuestros sentidos e imaginación. El alma mira esa verdad, y siente esa verdad con un ojo simple y un corazón simple, y la recibe de tal manera al morar en ella, que aumenta grandemente el conocimiento de Dios y de nosotros mismos. Porque cuando por la atracción divina el alma se eleva del trabajo de la meditación a la simple tranquilidad de la contemplación, Dios hace una revelación parcial de sí mismo al alma contempladora, y "en su luz vemos la luz".14

Así la voluntad se sirve de la imaginación para representar aquellas cosas visibles que ayudan a llevar la mente a Dios, y especialmente, con la ayuda de la memoria, pone la mente en contacto con la persona, la vida, las palabras, las acciones, los sufrimientos, la muerte y los misterios gloriosos de nuestro Dios y Salvador Jesucristo. El entendimiento, iluminado por la fe, penetra en el espíritu interior y en el sentido de lo que la imaginación nos representa exteriormente. Pero es la voluntad la que mueve al entendimiento a "disponer ascensiones en el corazón', elevándose de verdad en verdad hasta que nuestra alma descanse en la Única Verdad Suprema y Bien Infinito, que es el fin último de todo deseo y, por tanto, de toda oración. Nuestro sentido espiritual, el más íntimamente relacionado con la voluntad, y la causa receptiva de nuestros afectos espirituales, cuando es tocado por el Espíritu de Dios, es el que nos da la sensación de refresco y consuelo en la oración. Tocada por la luz y el sentido de Dios, la voluntad inclina todo nuestro ser a su divina influencia; e iluminada por su verdad, expone sus debilidades y sus necesidades a su misericordia y bondad, y realiza todos los oficios de la oración y la alabanza.

Los grandes obstáculos para la oración son el amor propio, la inconstancia de la voluntad y la tristeza que resulta del amor propio y de la inconstancia. El amor propio atrae hacia sí el sentido, el pensamiento y la voluntad, en vez de entregarlos a Dios y a la guía de su Espíritu Santo. Esto hace que la voluntad vibre como un péndulo, pero de manera muy inestable, entre Dios y uno mismo, haciendo que el alma esté inquieta, impaciente, desatenta y errante. Sin embargo, no podemos mirar a Dios y a nosotros mismos al mismo tiempo: no podemos sentir por Dios y por nosotros mismos en el mismo momento. Esto no es oración pura, sino oración mezclada con distracción, amor propio y confusión. Esto genera tristeza, que hiere o destruye el entusiasmo por la oración. Sin embargo, esto no nos da conocimiento de nosotros mismos, porque aprendemos a conocernos tal como nos reflejamos en la luz de Dios.

La oración es pública o privada. La oración pública es esencialmente vocal, para que todos los que están reunidos para su realización puedan unirse y orar en común. A todos los que están así unidos, con un solo corazón y una sola alma, especialmente en la Iglesia, o en la familia, el Señor les ha prometido que estará en medio de ellos. Pero si el Padre busca que los verdaderos adoradores le adoren en espíritu y en verdad, ¿por qué usamos la oración vocal? En primer lugar, porque Cristo nos ha enseñado a usar la oración vocal, y nos ha dado una forma perfecta de ella a modo de ejemplo. En segundo lugar, porque, como miembros de la Iglesia, debemos a Dios y a los demás la comunión pública de la oración, así como la mutua edificación. En tercer lugar, porque la oración vocal está destinada a ser la expresión externa de la oración interior, la oración en espíritu y en verdad. En cuarto lugar, porque las palabras y los signos de la oración, especialmente los proporcionados por la Iglesia, despiertan la mente y el corazón interiores para aprehender la luz y el sentido de la oración, y mueven los afectos para elevar el alma en oración. Como dice San Agustín: "Por las palabras y los signos se nos despiertan más vivamente los santos deseos"15. En quinto lugar, así como nuestro cuerpo ha sido instrumento del pecado, debe convertirse en instrumento sumiso del servicio de Dios.

En sexto lugar, la súplica unida de corazón y voz conviene especialmente a quienes rezan por la remisión de sus pecados. El Profeta Oseas dice al pecador Israel: "Tomad con vosotros palabras, y volved al Señor, y decidle: Quita toda iniquidad, y recibe el bien: y nosotros rendiremos los becerros de los labios"16. Los becerros de los labios es una expresión figurada para las ofrendas sacrificiales de la voz. La lengua es un gran ofensor; por lo tanto, debe ser un gran expiador. En séptimo lugar, puede añadirse que una postura humilde del cuerpo, que responda a la humildad del alma, nos conviene especialmente en la oración penitencial y suplicante, para que todo el hombre sea vocal además de la voz. De ahí la costumbre, desde el principio de la Iglesia, no sólo de arrodillarse, golpearse el pecho y postrarse, sino también de extender los brazos en súplica hacia el cielo, para que el cuerpo no sólo no se oponga ni contradiga los movimientos del alma, sino que exprese y ayude a sus piadosos movimientos.

San Agustín ha señalado otra excelencia de la oración vocal, a saber, que mientras las palabras ayudan a sacarnos de la distracción y a elevar nuestra mente hacia Dios, nos recuerdan lo que somos, lo que queremos y lo que debemos desear de Dios. Cuando, por ejemplo, fijamos nuestros ojos en las palabras de la oración del Señor, se convierten en un espejo luminoso en el que el divino Maestro de oración nos muestra la excelencia y la fecundidad de la oración, las principales necesidades del alma y las virtudes que hay que poner en práctica en la oración.

La condición fundamental de la oración, esencial para obtener su fin, es la atención. Pero esta atención depende para su constancia y perseverancia de la virtud de la paciencia, como explicaremos en la próxima lección. Daremos aquí la doctrina de la atención de Santo Tomás, el príncipe de los teólogos, porque las almas ansiosas y tímidas tienen necesidad de una gran autoridad que calme sus aprensiones y las tranquilice respecto a las distracciones en la oración.

Incluso las personas santas están sujetas a veces a divagaciones en la oración, y el santo salmista dice de sí mismo: "Mi corazón está turbado, mi fuerza me ha abandonado, y la luz de mis ojos no está conmigo". Sin embargo, poco antes había dicho: "La oración vocal requiere dos tipos de atención: atención a las palabras y atención a Dios. Pero la primera y más necesaria es la atención al fin de la oración, que es la elevación de nuestra atención a Dios. Esto es necesario para la oración. La segunda es la atención necesaria para obtener los efectos o frutos de la oración. Los frutos de la oración son de tres clases: el mérito de la oración, la obtención de lo que pedimos en la oración y el refrigerio que se da al alma en la oración.

El primer efecto o fruto de la oración, como de todas las buenas obras hechas en estado de gracia y caridad, es su mérito, siempre, entiéndase bien, por los méritos de nuestro Señor Jesucristo. Para obtener este fruto no es necesario que la intención real continúe durante toda la oración, porque la fuerza de la primera intención con que se comienza la oración continúa virtualmente durante toda ella, y hace meritoria toda la oración.

El segundo efecto, y el propio de la oración, es obtener la respuesta divina a nuestra oración. Para obtener este resultado bastará también la primera intención, porque Dios mira principalmente a esa intención. Pero si no hay una primera intención comenzada, la oración no puede ser meritoria, ni obtendrá el bien que venimos a pedir. Porque, como dice San Gregorio, Dios no escucha la oración de quien no pone atención en su oración. Pero conviene advertir que la atención a Dios mientras oramos es atención a la oración.

El tercer efecto o fruto de la oración es su influencia inmediata en el alma, dándole cierto refrigerio y consuelo. Esto requiere necesariamente una atención continua a la oración. De ahí que San Pablo diga: "Si oro en una lengua, mi espíritu ora, pero mi entendimiento está sin fruto".18 El Apóstol habla de una lengua desconocida para el que ora y que, por tanto, no puede entender.

A continuación debemos comprender que hay tres clases de atención, cualquiera de las cuales puede prestarse a las palabras de la oración vocal. Podemos prestar atención sólo a las palabras, para no equivocarnos al repetirlas; o también al sentido de las palabras; o al objeto y fin de la oración, es decir, a Dios, y al bien que buscamos de Dios. Esta última es la atención necesaria y esencial, una atención que incluso las mentes más simples e iletradas pueden prestar. A veces, como observa Hugo de San Víctor, en las almas santas dedicadas a la oración, esta atención a Dios es tan abundante, que por el momento se olvidan todas las demás cosas. Y nosotros mismos hemos conocido ciertas almas santas con tal don de oración, y de vez en cuando tan absortas en Dios, que al volver en sí no sabían dónde estaban, ni lo que les rodeaba.

De estos principios y de su explicación, estamos ahora en condiciones de sacar las siguientes conclusiones. En primer lugar, oramos en espíritu y en verdad cuando nos acercamos a la oración movidos por el Espíritu Santo, aunque en el curso de la oración la mente divague debido a la enfermedad. En segundo lugar, debemos comprender que la mente humana, a causa de su enfermedad, no puede permanecer mucho tiempo en un estado elevado de oración recogida, porque el peso de la enfermedad hace que el alma descienda a cosas inferiores. Así sucede que cuando la mente ha ascendido a Dios en la contemplación, después de un tiempo se desvía repentinamente, y ello no por otra causa que por la enfermedad de la naturaleza. En tercer lugar, si alguien de intención fija se aleja mentalmente de la atención a la oración, esto es pecado, e impide el fruto de la oración. Pero aquellas distracciones de la mente que no son intencionales no quitan el fruto de la oración. San Basilio dice: "Si, por estar debilitado por el pecado, no puedes orar con atención fija, mantén tu atención unida tanto como puedas, y Dios perdonará tus defectos; porque no es por negligencia sino por fragilidad que no puedes mantenerte en la presencia de Dios como deberías "19.

En cuarto lugar, dará una luz muy valiosa a la oración, si consideramos además con Santo Tomás cuán grande es la distinción entre la consolación presente recibida en la oración y los beneficios futuros que se derivan de ella. La consolación no siempre se siente en la oración; y cuando falta, el alma se siente a veces tentada de imaginar que no se han obtenido los premios esenciales de la oración, porque no se nos han hecho sensibles en el tiempo de la oración. Pero a pesar de esto, están en las manos de Dios para nuestro bien futuro. Para expresar la verdad brevemente, y en las palabras del famoso Doctor Alexander Hales: En nuestro estado actual, en el que nuestra naturaleza caída está siendo reparada, avanzamos hacia Dios más a través de la adversidad que a través de la prosperidad, y esto es cierto incluso en la oración. Nuestra fe, confianza, amor, humildad y paciencia se perfeccionan adhiriéndonos a Dios sin consuelo presente, siempre que Dios así lo quiera, y sin que tengamos el conocimiento presente de las cosas buenas que Dios nos tiene reservadas.

Como todo acto bueno, la oración obtiene su mérito de la raíz de caridad que nos da el Espíritu Santo; pero el objeto propio de la caridad es el Bien Eterno, al que nos prepara a gozar. La oración que procede de la caridad, y obtiene los bienes del Cielo, va también acompañada de un modo especial por aquellas otras virtudes que pertenecen al bien de la oración, por la fe, por la humildad, por la paciencia y la devoción. La fe cree que obtendremos lo que pedimos; la humildad sabe cuán necesitados estamos de lo que pedimos; la paciencia da firmeza a nuestra atención; y la devoción prefiere a Dios sobre todas las cosas.

La concesión de nuestras peticiones procede de la gracia de Dios, por quien nos sentimos atraídos a orar. Pero, como observa San Agustín, Dios no nos movería a orar si no quisiera conceder. Y San Crisóstomo observa que Dios nunca niega sus beneficios a aquellos a quienes su piedad paternal instiga de tal manera que no dejen de rezarle. Nuestro Divino Señor mismo nos asegura que "Todo lo que pidiereis al Padre en mi nombre, yo lo haré, para que el Padre sea glorificado en el Hijo "20 Estas son palabras divinas, palabras de verdad dirigidas a nuestra creencia, y merecedoras de ser tomadas diligentemente a pecho. En el mismo discurso divino dice de nuevo nuestro Señor: "Os aseguro que si pedís algo al Padre en mi nombre, Él os lo dará "21 . Cómo lo hará, lo veremos más adelante.

Pero la oración que no procede de la gracia santificante no tiene ningún elemento divino en ella, y no tiene más mérito que cualquier otra acción buena que no se hace por caridad. Pero incluso la oración que implora la gracia de la conversión y el don de la gracia santificante procede de una gracia que despierta, pues la oración es siempre don de Dios.

Comprenderemos mejor el mérito de la oración, si tenemos presente este principio: que la oración está ordenada principalmente y ante todas las cosas a nuestra bienaventuranza final. Por tanto, cuando pidamos otras cosas, si se oponen a nuestra bienaventuranza, no nos serán concedidas, porque no contribuirían a nuestro mayor bien. Si, pues, pedimos a Dios para nosotros algo que Él ve que no sería útil para nuestra bienaventuranza, no tendría ningún mérito obtener lo que pedimos. Pero cuando nuestra intención es buena, Dios en su bondad nos dará, no lo que pensamos que sería mejor recibir, sino lo que Él ve que sería mejor dar, y lo que contribuirá a nuestra vida eterna. Por eso dice San Agustín: "Cuando pedimos a Dios de buena fe las necesidades de esta vida, es tan misericordioso cuando no nos oye como cuando nos oye; porque el médico sabe mejor lo que conviene al enfermo de lo que el enfermo se conoce a sí mismo"[22]. Cuando san Pablo rogó que se le librara de la espina que tenía en la carne, no se le concedió porque no le conviniera, sino que se le dio gracia para soportarla.

Queda por considerar las palabras de San Lucas: "Y les dijo una parábola, que debemos orar siempre, y no desmayar"[23]. Y las palabras de san Pablo: "Orad sin cesar. Dad gracias en todo, porque esta es la voluntad de Dios para con todos vosotros en Jesucristo"[24]. Y aquellas palabras a Timoteo: "Para entender esta doctrina de la oración perpetua, debemos distinguir entre el espíritu de oración y el ejercicio formal de la oración; o, como dice Santo Tomás, entre la causa de la oración y la oración real. El espíritu o causa de la oración está en los deseos de caridad, de los que debe proceder toda oración. Estos deseos de caridad deben ser continuos, si no en acto, al menos en hábito y virtualmente; porque este deseo virtual permanece en todo lo que hacemos por amor de Dios. En este sentido, nuestra oración debe ser continua e incesante. Así instruye San Agustín a Proba: "Mientras nuestros deseos permanecen en la fe, la esperanza y la caridad, estamos siempre orando."

Pero el ejercicio mismo de la oración no puede ser continuo, porque tenemos otras obras que hacer y otros deberes que ocupan nuestra mente. Pero, como enseña San Agustín en la misma instrucción: "Tenemos ciertas horas e intervalos de tiempo para orar a Dios con palabras, a fin de que, ayudados por esos signos, podamos amonestarnos a nosotros mismos y saber cuánto hemos avanzado en los santos deseos, y podamos despertarnos con más agudeza para aumentarlos "26. A los ojos de Dios, los santos deseos son oraciones.

Así como el alimento es proporcional a la salud corporal, la oración debe ser proporcional a la salud espiritual. Aunque cumplamos nuestra parte de oración pública y nuestro deber regulado de oración privada, lo que se deja a la libre elección no debe prolongarse más de lo que nos haga bien para mantener el fervor del deseo interior. Más allá de esta medida se hará tedioso y distraerá, y causará aversión a la oración. Pero esta medida es muy diferente según las personas. Hay almas muy privilegiadas, aunque raras, cuyo hábito interior de oración es casi continuo, aunque no en palabras, pero sí en recogimiento. Sin embargo, lejos de interferir con los deberes externos y la conversación, este recogimiento interior es de gran beneficio para ellos.

Esto nos lleva a ese método de oración que se llama aspirativa o jaculatoria. Esta oración consiste en breves aspiraciones, o frases cortas y fervorosas, lanzadas como flechas desde el corazón. Es una oración de inestimable valor, que puede utilizarse en todo momento y en todo lugar, e interiormente en medio de todas las ocupaciones. Mantiene encendida la llama del deseo, fomenta la vida interior y, cuando se hace habitual, es un consuelo indecible. Debido a su brevedad, pureza y sencillez, no cansa el alma ni es objeto de distracción. Estas cualidades, y especialmente su eficacia para alimentar la llama del deseo espiritual, la convirtieron en la devoción favorita de los ermitaños y conventuales del desierto; y sigue siendo el método favorito de todas las personas verdaderamente devotas. Se adapta a todas las mentes y disposiciones, incluso a aquellas que encuentran difícil fijar su atención en otros tipos de oración. Es un recurso inestimable para quienes tienen dificultades en la meditación. También constituye la parte más activa de la contemplación.

Citando de nuevo la célebre carta sobre la oración dirigida por San Agustín a Proba: "El cuerpo puede estar sano, pero nunca puede estar sana y saludable el alma que prefiere las cosas temporales a las eternas. Pero donde existe el amor a las cosas eternas, esta clase de oración no sólo es fácil, sino deliciosa. Se nos dice que los hermanos en Egipto usan oraciones frecuentes que son breves y rápidamente eyaculadas. Prefieren esto a los métodos más lentos, para que la atención vigilante y elevada, tan necesaria en la oración, no se embote ni se disipe. En esto muestran que cuando la atención no puede ser sostenida no debe ser amortiguada, pero que cuando es sostenida no debe ser interrumpida fácilmente".27

Oigamos lo que los propios hermanos de Egipto dicen de esta oración aspirativa. Ellos la llaman "oración breve y pura", y San Benito hace lo mismo en su Regla. La eligieron para su oración privada tanto en sus celdas como en su trabajo. Decían de ella que no estaba sujeta a distracciones ni a tentaciones. El abad Isaac en las Conferencias llama a estas breves y frecuentes aspiraciones la oración secreta y familiar dentro de la celda del corazón, que no está abierta a nadie más que a Dios, el escudriñador de los corazones; de modo que los poderes adversos no ven este tipo de petición, y no pueden interferir en ella. "Esta oración breve y frecuente", dice, "no da tiempo al engañador de almas para meter nada en el corazón. Es un verdadero sacrificio, porque un sacrificio a Dios es un corazón contrito. Es el sacrificio de la justicia, y el sacrificio de la alabanza. Son víctimas ricas, holocaustos con tuétano cuando los ofrecen corazones humildes y contritos. Cuando hacemos estas ofrendas con disciplina espiritual e intención pura, podemos cantar con virtud fiel: 'Que mi oración sea dirigida como incienso ante tus ojos: la elevación de mis manos como el sacrificio vespertino'".28

Todas las oraciones de la Iglesia se reducen a aspiraciones. El Padrenuestro se compone de siete aspiraciones en forma de petición, y pueden utilizarse tanto por separado como unidas. Las Colectas de la Iglesia constan cada una de un motivo brevemente expresado para inspirar confianza, y de una aspiración en forma de petición. Los Salmos están llenos de breves formas de aspiración que se alternan con los motivos. Los santos nos han dejado muchos ejemplos de sus aspiraciones favoritas, que son fervientes, luminosas y bellas. Pero siempre son mejores cuando brotan frescas y sencillas de la abundancia del corazón. Tampoco es indeseable la repetición, e incluso la repetición frecuente, cuando el alma está tan inclinada. Al contrario, porque el amor se deleita en detenerse en el mismo sentido, y en prolongar la misma dulce melodía de oración y alabanza, volviendo a ella una y otra vez, sosteniendo y profundizando el mismo devoto afecto.

Cuando nuestro Santísimo Señor reprendió el uso de hablar mucho en la oración, y lo calificó de costumbre pagana, nos amonestó a fijarnos en el espíritu, objeto e intención de la oración más que en la pronunciación de muchas palabras. Dios no se fija en las palabras, sino en los deseos. Sobre este tema San Agustín lo ha dicho todo en su instrucción a Proba: "Una cosa es -dice- hablar mucho en la oración; otra cosa es orar mucho y prolongar el tiempo de la oración. De nuestro Señor está escrito que pasaba noches enteras en oración, y que 'tanto más oraba'; pero esto nos servía de ejemplo. Que haya mucha oración cuando la intención es ferviente, pero sin hablar mucho; porque hablar mucho entorpece la acción del espíritu con palabras superfluas. Orar mucho es ascender hacia Dios con la continua elevación de un corazón devoto". No hay nada más perjudicial para el espíritu de oración que la composición artificial de bellos discursos: esto es obra de la vanidad y del amor propio, destructor de la sencillez y de la sinceridad de corazón.29

La oración mental es puramente interior, aunque no están ausentes las palabras interiores, y especialmente el uso mental de frases aspirativas.

Según el método seguido, la oración mental se divide en meditación y contemplación. La meditación comienza con las cosas visibles presentadas a la imaginación, y asciende por grados hasta las cosas invisibles de Dios. La contemplación ha encontrado ya las cosas invisibles de Dios, y se detiene en ellas con admiración, asombro y deleite, mientras el alma se humilla profundamente en su nada ante la infinita majestad de Dios. La meditación busca y siente aquella verdad y bondad que la contemplación ha encontrado, de modo que lo que comienza en la meditación puede terminar en la contemplación.

Cuando, situados en un valle estrecho, nuestra perspectiva se cierra por todos lados, la vista de los cielos sobre nosotros es también limitada, y sólo podemos conjeturar lo que hay más allá. Pero si ascendemos trabajosamente por la ladera de la montaña, al llegar a la cima la perspectiva se abre en toda su magnificencia, y la expansión de los cielos por encima exalta la mente, y nos revela lo que la tierra contiene por debajo. Esta laboriosa ascensión se asemeja a la meditación; pero la contemplación ya está en la montaña, y no tiene que imaginar ni razonar, sino sólo mirar con admiración la perspectiva de la verdad que Dios nos revela desde sus cielos. Sin embargo, conscientes de las limitaciones de nuestra mente y de la oscuridad del medio creado a través del cual vemos, sentimos cuán pequeña y débil es la criatura ante el Creador. La meditación es fructífera con trabajo; la contemplación es más fructífera sin trabajo. Por eso la contemplación es un don especial del Espíritu Santo, y la perseverancia en su ejercicio se funda en el don de la paciencia o fortaleza fundamental. Sin embargo, casi todas las almas tienen que hacer sus primeros comienzos de oración mental con la meditación.

Santo Tomás observa que en nuestra oración libre y privada usamos palabras y signos, el crucifijo por ejemplo, mientras nos ayuden a disponernos a la oración mental o interior. Pero cuando se convierten en una distracción y un obstáculo para el recogimiento interior, su uso debe ceder el paso a la oración mental pura.30 Cuando la meditación misma se convierte en una distracción, porque la mente y el corazón tienden al recogimiento puro, y esto habitualmente, es señal de una llamada a la contemplación. Esta oración la describe el Salmista con las siguientes palabras: "Mi corazón te ha dicho: mi rostro te ha buscado: tu rostro, Señor, aún buscaré"

31. Pero los Santos tienen como máxima que nunca se abandone la meditación o contemplación de la Pasión de Nuestro Señor.

Hay tantos manuales valiosos sobre el método de la meditación, que será innecesario decir aquí más sobre el tema. Los que son todavía novicios en la oración interior; los que no han mortificado todavía la inquietud de sus facultades interiores hasta convertirlas en tranquilidad; los que están todavía muy ocupados con los sentidos y con las cosas sensuales; los que no han adquirido todavía mucho dominio sobre la imaginación de las cosas sensibles; éstos necesitarán a menudo la ayuda de un libro para estabilizar su atención; y cuando sus facultades meditativas estén embotadas y se nieguen a actuar, deben recurrir a las aspiraciones, ejercicio de oración que siempre es fácil. Hay algo que debe evitarse especialmente: convertir la meditación en un estudio, como si se tratara de un ejercicio literario. Esta trampa debe evitarse con sumo cuidado; no sólo destruye la sencillez infantil de la oración, sino que aparta la mente de Dios, verdadero objeto y fin de la oración, y nos ocupa con las vanidades del amor propio.

Pero "donde está el espíritu del Señor, allí está la libertad".32 El Espíritu Santo es el motor de la oración; y aunque cada uno debería aprender un buen método de meditación, atar siempre el alma a ese método en todas sus reglas, no sólo lesionaría la libertad, sino que haría que el alma perdiera el toque y la atracción del Espíritu Santo. Nadie piensa en poner todas las reglas de la gramática en cada carta que escribe; nadie piensa en poner todas las reglas de la retórica en cada discurso que pronuncia. Su producción sería una locura encadenada. Las reglas tienen valor cuando son necesarias, no cuando están fuera de lugar. Los que se fijan más en las reglas que en el espíritu de la oración son los pedantes de la oración. Nunca progresarán mucho en este santo ejercicio.

Cuando un punto de la meditación llena el alma de luz y nos lleva al fin divino de la oración, ¿por qué dejar el fin de la oración ya alcanzado para ir en busca de otro punto? Esto es retroceder en vez de avanzar, y sólo traerá distracción. Cuando el alma está ardientemente movida a aspiraciones a la vista de Dios, ha llegado a la esencia de la oración; ¿por qué volver de esta oración pura a las cosas de la imaginación? Esto es descender de las cosas espirituales a las visibles, y del fervor de la oración a sus primeros comienzos. Cuando la meditación eleva el alma a la contemplación, abandonar esa contemplación por obedecer las reglas de la meditación es como descender los peldaños de la escalera de Jacob sin otro objeto que esforzarse por volver a subir. Es bajar de la montaña de la luz al valle de las sombras. Un poco de esa luz pura y serena hará más por enseñarnos el conocimiento de Dios y de nosotros mismos que todo lo que pueda verse a través de las sombras de la imaginación. El Espíritu Santo es el verdadero maestro de la oración, y la libertad de la oración consiste en seguir libremente la atracción divina, que conduce siempre a una mayor sencillez, humildad, amor, paciencia y unión con Dios. "Encomienda al Señor tu camino y confía en Él. . . . Sométete al Señor y ruégale".33

"Es muy importante para la paz del alma en la oración recordar que el consuelo presente no es la respuesta esencial a la oración, y que sus mayores efectos se obtienen sin consuelo sensible. La respuesta a la oración no siempre se siente en el momento, ni siquiera se da en el momento; y sus mayores frutos se guardan en la eternidad.

La contemplación se eleva por encima de los sentidos, por encima de la imaginación, por encima de todos los procesos de las facultades razonadoras. Recogida en sí misma, el alma se eleva por encima de sí misma, y con una simple mirada contempla, aunque "oscuramente como a través de un cristal", alguna manifestación de la belleza, bondad y grandeza de Dios, que profundiza su sentido de Dios, y la afecta con asombro, admiración y amor, dándole algún anticipo de la bienaventuranza. A veces, sin embargo, esta contemplación es muy oscura, y la presencia y la bondad de Dios se sienten, por así decirlo, a través de una densa oscuridad en lugar de verse a plena luz. Da al alma humilde y adoradora o una gran luz y refrigerio, o un sentido secreto de Dios, según sea luminoso u oscuro; pero en este último caso nos da un conocimiento más humillante de nosotros mismos. El santo Salmista describe la fuente divina de la contemplación con estas palabras: "Contigo está la fuente de la vida, y en tu luz veremos la luz "35 . Y aspira su gratitud por el don con estas palabras: "La luz de tu rostro, Señor, está sellada sobre nosotros: Tú has alegrado mi corazón "36.

Los actos de la contemplación son cuatro: buscar a Dios, encontrarlo, sentir su toque sagrado en el alma y unirse a Él y gozar de Él. San Pablo ha expresado todo esto en cierto modo en su discurso a los atenienses. "Lo buscamos con la mente, lo sentimos con el espíritu, lo encontramos cuando la luz de su rostro brilla sobre nosotros y el sentido de su bondad penetra en nuestro corazón, y tenemos nuestra vida y movimiento en Él cuando lo amamos con todo nuestro corazón, alma y fuerza. Sabemos que tenemos nuestro ser en El cuando El nos da la luz para ver que El es todas las cosas para nosotros, y que no somos nada en nosotros mismos. Por eso dice el salmista: "Buscad al

Señor y fortaleceos; buscad su rostro cada vez más".38 Hay que buscarlo cada vez más, dice san Gregorio, porque hay que amarlo cada vez más.39

Contemplar es estar en el monte de las revelaciones con Moisés, o en el monte de la Transfiguración con los tres Apóstoles elegidos, o a los pies de Jesús con María Magdalena. Exige una abstracción, al menos por el momento, de las preocupaciones y solicitudes mortales. No sólo exige un cuerpo mortificado, sino también un espíritu mortificado, para que las potencias interiores se reúnan, se serenen y se apacigüen, y el alma se eleve por encima de todo lo que no es Dios. De ahí que la vida activa y el combate con la naturaleza precedan al don de la contemplación. "La contemplación", dice San Gregorio, "es un sepulcro en el que se entierran todas las obras depravadas y las cosas de este mundo, junto con las contumelias del cuerpo y la petulancia de la imaginación, mientras que el espíritu asciende por una santa operación para contemplar las cosas de Dios. Porque estáis muertos, es decir, para vosotros mismos, y vuestra vida está escondida con Cristo en Dios".

El mismo gran Pontífice y Doctor en otro lugar establece esta distinción entre las dos clases de vida que Dios asigna a los que le sirven. Dios todopoderoso en su santa Palabra instruye a sus siervos en dos clases de vida, la activa y la contemplativa. La vida activa alimenta a los hambrientos, instruye a los ignorantes y corrige a los descarriados; devuelve a los orgullosos al camino de la humildad, cuida de los enfermos y proporciona sustento a los que dependen de nosotros. La vida contemplativa mantiene el amor a Dios y al prójimo con toda la mente y el corazón, pero descansa en paz de la actividad extrema y se adhiere al único deseo de Dios. Desechando todas las demás preocupaciones, el alma arde en deseos de ver el rostro de su Creador. Sabiendo con dolor que lleva la carga de su cuerpo corruptible, piensa con deseos ardientes cómo puede estar presente entre los coros angélicos, y con los ciudadanos celestiales, para disfrutar allí de la visión de su Creador incorruptible para siempre. Sin embargo, ella sólo puede obtener la vista de la belleza de Dios en cierta medida, pero un palmo como si fuera. Porque, por mucho amor que sienta, por mucha fuerza que tenga para tender hacia Dios, está tan lejos de ver perfectamente lo que ama, que en esta vida sólo empieza a ver. Como dice el esforzado Apóstol: "Ahora vemos a través de un cristal de manera oscura; pero entonces cara a cara. Ahora conozco en parte, pero entonces conoceré como soy conocido"40.

Para continuar la célebre instrucción de San Gregorio: En la contemplación la mente se esfuerza por elevarse por encima del hombre, y se extiende hacia las cosas espirituales, tratando de trascender lo que es visible a los sentidos, y de alcanzar lo que es celestial. Así el espíritu es atraído hacia arriba para que pueda expandirse sobre las cosas divinas. A veces el espíritu vence y se eleva por encima de las tinieblas contenciosas con las que otras veces está cegado, y el alma es secreta y levemente tocada por algo de la incomprensible luz de Dios. Pero a causa de su enfermedad, pronto se aleja de esa luz maravillosa y vuelve a caer en las tinieblas, donde suspira en su oscuridad. Sin embargo, debe entenderse claramente que nadie puede avanzar tanto en la contemplación como para penetrar siquiera en un solo rayo de la incomprensible luz de Dios. El Todopoderoso no puede ser visto en Su resplandor. Lo que se ve es algo inferior a Dios; pero refresca mucho el alma, mientras que la visión gloriosa de Dios está reservada para el mundo venidero.

El mismo San Gregorio es uno de los más grandes ejemplos de la unión de la vida contemplativa con la activa. Mientras gobernaba la Iglesia Universal con vigorosa energía, nunca abandonó ese don de la contemplación que daba luz y fuerza a todas sus obras activas. Es privilegio de los santos y de las personas santas, cuando son llamados a los deberes de la vida activa, conservar siempre dentro de sí una celda de tranquilo recogimiento, en la que sólo se permite entrar a Dios; y siendo fieles tanto al desprendimiento como al recogimiento, son capaces de dejar a un lado las cosas externas en la hora tranquila dedicada a la contemplación, cuyo espíritu continúa con ellos en medio de los más enérgicos empleos. Esto lo observa el mismo San Gregorio en el mismo discurso: "Sabed que, así como el buen orden de la vida tiende de la acción a la contemplación, también es útil muchas veces transformar la contemplación en acción, para que lo que la contemplación enciende en el alma se manifieste en los deberes activos de la vida para hacerlos más perfectos "41.

Para entender la conducta del alma en la contemplación, es preciso comprender claramente cuánto depende de la conducta de la voluntad. Porque, aunque la mente es el medio y, por decirlo así, el espejo en el que vemos, es la voluntad, como observa Santo Tomás, la que mueve y eleva la mente, y la mantiene firme y firme en el objeto de la contemplación. De ahí que las grandes autoridades en este tipo de oración insistan en que la fortaleza de la voluntad es el fundamento moral de la contemplación. El apetito espiritual es el resorte que mueve el deseo de contemplar la divina belleza de la verdad; pero lo que despierta el apetito es el amor y el deseo de contemplar y sentir las cosas bellas de Dios. Como nos enseña nuestro Divino Señor: "Donde está tu tesoro, allí está también tu corazón "42.

De ahí que la contemplación comience por el amor y termine en mayor amor43.

No todas las almas piadosas están llamadas a la contemplación, que, sin embargo, está abierta a todos los estados de vida, tanto a los pobres como a los acomodados, tanto a los sencillos como a los sabios. Es más, los sencillos están a menudo mejor dispuestos para este santo ejercicio que los sabios, por su sencillez de mente y de corazón. La mayoría de los grandes escritores sobre el tema han observado que los amantes de la ciencia son a menudo demasiado curiosos, demasiado dedicados al razonamiento y demasiado aficionados a vagar por las regiones del conocimiento humano, como para estar bien dispuestos para el recogimiento interior y para la contemplación sencilla e infantil de la Verdad Eterna, por muy profundamente que ésta les ilumine. Pero no sólo entre los servidores del altar y entre los devotos de la religión, observa San Gregorio, sino incluso en la vida matrimonial se encuentran algunos que reciben este precioso don. Pero los que por naturaleza son inquietos y desasosegados, o los que no han dominado su espíritu por la mortificación interior, o los que no han adquirido hábitos de recogimiento, no son aptos para este género de oración. Además, como nos dice el santo Job, la sabiduría no la puede encontrar quien "no conoce su precio, ni se halla en la tierra de los que viven en deleites"44.

El hombre que recibe la luz de la contemplación tiene el corazón dentro de sí. No está inmoderadamente ocupado con las cosas externas. Esa luz no puede infundirse en las cosas de los sentidos, ni puede entrar en esas imágenes corporales que llenan la imaginación; es la luz espiritual de las cosas espirituales que sólo conocen los espíritus. Quien desee esta luz debe tener mucho cuidado de mantener el alma en estado de humildad, y nunca debe permitir que el alma se exalte por la gracia recibida. Esa luz entra oblicuamente, por decirlo así, por la ventana de la mente, pero no debe permitirse que el ladrón entre tras ella. Pues la verdadera contemplación ahuyenta el sentido del yo y también el espíritu de egoísmo. La verdad divina entra por la ventana de la mente, pero los alardes de euforia deben mantenerse fuera. La ventana de la contemplación admite la luz, pero excluye la tormenta; se abre a la entrada de la gracia, pero se cierra contra la admisión del orgullo45.

Nada decimos aquí de esos raros y extraordinarios dones de contemplación a los que nadie debe tener la presunción de aspirar; proceden de alguna maravillosa e inesperada visita de Dios, y nunca pueden obtenerse por la industria humana. Pero los efectos que siguen al ejercicio ordinario de la contemplación son estos tres. El primero es la maravilla, la admiración y el sobrecogimiento al contemplar alguna manifestación, por remota que sea, de la belleza, el poder y la sublimidad de Dios en sus divinos atributos o en su divina bondad para con sus criaturas; en presencia de lo cual el alma se humilla en veneración y adoración. El segundo efecto es la infusión de dulzura celestial, que llena el alma de amor y gratitud. Porque el alma conversa con la Sabiduría Eterna, de la que dice la Escritura: "Su conversación no tiene amargura, ni su compañía es tediosa, sino alegría y gozo "46 . El tercer efecto es la revelación a la criatura de su pequeñez y nada aparte de Dios. Escudriñada como con lámparas, el alma ve sus defectos y faltas expuestos a sus ojos. La luz del Sol de Justicia penetra en el alma, y la belleza de la bondad entra en el corazón, marchitando los deseos de las cosas terrenas y carnales, y convirtiendo esos deseos en aspiraciones hacia el Dios de toda belleza y bondad.

El alma que una vez ha sido iluminada con la luz de la contemplación, aunque sea por poco tiempo, nunca puede olvidarla, ni puede volver a ser la misma de antes. Se implanta en la mente y en la conciencia una norma del bien más elevada y más pura. Volverse hacia el mal sería mucho más temible y repugnante que antes; el desgarramiento de la conciencia sería más terrible. Abandonar a Dios después de que la luz de su rostro ha brillado con dulzura y poder en el alma, sería una apostasía espiritual a la que las palabras de San Pablo son demasiado aplicables. "Es imposible [es decir, muy difícil] que los que una vez fueron iluminados, gustaron también del don celestial y fueron hechos partícipes del Espíritu Santo, gustaron además de la buena palabra de Dios y de los poderes del mundo venidero, y han caído, sean renovados de nuevo a la penitencia".47

Tales caídas después de la verdadera contemplación deben ser realmente raras. Las causas son más numerosas cuando la pretensión al don es falsa, un mero engaño de la imaginación en lugar de una unión de la mente y el corazón con la luz divina, generando presunción en lugar de humildad. Pero la verdadera contemplación trae consigo tal conocimiento de Dios y de sí mismo, genera tanta caridad y humildad, e inspira tal horror al pecado, que el alma es atraída cada vez más cerca de Dios y más lejos del egoísmo.

De esta exposición de las diversas clases de oración se pueden deducir tres instrucciones primordiales. En primer lugar, en todas las clases de oración, ya sea vocal, meditativa, aspiratoria o contemplativa, aunque el modo es diferente, el espíritu es el mismo. Toda oración tiene un fin último, el de nuestra bienaventuranza en Dios; y todas deben ejercitarse en espíritu y en verdad. En segundo lugar, toda clase de oración conduce al recogimiento interior según el don y la disposición de cada uno; y cuando este recogimiento asciende a la contemplación se alcanza la cumbre de la oración; no hay nada entre el alma y Dios sino sus propios dones; es una cierta prefiguración dentro de la brevedad del tiempo de la contemplación eterna de Dios. En tercer lugar, los mayores frutos de la oración no son visibles en el momento de la oración, sino sólo una cierta luz, refrigerio y consuelo. Incluso esto se retiene a menudo para la corrección, la prueba o la disciplina del alma; pero el recuerdo de ese refrigerio es un gran estímulo en el tiempo de la prueba. La gran recompensa de la oración está reservada para la eternidad; y el alma generosa dirá: Dame ahora las espinas, y guárdame la corona para la eternidad.

1 S. Juan xiv. 13.
2 S. Juan xiv. 6.
3 Romanos viii. 25-27.
4 Isaías xxix. 13.
5 S. Juan iv. 23-24.
6 1 Corintios xiv. 15.
7 S. Juan i. 17.
8 S. Greg. Mag. Moralia in Job, L. xxxi. c. 17.
9 Job xxxi. 35.
10 Salmo x. 17.
11 Rom. viii. 5.
12 Heb. v. 14
13 Salmo xxxviii. 4.
14 Salmo xxxv. 10
15 San August. Epist. 130 ad Probam.
16 Oseas xiv. 3.
17 Salmo xxxvii. 10-11.
18 1 Corintios xiv. 14.
19 S. Basilio, De Constitutionibus Monasticis, c. i.
20 San Juan xiv. 13.
21 San Juan xvi. 23.
22 San Agustín. In Sententiis a S. Prospero collectis, Sent. 212.
23 San Lucas xviii. 1.
24 1 Tesalonicenses v. 17-18.

25 1 Timoteo ii. 8.

26 S. Agustín. Epist. 130 ad Probam.

27 Augustin. Epist. 130 ad Probam.

28 Casiano. Collat. 9, c. 34-35.

29 Véase S. Tomás, Sum. 2. 2. q. 83. a. 12-15.

30 S. Tomás, Sum. 2. 2. q. 83. a. 12.

31 Salmo xxvi. 8.

32 2 Corintios iii. 17.

33 Salmo xxxvi. 5-7.

34 Isaías xxxii. 17.

35 Salmo xxxvi. 10.

36 Salmo iv. 7.

37 Hechos xvii. 27-28.

38 Salmo civ. 4.

39 S. Greg. Mag. Moral. en Job, L. v. c 37.

40 1 Corintios xiii. 12.

41 S. Greg. Mag. Hom. 14 en Ezechiel.

42 S. Mateo vi. 21.

43 S. Tomás, Sum. 2. 2. q. 108. a. 5.

44 Job xxviii. 12-13.

45 S. Greg. Mag. Hom. 17 en Ezechiel.

46 Sab. viii. 16.

47 Hebreos vi. 4-6.

11
SOBRE LA PACIENCIA EN LA ORACIÓN

"Porque has guardado la palabra de mi paciencia, yo te guardaré de la hora de la tentación" -APOCALIPSIS iii, 10.

Cuando reflexionamos sobre la inconstancia de la mente y la inestabilidad de la voluntad, tenemos las pruebas más dolorosas de la debilidad de la naturaleza humana. Inquieta como la veleta en el campanario, la mente se desplaza de un punto a otro, incapaz, cuando se la deja a su propia naturaleza, de detenerse mucho tiempo en un tema sin muchas desviaciones y distracciones. La causa de esta enfermedad no es tanto la mente en sí misma como la inquietud de los sentidos, la petulancia de la imaginación, el capricho de la curiosidad y la impaciencia de las condiciones de cada momento presente. La voluntad es sacudida de su constancia y estabilidad por las mismas causas, y por los continuos cambios que sufren nuestros sentimientos. Cada movimiento a nuestro alrededor, cada voz que nos habla, produce algún cambio en nosotros. El ojo del alma está ahora aquí, ahora allá; sus afectos están ahora arriba, ahora abajo; ella es demasiado débil para mantener su curso sin ser en mayor o menor grado afectada y girada por cada atracción variable que ejerce su influencia sobre su trémula movilidad.

Así es la naturaleza humana, abandonada a su propia debilidad y sin la disciplina de las virtudes. Esta inquieta inconstancia da melancólica evidencia de que no estamos firmemente unidos al objeto para el que fuimos creados. Porque todo lo que ha obtenido su fin está en paz por estar unido a ese fin, y descansa de las perturbaciones y de los vagabundeos sin propósito razonable. Es evidente que lo que el alma más necesita es un poder estabilizador que no sólo dé estabilidad a la mente y a la voluntad, sino que preserve el equilibrio de la estabilidad resistiendo a todo lo que pueda perturbarlo. Pero como el objeto de tal poder es curar la debilidad que causa esta inestabilidad, es evidente que no puede buscarse dentro de nuestra naturaleza, sino que debe venir de Uno que es por naturaleza fuerte, constante e inmutable. Este poder es la gracia y la virtud de la paciencia cristiana, que fortalece y estabiliza la voluntad, y a través de la voluntad la mente y todas las potencias. De ahí que todas las cosas débiles en nosotros busquen su remedio en la paciencia. Este poder virtuoso fortalece y une en nosotros lo que la debilidad desune y disipa.

Pero como lo que es débil se fortalece apoyándose en lo que es fuerte, el alma se fortalece apoyándose con su centro interior en el poder fortalecedor de Dios. "Sujétate, alma mía, a Dios, porque de Él es mi paciencia "1. Como Dios está por encima de nosotros y nosotros por debajo, sujetarse a Dios es apoyarse en Él, es decir, unirse a Él. Lo que es inquieto por naturaleza sólo puede ser calmado y apaciguado por la unión con lo que es calmado y apacible. Obtenemos la paz de nuestros problemas mediante la unión con el Dios de la paz. "Como sólo podemos obtener estabilidad de mente y corazón mediante la unión con lo que es inmutable, nuestra alma obtiene estabilidad mediante la unión con el Dios inmutable. El principio de esa unión es la caridad, y Dios ha puesto el poder de la paciencia en el don de la caridad, para que podamos adherirnos con nuestro espíritu a Él en un amor firme, estable y paciente. "La caridad es paciente".

Todo lo creado está hecho para un objeto y un fin distinto de sí mismo, del que recibe su plenitud, su paz y su perfección. Dios nos ha creado para Él, y sólo mediante la unión con Dios podemos recibir nuestra plenitud, paz y perfección. Esta unión la buscamos en la oración, y la obtenemos por medio de la oración, y por la oración nos preparamos para nuestra unión eterna con Dios. Porque el fin último de la oración, como el de todas las buenas obras, es nuestra unión eterna con Dios en su visión beatífica.

Por lo tanto, es de gran importancia comprender lo que debemos poner en nuestra oración; porque el valor y el mérito de nuestras buenas obras dependen menos de su espectáculo que del espíritu y la virtud puestos en ellas. Se ha observado agudamente en las acciones humanas, que Dios se fija menos en los verbos que en los adverbios, es decir, en el espíritu y modo con que realizamos nuestras acciones, en las virtudes que ponemos en ellas. Y Casiano dice con gran verdad, que "llegamos a la perfección de la oración con la construcción de todas las virtudes; porque a menos que se recojan y se compacten en la elevación de la oración, de ninguna manera pueden ser firmes o duraderas en su estabilidad".3 Esta es una gran luz. Muestra que las virtudes no sólo deben entrar en la oración, estar unidas en la oración y mezcladas en la oración, sino que es en la oración donde reciben su estabilidad para la realización de otras buenas obras.

La primera condición de la oración es la atención. La segunda es la humildad, por la que el alma se abre y se somete a Dios. La tercera es la fe en Dios, y la confianza en que Él escuchará nuestra oración y nos concederá según sus promesas. La cuarta es el amor de Dios, que hace nuestra oración generosa y aceptable. El quinto es la obediencia a las mociones interiores del Espíritu Santo. El sexto es la paciencia. Y como la atención depende enteramente de la paciencia, esta virtud debe estar presente en toda buena oración, no sólo para mantener nuestra mente firme y estable a la presencia de Dios, sino también para que el alma se adhiera a Él en fe, esperanza y amor. De ahí que aquel ilustradísimo y experimentadísimo guía de almas, el Padre Luis de Granada, nos diga que "la paciencia no sólo es necesaria, sino que es maravillosamente necesaria para obtener y conservar los frutos de la oración "4.

Consideremos qué es la atención y qué es en la oración. Tomada literalmente, la palabra atención significa "extender el oído". Extendemos el oído para escuchar, el ojo para ver y la mente para comprender. Como acto interior, la atención es el acto de dirigir y aplicar la mente a algún objeto especial que se presenta a nuestros pensamientos. La atención en la oración consiste en extender y aplicar la mente a Dios y a las cosas divinas. Es evidente que esta acción de la mente depende de la energía de la voluntad, que dirige y aplica la mente a su objeto. Es igualmente evidente que nuestra atención será generosa en proporción a nuestro desprendimiento del amor propio sensual. La mente tiende a Dios por mandato de la voluntad, y atiende a lo que vemos, pensamos, sentimos y le decimos. La atención perfecta en la oración excluye la atención a todo lo que no pertenece a ese deber. Esta atención debe ser humilde, amorosa, confiada, libre, pacífica, paciente y perseverante.

Es bien sabido que los obstáculos a la atención fija, constante y paciente son numerosos. Pero no son iguales para todas las personas, porque el poder de la atención se adquiere como fruto del recuerdo habitual. Aquellas almas que se han disciplinado en hábitos de recogimiento obtienen la posesión paciente de sí mismas, y la custodia de su mente y corazón libera su atención de muchos impedimentos. Además, algunos son por naturaleza más firmes y menos irritables que otros, y responden más fácilmente a la gracia de la paciencia que sostiene y protege la atención. Enumeremos los principales impedimentos que interfieren con el recogimiento y la atención en la oración, no en detalle -eso sería impracticable- sino en sus clases, y encontraremos que todos son vencidos por la paciencia.

El primer obstáculo a la atención es la inquietud del cuerpo, con sus nervios en constante juego y sus sentidos en movimiento intranquilo. A menos que la voluntad haya obtenido paciencia para ignorar las emociones inquietas del cuerpo, y para mantener la atención abstraída de ellas, harán que la mente esté inquieta y la atención inestable. La mente paciente atiende a Dios y a su oración, y se niega a ser perturbada por los sentimientos animales, que dejan de molestar cuando el alma no está con ellos. La inquietud del cuerpo se debe a varias causas; una de ellas es la propia quietud de la postura en la oración, y la mayor conciencia de cualquier movimiento en esa quietud. Otra se debe al hábito de prestar demasiada atención mental a los sentimientos sensuales en todo momento, lo que fomenta en gran medida su poder sobre la mente. Otra puede surgir de la intemperancia de la dieta, que es propensa a causar irritabilidad local, así como debilidad en las facultades mentales. Otra causa es la falta de control habitual del temperamento, que dispone al alma a inquietarse por cosas pequeñas y perturba la tranquilidad de los sentidos.

A veces, cuando el cuerpo se encuentra en un estado de inquietud, un cambio de posición proporciona un alivio considerable. Algunos, que son por naturaleza inquietos, son más capaces de pensar y reflexionar cuando están en movimiento. Pero las almas santas que son verdaderamente pacientes ni siquiera permitirán que grandes sufrimientos del cuerpo interfieran con su recogimiento, excepto para acercarlas a Dios. Pero si el alma se distrae de la atención sólo por una moderada irritación en el marco terrenal, no puede haber verdadera paciencia en la voluntad. Porque la verdadera paciencia se adhiere al objeto de la oración sin tener en cuenta por el momento todas las cosas inferiores.

El segundo obstáculo a la atención proviene de la imaginación. Este intruso volátil y de muchos colores es excelente en su lugar como servidor de la verdad, y es la primera ayuda a la meditación, y cuando se usa correctamente da mucha instrucción y deleite. Pero también es la causa principal de nuestras distracciones, desvíos de la atención y delirios. No hay nada que la imaginación incontrolada no provoque a veces en el recuerdo de la atención devota, desde meras distracciones fugaces hasta groseras imágenes de vicio. Como la imaginación está estrechamente conectada con los sentidos, de los cuales se origina su acción, es apta para causar perturbaciones en los sentidos así como en la mente, e incluso para despertar pasiones, como el resentimiento o la tristeza. Cuando los sutiles movimientos del amor propio entran en la imaginación, no sólo se desvía la atención de Dios hacia el yo, sino que la imaginación se impregna de las vanidades del amor propio, y traerá ese yo con sus mezquinos intereses ante la mente de manera que eclipse la luz de la oración. Pero cuando estas sombras perturbadoras se perciben por primera vez, es deber de la paciencia aumentar la energía de la atención, y adherirse con mayor aplicación al objeto de la oración, dejando que estas distracciones se desvanezcan por falta de atención.

El tercer obstáculo a la atención es la intrusión de cosas de la memoria que no tienen relación con la oración. Estas cosas suelen venir, aunque no siempre, a través de la imaginación. Son causados por la asociación de ideas, y frecuentemente por la asociación de contrarios, que a veces son dolorosos y molestos. Cuando estos recuerdos están relacionados con nosotros mismos, o con nuestras actividades externas, o con alguien hacia quien tenemos fuertes sentimientos de cualquier tipo, a menos que la mente se mantenga con paciencia, tienen mucho poder para distraer la atención. Las distracciones de la memoria o de la imaginación llegan a ser muy molestas si se les da la menor importancia, si el alma cede a cualquier ansiedad sobre ellas. A veces pueden tomar formas sombrías que parecen tocar la fe, o sonar a blasfemia, o incluso tocar la pureza. Sin embargo, esto en las almas piadosas no será tal vez más que la asociación mecánica de lo que es directamente contrario a los deseos del alma. Atender a tales sugestiones, preocuparse por ellas, darles alguna importancia, es darles un poder de molestar y atormentar que no tienen en sí mismas. La manera eficaz de tratar tales intrusiones en la atención es adherirse con paciencia a Dios, ayudar a esa adhesión con aspiraciones activas, y desatenderlas por completo. Cuando la mente persevera en la atención al Divino Objeto de la oración, a pesar de las perturbaciones accidentales, el alma no puede ocuparse de sí misma, y esas imágenes intrusas se disuelven y se desvanecen por falta de atención que las alimente. Preocuparse de ellas es darles entretenimiento; esto les permite perturbar tanto el recogimiento como la paz, y así se consigue el fin del tentador.

Es de gran importancia comprender que cuando los malos espíritus nos tientan, no tienen poder permitido sino sobre los sentidos corporales y la imaginación. No pueden actuar en la sustancia del alma sin el consentimiento de ésta. Es igualmente importante comprender que, aunque la imaginación actúa sobre la mente, tiene su origen en los sentidos corporales. Cuando esto le fue explicado a Santa Teresa se convirtió en una época de luz en su vida espiritual. Comprendió entonces cómo manejar su imaginación, y qué grado de importancia debía darse a lo que San Pablo llama "el espíritu de la carne".

Hay cuadros célebres de grandes artistas que pretenden representar las tentaciones de San Antonio Ermitaño mientras oraba, y algunos de ellos son ampliamente conocidos por los grabados. Bien entendidos, estos cuadros dan una valiosa instrucción. Representan en formas visibles las solicitaciones y tentaciones con las que la imaginación acosa a la mente en la oración. Algunas de estas figuras son graves, otras refinadas y seductoras, otras grotescas y ridículas. Pero mientras estas criaturas de la imaginación tratan de atraer la atención del Santo, de apartarle del recogimiento o de disipar su oración con sus encantos, ilusiones, payasadas o seducciones, el Santo mismo se arrodilla con toda su alma concentrada en Dios; Su rostro muestra la tensión de su fortaleza, y es consciente del asedio que sufre su alma; pero su paciencia no vacila, su voluntad mantiene su atención con firmeza hacia Dios, y se niega a desviarse ni por un instante del objeto de su oración. Ha dominado estas solicitaciones, ha dominado el ridículo, ha dominado las ansiedades de la tentación y de la distracción, y eso simple y únicamente adhiriéndose a Dios con paciencia.

El cuarto obstáculo a la atención es muy sutil, y tanto más malicioso cuanto que brota directamente del amor propio. Mientras el alma permanezca en el humilde sentido de su nada ante Dios, y le mire con paciente confianza como el dador de todo lo que necesita, la tentación se deslizará y dejará su oración intacta. Pero si el alma comienza a perder de vista lo que es ante Dios, y apartándose de su humildad se deleita en lo que ella imagina que es el éxito de su oración, su atención se desviará secretamente de Dios hacia sí misma, una sombra de ese yo imaginario se interpondrá entre su yo real y Dios, y aunque no borre la presencia divina de su mente, sin embargo oscurecerá esa santa presencia, mientras que levantará el espíritu de presunción. El amor propio y la vanidad entrarán en acción, y se mostrarán en pequeñas fantasías y débiles sentimentalismos; puede haber composiciones industriosas de frases, y otros aderezos de vanidad, haciendo una tonta exhibición ante Dios para el propio entretenimiento; tal como la gente vanidosa lo hace en su conversación con sus vecinos.

Esta oración locuaz de amor propio es muy ofensiva; es un ejemplo de ese hablar mucho que nuestro Señor reprendió en la oración de los paganos, que pensaban mucho en sí mismos y poco en Dios. La oración en espíritu y en verdad no procede del amor propio, sino de la gracia del Espíritu Santo, y se dirige a Dios con amor y veneración. No consiste en palabras bonitas o poesía agradable, sino que está penetrada por el poder y la bondad de Dios, y por el sentido de nuestra propia bajeza, pobreza y necesidad. Cuando el corazón está verdaderamente tocado por la luz y la gracia, y subyugado por un deseo sincero, el alma se expresará con las palabras más sencillas, brotando sin arte ni esfuerzo del espíritu que se mueve en su interior. Esta es la oración del fervor humilde, que no se distrae fácilmente por su paciencia y sencillez; pero la oración corrompida por la vanidad del amor propio invita a la distracción. ¿Puede tal oración agradar a Dios? No cuando nos afanamos en nuestra vanidad. Él ha dicho: "¿A quién tendré respeto, sino al que es pobre y pequeño, y de espíritu contrito, y que tiembla a mis palabras?"5 Y el Proverbio dice: "Su voluntad está en los que andan con sencillez"6

En el momento en que se detecta este espíritu vano, todo debe dar paso a una profunda humillación ante Dios, y a un profundo sentimiento de vergüenza por haberse comportado así en la presencia divina. Quien esté sujeto a esta enfermedad encontrará en ella la prueba de una voluntad no mortificada, y tal persona no sólo debe comenzar la oración con un acto de profunda humildad y sujeción a Dios, sino que debe repetir ese acto de vez en cuando en el curso de la oración. Esto debe ir acompañado de la consideración de la propia nada ante Dios, que ve a través de todas nuestras debilidades, y que exige de la criatura caída humildad ante todas las cosas, y la "sencillez de un niño indefenso en presencia de su Creador". Al final de la oración, el hombre debe considerar si ha cedido a la presunción o si se ha comportado con sencillez de corazón, para pedir perdón cuando haya errado por vanidad o presunción.

El quinto obstáculo para la atención surge de la confusión mental. Hay algunas personas que en ciertos momentos no saben por dónde empezar o cómo proseguir su oración. Se confunden de principio a fin. En tales casos debe recurrirse a un libro, y ese libro debe usarse libremente, no sólo como guía sino como apoyo a la reflexión. Hay pocas personas que no puedan meditar sobre la Pasión de Cristo, y no pueden tener nada mejor. Este estado de ánimo requiere mucha paciencia. Cuando la mente no puede hacer otra cosa, la voluntad siempre puede esperar en Dios, que con paciencia es una oración excelente. Pero cuando la mente no puede meditar, el corazón siempre puede utilizar simples aspiraciones, que son la esencia misma de la oración.

Pero la mayor causa de confusión mental es la escrupulosidad, que impide en gran medida la libertad de la mente. La escrupulosidad es una verdadera enfermedad. Tiene su asiento en la imaginación, y afecta gravemente la acción de la voluntad así como del juicio. Es una especie de manía, gobernada por la imagen fija del pecado, que anula el equilibrio del juicio, de modo que la justa distinción entre el bien y el mal ya no se discierne en nuestros actos o pensamientos. Como una persona que sufre de ictericia tiene sus ojos tan llenos de bilis amarilla que todo lo que mira parece teñido de ese color; así la persona escrupulosa tiene su vista mental tan llena de la imagen y el temor del pecado, que cuelga como un fantasma ante sus ojos, y parece dar su color a todos sus actos. De ahí que atribuya la noción de pecado a sus pensamientos y acciones más inocentes, y viva en constante temor de que lo que hace sea pecaminoso, y esto más especialmente en sus actos de piedad. En algunas personas este mal es constitucional, y puede ser detectado por una persona de discernimiento espiritual por signos externos. En otras, la prueba es sólo temporal.

Es obvio, por la naturaleza de esta enfermedad, que quienes la padecen no pueden ser jueces en su propia causa. Pues la enfermedad afecta al propio juicio, que es incapaz de decidir si no es sobre el juicio de otro. Donde hay orgullo, y éste rara vez falta, hay gran obstinación de voluntad, y esto hace que la enfermedad sea mucho más difícil de curar. Sólo hay un remedio para este estado de sufrimiento del alma, y es la obediencia absoluta e implícita al Médico Espiritual. Cuando el médico pronuncia que el paciente sufre de escrupulosidad, el primer e indispensable deber del enfermo es creer que tal es el caso, aunque la persona escrupulosa no vea ni entienda cómo puede ser. Pues si el enfermo no confía en el médico, la curación no puede efectuarse. El segundo deber del escrupuloso es seguir fielmente las pocas y sencillas reglas dadas por el director para su curación, por irrazonables que puedan parecer al desordenado juicio del enfermo. Ese juicio puede ser perfectamente sano en todos los demás aspectos, excepto cuando se trata de pecado, o de la imaginación y el temor del pecado. Cuando este mal da lugar a inquietud y ansiedad que perturban la paz de la oración, el enfermo debe buscar dirección especial en cuanto a la clase de oración más adecuada al caso, y en cuanto a la conducta que debe seguirse en la oración. Se alentará mucho la obediencia de los escrupulosos si sólo se aseguran de que sólo son responsables ante Dios de su obediencia, y que el director es responsable de todo lo que se les ordena.

El sexto obstáculo para la atención en las almas no purificadas ya por las pruebas, es la sequedad del corazón. Cuando los afectos pierden sus agradables sensibilidades y descubren que su gozo ha desaparecido, el alma se vuelve ansiosa e inquieta, y se imagina que algo grave, no sabe qué, está mal en ella, y que Dios no está con ella. Esta ansiedad aumenta mucho si hay oscuridad u oscuridad en la mente, así como sequedad en el corazón. Acostumbrada a la luz, al refrigerio y al consuelo de la oración, cuando se ve privada de ellos, el alma se inclina a perder el ánimo, a ocuparse de sí misma y de sus sentimientos cambiados, y no pocas veces se entrega a la tristeza, que relaja mucho la atención a Dios y trae una aprensión inquietante acerca de su estado. Todavía tiene que aprender las virtudes más fuertes y menos egoístas de la oración, y, por muy bien instruida que esté en teoría, descubrir en la práctica que hay recompensas mucho mayores de la oración que su disfrute real y presente.

¿Qué es la fe que nada en la luz comparada con esa fe fuerte y enérgica que se adhiere a Dios y a su verdad cuando el alma está rodeada de nubes oscuras y oscuridades? Es un noble valor creer que Dios sigue presente, escuchando nuestras oraciones y proporcionando su recompensa, a pesar de las tinieblas que nos ocultan Su presencia. "Dichosos los que no han visto y han creído "7. ¿Qué es la esperanza que goza del anticipo de las promesas, comparada con esa confianza sin límites que se aferra a Dios con confianza inquebrantable cuando todo lleva la apariencia del desaliento? Esta fue la paciente confianza del santo Job. Torturado en el cuerpo, abrumado por las tinieblas y la sequedad de espíritu, asaltado por temores y perplejidades, exclamó en medio de sus penas y privaciones: "Los Salmos de David son la voz de un alma que alterna con frecuencia entre la luz y la oscuridad, entre el consuelo y la desolación, entre el deleite en Dios y el temor de sí misma; y están escritos para nuestra instrucción. Cuando llega la prueba, ¿cuál es la conducta del Profeta de las almas? Se adhiere a Dios con esperanza; permanece con Él en paciencia. Se sujeta a Dios y le reza; espera con fortaleza la venida de Dios.

San Pablo supo abundar y sufrir pérdidas. Ha registrado humildemente las alternancias de su alma, hasta la humillación que sufrió, para no envanecerse con la grandeza de sus revelaciones. "Por lo cual", dice, "tres veces rogué al Señor que se apartase de mí; y me dijo: Bástate mi gracia; porque la potencia se perfecciona en la flaqueza". ¿Qué hizo entonces el Apóstol? Conociendo la voluntad de Dios, no se turbó más, sino que soportó pacientemente la prueba. "De buena gana, pues, me gloriaré en mis flaquezas, para que habite en mí el poder de Cristo. Leemos las vidas de los santos de todas las épocas y descubrimos que tuvieron sus tiempos de refrigerio y sus tiempos de prueba interior y desolación, y que eran profundamente conscientes de sus dolencias. Pero lo que verdaderamente los distinguía era la fe sencilla, la confianza confiada y la paciencia incansable con que se adherían a Dios en toda prueba y en todo estado de sentimientos, indiferentes a todo lo que no fuera la voluntad de Dios y sus influencias santificadoras.

¿Qué es la caridad que ama a Dios con el dulce sentido del amor, comparada con aquella mayor caridad en que, aunque sin el sentido del gozo, nuestros deseos de Dios son enviados a Él con mayor fervor? Dios mide nuestro amor por nuestros deseos, y no por el refrigerio con que a veces los recompensa. La consolación no es oración, sino un estímulo dado a la debilidad de las almas. La oración es la más fuerte, la más plena de las virtudes, y obtiene la mayor recompensa en la eternidad, cuando nuestros deseos ascienden a Dios, y nuestra adoración le es entregada sin miramientos a un consuelo mayor del que a Dios le place darnos. ¿Qué es la paciencia de un alma en la que todo va agradablemente por el camino de la oración, y cuando sólo tiene que excluir lo que interfiere con el recogimiento, comparada con aquella paciencia firme y constante que se adhiere a Dios en medio de la oscuridad y la desolación?

Esta carne fuerte no se da a los bebés de la vida espiritual, sino a los que son elegidos para grandes recompensas en la eternidad. Esta severa dieta purifica los afectos de lo que hay en ellos de sensual, débil, irritable o egoísta, y fortalece las virtudes con vistas a su perfección. La recompensa de la oración es la humildad, la paciencia, la caridad y la pureza. Que nadie confunda el consuelo presente con la gran recompensa. La primera es una gracia dada al alma para animarla a trabajar por la recompensa eterna. Cuando la oración es pura mira más a Dios y menos al goce presente. Cuando la oración es paciente, permanece más firmemente con Dios, espera su voluntad y está menos atenta a las perturbaciones interiores. Esta oración seca es generosa, y más pacífica cuando es más paciente. La gran recompensa final, a la que debe dirigirse toda oración, es Dios mismo.

Si a Dios le place que el alma tenga su estación de invierno así como su estación de verano, esto es una política divina y una providencia espiritual. Porque así como la providencia de Dios envía el frío vigorizante, las nubes lluviosas y los vientos purificadores para preparar la tierra, a fin de que sus frutos broten en el verano, así también estas pruebas están ordenadas para fortalecer el alma, purificar el corazón y erradicar las malas hierbas del amor propio; para fortalecer el espíritu en fortaleza y paciencia, y para cambiar nuestros hábitos blandos por una constitución de vida más vigorosa. De ahí que en el lenguaje de la teología estas pruebas se llamen purgaciones; bien purgaciones del sentido, bien purgaciones del intelecto, bien purga-ciones de la voluntad.

  La purgación del sentido se efectúa secando los afectos, con lo cual aprendemos que el consuelo espiritual no viene de uno mismo, sino que es don y estímulo del Espíritu Santo, que lo da y lo quita. Esta prueba purifica también los afectos espirituales de todo lo que es sensual o tiene sabor a amor propio que se ha mezclado con ellos. Así se vuelven más puramente espirituales, y cuando vuelve el consuelo, se siente más en Dios y menos en uno mismo. La purgación del intelecto se efectúa por la retirada de la luz divina que deja al alma en la oscuridad, excepto en lo que se refiere a la luz de la conciencia, y el alma ve más claramente que esta luz está en la mano de Dios para darla o quitarla. Ponemos muchas imágenes de vanidad en esa luz, y muchos reflejos de amor propio, y hacemos de la santa luz un espejo en el que admirar nuestros propios esfuerzos mentales, olvidando que es por el don de la luz de Dios que creemos, y pensamos, y obtenemos conocimiento y entendimiento. Pero cuando la oscuridad se apodera de la mente, nos descubrimos a nosotros mismos; vemos que nuestra luz viene de Dios, y que por ningún trabajo nuestro podemos producir un solo rayo de su iluminación. Nos queda la fe y la luz de la justicia, necesarias para guiarnos en nuestro camino, y aprendemos cuán insignificantes son nuestros esfuerzos mentales sin la luz de Dios. El orgullo del intelecto es mortificado y humillado, el intelecto mismo es purificado de sus vanidades y engreimientos, y de las imágenes reflejadas del amor propio; y cuando la luz alentadora regresa, llega más serena a una mente más pura, de modo que hacemos nuestra oración y conducimos nuestras operaciones mentales con una dependencia más verdadera de la iluminación divina. Así el intelecto se purga del orgullo y la vanidad para que podamos ver las verdades de Dios y las leyes de la sabiduría con ojos más puros, y responder a ellas con mayor fidelidad.

  La purgación de la voluntad se efectúa mediante la crucifixión de nuestros amores y deseos desordenados. Esto se realiza por los sufrimientos, privaciones y desengaños que la voluntad tiene que soportar en las cosas que tienden a Dios. Cuando las disposiciones de la voluntad han sido así purificadas de buscar su propio camino en las cosas de Dios, y cuando los deseos de la naturaleza han sido limpiados de impedir la voluntad de Dios en esa alma, el alma acepta todas las privaciones y sufrimientos aquí abajo con indiferencia. El don de la caridad se purifica de los intereses de la naturaleza y del egoísmo, y, despojada de sus estorbos accidentales, la llama del amor divino obtiene un aumento de pureza y fuerza, de fortaleza y paciencia, que le da una capacidad maravillosa tanto para la unidad con Dios como para toda obra buena.

De estas explicaciones resulta evidente que las principales virtudes que deben ejercitarse en tiempos de sequedad, oscuridad y sufrimiento interior son la fe paciente, la esperanza paciente y la caridad paciente, elevadas al grado de fortaleza. Debemos soportar por amor a Dios, creer en su amoroso cuidado de nosotros, esperar con paciencia la luz de su rostro y perseverar en nuestra oración. Pero recuerda que es con nosotros mismos con quienes debemos ser pacientes. Los italianos tienen un proverbio que dice que el tiempo y la paciencia convierten la hoja de morera en fino satén. Es maravilloso lo que el tiempo hace por un alma cuando la ayuda la paciencia. La paciencia con el tiempo lo madura todo. Dios es el gobernador de tu alma: ten paciencia con sus misteriosos caminos, y deja que Él te gobierne. Cien tiene perseverancia el que tiene paciencia; pero sin paciencia esa perseverancia es de tipo inquieto, quebrantado y poco pacífico. La entrega devota a los caminos de Dios es la cumbre de la paciencia.

El séptimo obstáculo para la atención y el recogimiento constantes proviene de las timideces, temores y desalientos a que cede el alma en medio de las pruebas y desolaciones de la oración. Este temor repugnante es muy distinto del temor filial de Dios; es un hundimiento de la esperanza y del ánimo, y un fracaso de la confianza en que Dios está presente y escucha los deseos de nuestro corazón. Estos tímidos recelos no proceden de la gracia, sino de la debilidad de la naturaleza privada de consuelo. Las personas que se esfuerzan con paciencia y soportan las privaciones con alegría para obtener éxito en otras cosas, a menudo se retraen del trabajo y de la resistencia, y pierden la paciencia, cuando se les aplaza lo que piden a Dios; pierden tanto el ánimo como gran parte de lo que ya han ganado. No reflexionarán que Dios retrasa sus gracias para probar su fe en Él y su paciencia, o por otras razones beneficiosas que sólo Él conoce. De ahí que su atención se vea perturbada, se divida entre Dios y sus propias incomodidades, y a veces se vea abrumada por la melancolía y la tristeza de su naturaleza descontenta. A veces esto va más lejos; se imaginan que su propio descontento es el descontento de Dios con ellos, que Él los ha abandonado, y que su oración es desagradable a Dios, e inútil. Así la paciencia se convierte en melancolía, y el alma se ocupa totalmente de sí misma.

Sin embargo, todo esto no es más que un engaño malicioso, cuyo origen es la presunción y cuyo alimentador es el amor propio. Esto se manifestará de diversas maneras. La imaginación vagará a otras escenas en busca de alivio. El alma pensará que podría estar mejor en otro lugar y bajo otras condiciones. Porque uno de los efectos de este tipo de descontento es imaginar que uno no está en su vocación correcta, y que podría hacerlo mejor en alguna otra; olvidando que nos llevamos a nosotros mismos con nosotros dondequiera que vayamos. Pero toda esta debilidad proviene de la falta de paciencia con nosotros mismos. Pero surge la pregunta: ¿Haremos la voluntad de Dios o la nuestra? ¿De qué nos servirá nuestra voluntad? La Sagrada Escritura y los santos nos enseñan abundantemente que las pruebas que Dios nos envía son uno de sus mayores beneficios, y estamos dispuestos a enseñar esta verdad a los demás en sus pruebas. Pero cuando se trata de nuestro propio caso, nuestro amor propio no nos deja comprender. Sin embargo, para eliminar el amor propio se nos da esa prueba. Si conociéramos prácticamente los caminos de Dios en el alma, deberíamos creer en ellos, confiar en ellos, amarlos y esperar pacientemente a través del invierno de la prueba el regreso de la primavera. Pero el amor propio es ciego, voraz por el goce presente, y triste y penoso cuando no se le concede. La verdadera pregunta para el alma es ésta: ¿Lo merecemos? ¿Es bueno para nosotros? Y la respuesta es: Dios lo sabe.

En el Salmo 87, el rey David nos presenta en su oración el miedo, la angustia y la desolación que acosan su alma. Comienza su oración con una ferviente súplica: "Oh Señor, Dios de mi salvación: He clamado de día y de noche delante de ti". Luego compara sus privaciones interiores con las de un hombre enterrado en un sepulcro: "en las tinieblas y en la sombra de la muerte". Sin embargo, con paciente fortaleza persevera en su oración: "Mis ojos languidecían por la pobreza, todo el día clamé a Ti, Señor; extendí mis manos hacia Ti". Y de nuevo continúa su oración: "¿Declarará alguien en el sepulcro tu misericordia, y tu verdad en la destrucción? ¿Serán conocidas tus maravillas en la oscuridad, y tu justicia en la tierra del olvido? Pero yo, oh Señor, he clamado a Ti: y por la mañana mis oraciones te prevendrán". Esta es la oración inspirada de alguien cuya atención a Dios no es destruida por sus temores y desalientos.

El Profeta Habacuc comienza su profetizar con una oración de gran desolación: "¿Hasta cuándo, Señor, clamaré, y no me oirás? ¿He de clamar a Ti sufriendo violencia, y Tú no salvarás?"10 Pero al final de sus dolorosas profecías su paciente dolor es recompensado, y sus palabras son alegres: "Pero me alegraré en el Señor: y me gozaré en Dios mi Jesús. El Señor Dios es mi fortaleza: y Él hará mis pies como pies de ciervos; y Él, el vencedor, me conducirá por mis alturas cantando salmos".11

El verdadero remedio para todos estos temores y desalientos es adherirse a Dios en la oscuridad, y esperar con paciencia la hora de la liberación. Entonces Dios infundirá una fuerza secreta en el alma que la llevará a través de su prueba. "Espera en Dios con paciencia; adhiérete a Dios, y soporta, para que tu vida sea aumentada en el postrer fin. Acepta todo lo que te sobrevenga; y en tu dolor soporta, y en tu humillación conserva la paciencia; porque el oro se prueba en el fuego, pero el hombre aceptable en el horno de la humillación. Cree en Dios, y Él te recobrará; y dirige tu camino, y confía en Él".12 También descubrirás la verdad de las palabras de Salomón: "Mejor es el fin de la oración que el principio. Mejor es el hombre paciente que el presuntuoso".13

No debemos olvidar que tanto la voluntad como la mente son susceptibles de fatigarse, no por ser potencias espirituales, sino por los órganos corporales de que se sirven. Por lo tanto, en nuestro estado mortal, la atención no puede mantenerse mucho tiempo sobre un tema sin variar el método de atención. El poder de atención es muy diferente en las distintas personas, y ello por varias razones: la diferencia de constitución natural, la diferencia de los hábitos en que el alma ha sido educada, y el mayor o menor grado en que el alma ha sido disciplinada a la paciencia. La mente y sus facultades no deben ser forzadas, o el cansancio y la dulzura serán la consecuencia. La meditación, que los Padres llaman investigación, es más fatigosa que la oración aspirativa de los afectos. La contemplación es menos fatigosa porque los movimientos de la mente son más simples. Pero lo que realmente fatiga la mente no es la oración tranquila, sino cualquier ansiedad o tristeza mezclada con ella. Cuando la oración aspirativa y afectiva se mezcla con la meditación, no sólo es menos fatigosa, sino más fructífera. Esto se encontrará particularmente en los retiros largos.

Quien quiera sentir el valor de la oración paciente, tome el Padrenuestro, o el Credo, o un Himno del Espíritu Santo, y repítalo lenta y atentamente, con el corazón en Dios y la mente en el sentido de la oración, y descubrirá, quizá con cierta sorpresa, cuánta más luz vendrá a su mente, cuánta más dulzura a su corazón, cuánto más cerca se sentirá de Dios, que cuando estas oraciones habituales son poco más que balbuceadas sin su sentido pleno y solemne. Un Padrenuestro así recitado meditativamente con la mente, el corazón y la paciente atención, hará más por el alma que varias repeticiones poco mejores que verbales. A veces la mente penetrará con afecto en las sublimes verdades expresadas; a veces el corazón las usará como piadosas aspiraciones; a veces el alma descansará más plenamente en la divina presencia; a veces se examinará a sí misma a su luz; a veces recibirá más decididamente su influencia para determinar su conducta. Estas solemnes peticiones traerán constantemente nuevas luces y nuevos refrigerios; el espíritu de Dios está en ellas, y "donde está el espíritu del Señor hay libertad".

San Gregorio Magno, en su Exposición moral del libro de Job, nos ha dado una explicación tan sólida del valor de las pruebas interiores, que con gusto damos por extensas sus reflexiones. El texto sobre el que el gran Pontífice construye su comentario son las palabras del mensajero a Job. "Mientras tus hijos y tus hijas comían y bebían vino en casa de su hermano mayor, vino de repente un viento violento del lado del desierto, y sacudió las cuatro esquinas de la casa, y cayó sobre tus hijos, y están muertos, y sólo yo he escapado para decírtelo "14. Sobre esto San Gregorio observa que la casa interior del alma está edificada en las cuatro virtudes cardinales, y dentro están las otras virtudes, hijas del corazón, que se alimentan mutuamente. La justicia, la fortaleza, la prudencia y la templanza enmarcan una casa para el Espíritu de Dios. Entonces el Espíritu de Dios prepara la casa del alma contra sus diversas pruebas templándola con siete virtudes: con la sabiduría contra la necedad, con el entendimiento contra la estupidez, con el consejo contra la precipitación, con la fortaleza contra el temor, con la ciencia contra la ignorancia, con la piedad contra la dureza de corazón y con el temor del Señor contra la soberbia.

Sin embargo, a veces, mientras el alma se sustenta en la abundante abundancia del don divino, si ese don se quedara constantemente con nosotros, dándonos siempre un dulce disfrute, nos olvidaríamos de quién viene el don, y lo creeríamos nuestro. Es, pues, útil que a veces se nos retire esta gracia para frenar nuestra presunción y mostrarnos cuán débiles somos. Cuando la perdemos por un tiempo, aprendemos a saber de dónde viene nuestro bien, y que no tenemos poder para conservarlo. A veces, para enseñarnos humildad, la tentación se abalanza sobre nosotros, y con una violencia que convierte nuestra sabiduría en locura. No sabiendo cómo hacer frente a la tentación, nos preocupamos de cómo podemos hacer frente a la presión del mal. Pero esta misma locura enseña prudencia al corazón; nuestra locura momentánea nos hace más humildes y, por tanto, más verdaderamente sabios; y la sabiduría perdida en cierto modo por el momento se mantiene en adelante con mayor seguridad.

A veces, después de que el entendimiento ha ascendido a las cosas sublimes, viene una obtusidad sorda que hunde la mente en las cosas bajas y viles, e incluso las verdades inferiores abandonan la mente que recientemente se elevó en alas rápidas. Sin embargo, esta misma estupidez, que sobreviene a la pérdida temporal de las facultades mentales, salva el entendimiento; porque el corazón se humilla, y por lo tanto se fortalece más justamente para comprender lo que es verdaderamente sublime. A veces, mientras nos regocijamos en el firme consejo que gobierna nuestras acciones, sobreviene una crisis que nos precipita en una precipitación irreflexiva, de modo que mientras imaginábamos que todo estaba bien regulado en nuestro interior, éste queda devastado por la confusión. Sin embargo, esta misma confusión nos enseña a guardarnos de atribuir nuestro consejo a nuestra propia virtud, y después de haber vuelto al don del consejo que parecía perdido, nos aferramos a él con mayor firmeza.

Algunas veces, mientras despreciamos valientemente las adversidades, nos sobreviene algún nuevo problema más allá de lo que esperábamos, y el alma es golpeada por un temor inusual; sin embargo, después de sufrir esta confusión, el alma aprende a quién debe atribuir la fuerza que la sostiene bajo las tribulaciones; y en proporción al peligro en que ha incurrido de perder su fortaleza, se adherirá más firmemente a su Divino Fortalecedor. A veces, mientras nos regocijamos en el conocimiento de las cosas divinas, la mente se vuelve tórpida, y es golpeada como por la ceguera; sin embargo, aunque el ojo de la mente se cierra en la ignorancia por un tiempo, después se abre al verdadero conocimiento; porque esta visita de la ceguera nos instruye en el tipo correcto de conocimiento, y nos enseña de quién viene el verdadero conocimiento.

A veces, cuando todas las cosas parecen estar religiosamente dispuestas en nosotros, y nos felicitamos de estar llenos de sentimientos piadosos, nos sobreviene una repentina dureza; sin embargo, mientras nos hacemos conscientes de la dureza natural de nuestro corazón, aprendemos de quién recibimos el don de la piedad; y después de su extinción parcial, esa piedad vuelve más perfecta, y la amamos más por haberla perdido durante un tiempo. A veces, cuando el alma se regocija en el santo temor de Dios, se pone repentinamente rígida con tentaciones de orgullo; pero despertada por el temor de perder el temor de Dios, se inclina de nuevo a la humildad, y en proporción a su temor de perder una virtud tan trascendental, la recibe de nuevo con mayor solidez.

Cuando la casa de Job se vio abrumada, murieron los siete hijos. Cuando el fuerte viento de la tentación turba la conciencia, para el autoconocimiento se abruman las virtudes nacidas del corazón. Sin embargo, esos hijos del corazón siguen viviendo a través del espíritu que hay en ellos, aunque externamente estén muertos para las sensibilidades. Porque aunque la hora de la prueba turbe las virtudes en un momento, a través de la perseverancia de la recta intención viven seguras en la raíz del alma. Con los hijos de Job fueron abrumadas sus tres hermanas. Cuando llegan las pruebas pesadas, a veces nos sucederá que la caridad se turbe en el corazón, la esperanza se estremezca con alarma y la fe se vea asaltada con interrogantes. Porque a veces nuestro amor a nuestro Creador languidecerá bajo el pensamiento de que se nos hace sufrir más allá de nuestras fuerzas; y cediendo más de lo debido al temor, la confianza de nuestra esperanza se debilita. A veces también la mente se extiende a cuestiones inmensas, y la fe sufre fatiga como si estuviera fallando. Sin embargo, estas hijas de la gracia están vivas, aunque parezcan abrumadas; porque cuando la conciencia parece decir que la fe, la esperanza y la caridad casi han fracasado, se mantienen vivas a los ojos de Dios por la perseverancia de la recta intención.

Sólo escapó el siervo que llevó estas noticias a Job. En medio de nuestras mayores pruebas, una cosa permanece segura, y es la luz y la discreción con que distinguimos lo justo de lo injusto. En la maravillosa dispensación bajo la cual vivimos, el alma es golpeada a veces con el sentimiento de culpabilidad. Si un hombre no sintiera nunca su debilidad, se creería señor de sus fuerzas. Pero cuando sacudido por la irrupción de las tentaciones se fatiga más allá de lo que le basta, se le muestra la fortaleza de la humildad, donde encontrará una amplia protección contra sus enemigos; y del mismo temor de que su debilidad le lleve a la caída, recibe una fortaleza que le permite mantenerse con firmeza. No sólo aprende de sus pruebas de quién recibe su poder, sino que sabe con qué vigilancia debe conservarlo. A menudo, cuando la tentación podría ser vencida fácilmente en el combate, el engreimiento de la seguridad en sí mismo lo lleva a la caída. Porque cuando el alma se disuelve en la ociosidad se convierte en presa fácil del corruptor. Pero cuando la Piedad Divina dispone de tal manera que la tentación no se precipite con vehemencia sobre nosotros, sino que sólo se le permite acercarse con pasos moderados para nuestra instrucción, esto se concede para que podamos armarnos con cautela contra el enemigo que viene.15

Y Job dijo: "El Señor ha dado, el Señor ha quitado. Bendito sea el nombre del Señor". Mira cómo las pruebas de Job le instruyen. En lo que ha recibido confiesa la generosidad de Dios; en lo que le es quitado, para perturbación de su fortaleza, confiesa el poder de Dios. Sin embargo, la fortaleza misma no le es arrebatada; sólo es fatigada por la perturbación. De momento en momento su alma se estremece con el temor de perderla; pero haciéndose cada vez más humilde por ese temor, su humildad le salva de perder su fortaleza.16

Nadie ha tratado el tema de la paciencia en la oración y en la conducta de la vida con mayor amplitud, claridad y plenitud que Santa Catalina de Siena; y debe recordarse que en el decreto de su canonización se declaró que su doctrina no había sido adquirida sino infundida. Con un resumen de lo que esta Santa profundamente iluminada dictó sobre el tema, concluiremos esta instrucción. Ella escucha la Verdad Eterna, y luego habla a las almas.

En el Antiguo Testamento, cuando se ofrecía un sacrificio a Dios, venía un fuego que atraía a la víctima hacia Él, y la hacía aceptable. Así la Dulce Verdad envía el fuego del Espíritu Santo para atraer hacia Él el sacrificio del deseo por el que el alma hace la oblación de sí misma a Dios. Y Él dice al alma: '¿No sabes que todas las penas que soportas o puedes soportar en esta vida son insuficientes para castigar el menor de tus pecados? Una ofensa contra Dios, el Bien Infinito, requiere una satisfacción infinita. Pero todos los dolores que se te envían en esta vida no se envían para castigo; algunos se envían para la corrección del hijo ofensor. Esto, sin embargo, es verdad, que el alma puede satisfacer por sus deseos, cuando van acompañados de verdadera contrición y desagrado del pecado. La verdadera contrición satisface tanto por el pecado como por el castigo, no por los limitados sufrimientos soportados, sino por el infinito deseo de Dios que los acompaña. Porque Aquel que es infinito tendría infinito amor e infinito dolor. Tendría infinito dolor por la ofensa de Dios, y también por la de nuestro prójimo. Pero las almas tienen deseos infinitos cuando se hacen infinitas por su unión con Dios en el amor, y en el dolor, por haberle ofendido. Todos los sufrimientos que soportan, sean espirituales o corporales, reciben un mérito infinito al ser movidas por el Espíritu Santo de amor, aunque los actos mismos sean limitados en el tiempo y en la intensidad. La virtud de soportar prevalece porque va acompañada de este deseo infinito, junto con la contrición y la detestación del pecado. Esta verdad es demostrada por San Pablo. "Si yo hablase lenguas humanas y angélicas, y no tengo caridad, vengo a ser como metal que resuena o címbalo que retiñe. Y si tuviese profecía y conociese todos los misterios, y no tengo caridad, nada soy. Y si repartiese todos mis bienes para dar de comer a los pobres, y si entregase mi cuerpo para ser quemado, y no tengo caridad, de nada me sirve "17. El glorioso Apóstol demuestra así que ningún acto o sufrimiento limitado puede satisfacer si no está sazonado con los deseos ilimitados de la caridad.

Toda virtud tiene vida y aprovecha por Jesucristo, Hijo Unigénito de Dios, Crucificado, y aprovecha en cuanto el alma saca de Él amor con que seguir sus pasos en las virtudes. De este modo aprovechan, y de ningún otro; de este modo los sufrimientos satisfacen por el pecado, es decir, por el amor dulce y unitivo obtenido del dulce conocimiento de la Bondad Divina; y por la amarga contrición del corazón, derivada del conocimiento de ti mismo y de tus pecados. Este conocimiento produce odio a sí mismo, al pecado y a la sensualidad, cuyo efecto es considerarse merecedor de sufrimiento e indigno de consuelo. Ves, pues, cómo por la contrición del corazón, por el amor a la paciencia y por la verdadera humildad, tus sufrimientos deben ser soportados con paciencia por la humildad; mientras que tú te consideras digno de sufrimiento e indigno de consuelo. Entonces pedirás sufrir como satisfacción por tus ofensas contra tu Creador, y desearás conocer la Verdad Soberana, para poder amarle.

Pero el camino para obtener el conocimiento perfecto, y para saborear la Verdad Eterna es éste, que nunca te apartes del conocimiento de ti mismo, sino que permanezcas en el valle de la humildad, donde conocerás a Dios dentro de ti, y extraerás de ese conocimiento lo que es necesario para ti. Ninguna virtud puede tener vida sin la caridad, ni sin la humildad, que es la nodriza de la caridad. Te humillarás en el conocimiento de ti mismo, y verás que tu ser no procede de ti mismo, sino de Dios, que te amó antes de que existieras; y, por indecible amor, te recreó en la gracia; y te lavó; y te recreó en la Sangre de su Hijo Unigénito, derramada con gran fuego de amor. Este amor da a conocer la Verdad a todo aquel que, mediante el conocimiento de sí mismo, se quita de encima la nube del amor propio. Entonces el alma ascenderá al conocimiento de Dios con indecible amor; sin embargo, este amor mantendrá al alma en continuo sufrimiento, porque es un amor que se aflige en el conocimiento de la verdad, y sufre en extremo a causa del propio pecado e ingratitud, y a causa de la ceguera de los que no aman a Dios. Pero no es un dolor que aflija, no es un dolor que marchite el alma, sino un dolor que enriquece. El alma satisface así sus pecados y los de los demás siervos de Dios; y sus sufrimientos pueden bastar porque recibe los frutos de la vida por la virtud de la caridad.18

La paciencia es la Reina del alma. Está asentada sobre la roca de la fortaleza. Ella vence y nunca es vencida. Esta virtud es la médula de la caridad. Por su presencia sabemos si el vestido de caridad con que estamos revestidos es el verdadero vestido nupcial o no. Si este vestido tiene aberturas, es un vestido imperfecto, y la impaciencia se escapará por las aberturas. Las otras virtudes pueden estar ocultas por un tiempo, o pueden parecer perfectas cuando en realidad son imperfectas. Pero tú, oh paciencia, no puedes ocultarte. Que esta dulce paciencia, esta médula de caridad esté en el alma, y demostrará que todas las otras virtudes están allí, y viviendo en perfección. Pero si la paciencia está ausente, esa ausencia mostrará que todas las otras virtudes son imperfectas, y no están todavía unidas a la santísima Cruz. La paciencia se concibe del conocimiento de sí mismo por el conocimiento de la infinita bondad de Dios, nace del odio de sí mismo y se unge con la verdadera humildad.

Nada se niega a la virtud de la paciencia; ni el honor de Dios ni la salvación de las almas; goza de ellos continuamente. Mirad a los gloriosos Mártires. Cuántas almas se entregaron a su paciencia. La muerte les dio vida: resucitaron a los muertos: alejaron de las almas el pecado mortal. El mundo exhibió su grandeza, los señores del mundo desplegaron su poder; sin embargo, no pudieron prevalecer contra los Mártires, tan fuertes eran en el dulce poder de la paciencia. Esta virtud es una luz colocada en un candelero. Es el fruto glorioso de las lágrimas unidas al amor de Dios y del prójimo; participa del Cordero Inmaculado con deseos ansiosos y crucificados. El dolor sufrido por esta virtud no es aflictivo, aunque se sufra por las ofensas cometidas contra nuestro Divino Creador; porque la paciencia amorosa destruye todo temor y amor propio. Es consoladora, porque se funda en la caridad; produce alegría, porque es la prueba demostrativa de que Dios habita por gracia en el alma.19

La impaciencia proviene de una de estas dos causas: de la muerte espiritual, cuando el alma está en pecado mortal; de la imperfección de la vida, cuando la raíz del amor propio no está mortificada. Esas almas imperfectas viven de la gracia, pero son tiernas consigo mismas, sensibles de la sensualidad, y tienen una suave compasión de su propia debilidad. Esperan que los demás las compadezcan, y sufren cuando no son compadecidas. Esto les lleva a murmurar, y a juzgar las voluntades de otras personas. Todo esto proviene del amor propio, y la impaciencia es la prueba de ello. Aman su propio camino, y ¿qué lengua puede contar los problemas de la voluntad propia? En estas personas obstinadas, el ojo del entendimiento está oscurecido; su fe, la pupila misma del ojo, está nublada por el amor propio, y son infieles a su luz. La impaciencia que sigue les hace desobedientes; esto debilita su juicio; y esto, de nuevo, les lleva a la murmuración. Aunque viven en gracia, sus almas son imperfectas; su amor propio les oscurece la vista, y sus virtudes son imperfectas.

Porque no aceptan la disciplina de Dios con paciencia, ni siquiera con la reverencia debida, ni con el amor que Dios les ha dado. No comprenden bien que lo que Dios les envía o permite es para su santificación y, por consiguiente, debe ser aceptado con gratitud. Pero esta desobediencia a la voluntad de Dios resulta del orgullo, que elige servir a Dios a su manera, y no a Su manera. Porque si creyéramos en verdad que todo, excepto el pecado, procede de Dios, y que Él no quiere otra cosa que lo que es para nuestro bien, verdad que saboreamos en la Sangre de Cristo crucificado; si creyéramos esto en verdad, y no nos desviáramos de ello por esta ternura hacia nosotros mismos, seríamos reverentemente obedientes, y aceptaríamos todo lo que Dios nos envía, y juzgaríamos que lo que Él nos envía es enviado con amor, y para nuestro bien. Pero como somos infieles a esta creencia, sufrimos penas y angustias, y nos impacientamos bajo las penas que sufrimos.

La impaciencia es el resultado habitual de la infidelidad a lo que Dios ordena para nosotros. Podemos ver esto en otras personas, y podemos estar disgustados con ello; tales personas pueden estar bastante contentas de que los superiores dirijan las cosas a su manera como una regla, pero están doloridos y preocupados si sus propias maneras privadas son contradichas. ¿De dónde viene todo este dolor? Si no hubiera conflicto entre su naturaleza y su gracia viva, no sufrirían. Pero son débiles, y su enfermedad se debe a que no tienen paciencia en su caridad. En vez de humillarse bajo la poderosa mano de Dios, y recibir, como pueden hacerlo, lo que viene de Él, tendrán sus dolores y fatigas en el tiempo, en el lugar y de la manera que ellos elijan. Si no pueden pagar su deuda de deber como los demás, al menos deberían pagar su deuda de paciencia. Dios no exige nada de nosotros más allá de lo que somos capaces de hacer, pero siempre exige caridad, y siempre exige paciencia para soportar las penas y trabajos que nos envía.20

Oh paciencia, ¡qué agradable eres a los que te tienen! ¡Qué esperanza traes a los que te poseen! Tú eres el soberano del alma. Tú corriges la sensualidad. No dejes que aparezca más que la cólera o la impaciencia, y con la espada de dos filos del odio y del amor se corta la cólera, se corta de raíz el orgullo y se hace desaparecer la impaciencia. Revestido con tu vestidura de autoconocimiento como con la luz del sol, y arrojando agudos rayos de ardiente caridad sobre aquellos que te injurian, amontonas carbones de fuego sobre sus cabezas. En el poder del conocimiento de ti mismo, te engendras con las virtudes como con las estrellas del cielo; y después de la noche del conocimiento de ti mismo viene el día de la gran luz, y el alto fervor del sol, vistiéndote con hermosas vestiduras. Quién, pues, no amará esta hermosa paciencia que todo lo soporta por Cristo crucificado.21

¿Dónde encontraremos esta valerosa virtud de la paciencia? La encontraremos, dice Santa Catalina, donde encontramos la caridad, y la encontraremos de la misma manera. La encontraremos en la Sangre de Cristo Crucificado, donde en medio de los tormentos de la Cruz no se oye otro murmullo que el de la oración y el perdón. Allí encontraremos la paciencia que soporta todas nuestras iniquidades y enfermedades, y que da la gracia de la paciencia a todos los que viven en esa Sangre. La encontraremos en la Sangre que es abrazada y poseída por la Divinidad Eterna, a la que adhiriéndose el alma se llena del fuego santo de la caridad, y de la paciencia por la que esa Sangre fue derramada. Encontraremos esa paciencia en el amor indecible con el que Dios nos ha amado y con el que nos ha soportado.22

    1 Salmo lxi. 6.

    2 Salmo lxii. 28.

    3 Casiano, Collat. 9, c. 2.

    4 Granada, Memoriale vita Christiana, Tract. 5, c. 2.

    5 Isaías lxvi. 2.

    6 Proverbios xi. 20.

    7 Juan xx. 29.

    8 Job xiii. 15.

    9 Corintios xii. 8-10.

    10 Habacuc i. 2.

    11 Id. iii. 18-19.

    12 Eccl. ii. 3-6.

    13 Ecl. vii. 9.

    14 Job i. 18-19.

    15 S. Gregorio Magno, Moralia in Job, L. ii. c. 49.

    16 Id. Ibid. c. 54.

    17 1 Cor. xiii. 1-3.

    18 S. Caterina de Siena, Trat. Della Divina Providenza, c. 3-4.

    19 Eadem, Della Oration; c. 95.

    20 Eadem, Lettere 55 Ed. Gigli.

    21 Edem, Lettre 96.

    22 Carta 218 y 342.

12

SOBRE LA ALEGRÍA DE LA PACIENCIA

"Para que andéis como es digno de Dios, en todo lo que es agradable. . . . Fortalecidos con todo poder, conforme a la potencia de su gloria, en toda paciencia y longanimidad con gozo" -CÓLOSIS i. 10, 11.

No puede haber mejor prueba de un alma sana que la alegría habitual. La alegría cristiana es esa alegría modesta, esperanzada y pacífica que brota de la caridad y está protegida por la paciencia. Está tan lejos de los arrebatos báquicos de la alegría sensual y de los estremecimientos egoístas de la risa que se aplaude a sí misma, como de la melancólica melancolía o de la tristeza que se absorbe a sí misma; de todos estos excesos desordenados la verdadera alegría es el adversario suave pero más decidido. Es el vigor bien regulado de la vida espiritual el que desecha todos los humores mórbidos y las influencias deprimentes, negándoles alojamiento en el alma consagrada a Dios. La alegría da libertad a nuestros pensamientos y un espíritu generoso a nuestras acciones. Hace que nuestros servicios a Dios sean aceptables, y que nuestros servicios al prójimo sean agradecidos. En la Sagrada Escritura se dice que "Dios ama al que da con alegría"[1]. Y, como dice el Eclesiástico: "El que adora a Dios con alegría será aceptable"[2]. Como este espíritu de alegría es un don de Dios, es un don de Dios. Como este espíritu de alegría nace de la caridad y de la paciencia, es la caridad la que expande el alma con afecto agradecido, e infunde dulzura; y la paciencia la que mantiene el alma en paz, y protege el manantial de la alegría de ser turbado o disminuido.

Santo Tomás observa que "aunque la alegría espiritual no es por sí misma una virtud, es el fruto producido por las virtudes, y es principalmente el fruto de la caridad, que fluye del amor de Dios "3. Pero aunque el gran teólogo asigna la causa principal de la alegría espiritual a la caridad, da la parte debida de esa alegría a la paciencia. "Hay que distinguir -dice- entre la virtud y el fruto de la paciencia. Como hábito del alma, la paciencia es una virtud; pero el placer que brota del ejercicio de la paciencia es su fruto, y especialmente en este aspecto, que preserva al alma de la tristeza "4. De ahí que San Pablo sitúe la paciencia entre los frutos del Espíritu Santo.

Esta alegría del alma brota del bien divino que Dios ha puesto en nosotros, que actúa en nosotros, del que somos partícipes y al que están unidos nuestros afectos. De ahí que la pureza de conciencia sea una gran promotora de la alegría, pues cuando la conciencia está limpia los afectos son puros. Pero la causa principal de la alegría está en el ejercicio de las virtudes, sobre todo porque son las servidoras de la alegría de amar a Dios. Sin embargo, incluso la alegría de la caridad es muy imperfecta, y a menudo se ve turbada, a menos que esa caridad sea paciente. Porque es por la virtud más difícil de la paciencia que vencemos dentro de nosotros lo que es adverso a la alegría, suprimimos nuestras pasiones egoístas, y obtenemos libertad para que la caridad se expanda sin problemas, para que pueda ampliar y llenar nuestras almas. Nadie puede tener perfecta alegría sin perfecta caridad, ni perfecta caridad sin perfecta paciencia.

¿Quién ha hecho alguna vez un esfuerzo de voluntad para ser paciente bajo la prueba o la tentación, que no haya encontrado paz y alegría en la conquista? ¿Quién ha sostenido su voluntad con paciente resolución por encima de la corriente subterránea de la tristeza invasora, que no haya encontrado la alegría como recompensa de su acción resuelta? Que los ignorantes hablen como su sensualidad les impulse; nosotros sabemos que los más mortificados y pacientes por amor de Dios son siempre los más alegres y felices. Su espíritu es libre, su sentido interior es atraído por el bien espiritual, no están cargados de mal humor, sus almas se deleitan en Dios.

Si no tuviéramos mayores alegrías que las que el mundo puede dar al cuerpo, o el cuerpo al alma, seríamos pobres criaturas. No seríamos más que animales, oprimidos por las groseras sombras del goce sensual, que como nuestros cuerpos están predestinados a los sufrimientos y a la muerte. "Comamos y bebamos hoy, que mañana moriremos". Esta es la filosofía del sensualista, la más aborrecible para el alma. Si no tuviéramos mayores alegrías que las que puede darnos la sociedad, con sus vanas rivalidades y ficticios sentimentalismos, seguiríamos siendo pobres criaturas. Nuestras mentes y nuestros corazones no tendrían mucho más de qué alimentarse que de las inciertas vanidades de esta vida incierta. Esta es la filosofía del sentimentalista, cuya conversación y literatura están demasiado a menudo impregnadas de sutil veneno. Las grandes alegrías del alma son secretas, conocidas del cielo, desconocidas del mundo. ¿Qué es la ambición sino una lucha por elevarse unos sobre otros, para humillación de nuestros vecinos, confusión del orden y destrucción de la paz y el contento? Esta es la filosofía del orgullo.

Si no tuviéramos más placer que el que los científicos materiales pueden darnos, seríamos criaturas infelices. Profundizando en la materia hasta perder de vista sus almas inmortales, materializan sus almas y desean materializarnos a nosotros. Perdiendo el poder de ascender de la criatura al Creador, por un inmenso abuso de su inteligencia ahogan sus almas en sus sentidos, proyectan una sombra de penumbra y tristeza sobre el mundo, y hacen todo lo posible para convertirlo en una lúgubre morada para las almas inmortales. Dejan a la naturaleza espiritual del hombre sin objeto, sin finalidad, sin desarrollo, sin sentido, sin nada inmortal con que satisfacer sus anhelos inmortales. Pero Dios es infinitamente paciente. La religión es la primera, la más grandiosa, la más ennoblecedora de todas las ciencias, porque nos lleva a la Fuente de la inteligencia y de la sabiduría. Como todas las demás ciencias tratan de las obras de Dios, en su justo lugar son las servidoras de la religión. Sin su luz, que las hizo y las gobierna, ¿cómo podríamos comprender las obras de Dios? Pero con su luz sirven para nuestra alegría, porque hablan de Él y conducen a Él.

El alma cristiana vive en comunión con Dios, y a esa alma se le abre una perspectiva hacia la verdad infinita e inmutable. Dentro de esa alma se abre un sentido que saborea el bien infinito y eterno. ¿Qué abre este ojo en el alma? La luz de la fe que desciende de Dios. ¿Qué despierta este sentido en el alma? La gracia de la caridad del Espíritu Santo de Dios. ¿Puede haber algo tan alentador para el alma como su crecimiento en la verdad, excepto su crecimiento en el bien? Como la verdad y el bien vienen a nuestra alma de Dios, ¿puede algo asegurar su aumento como la oración y la comunión con Dios? Por esta santa conversación crece siempre la esperanza de mayores cosas por venir. A diferencia de nuestra conversación con el mundo, es inagotable en la espera del bien eterno.

Añádase a estos dones divinos la paciencia, y el alma inquieta, llevada al orden y a la tranquilidad, podrá aprovechar estas visitas divinas al máximo de su capacidad. Si la naturaleza se fatiga por su exaltación por encima de sus poderes, la paciencia interviene para sostener el espíritu cansado, y mantenerla tranquila y resignada en la esperanza. A veces podemos quedar en cierta oscuridad, pero sabemos que la luz está cerca de nosotros. Podemos sufrir hambre interior y privaciones por nuestra prueba; pero sabemos que Dios está secretamente con nosotros. Podemos sentir el peso de la prueba como una carga; pero la paciencia hará ligera esa carga, y el amor que la soporta alegrará el alma; porque es el gozo del sacrificio lleno de la esperanza del bien eterno por venir.

Los hijos del mundo, que viven para sí mismos, nada saben de los goces de los hijos de la gracia, que viven para Dios. Inclinados a las cosas inferiores, sus goces no provienen de nada que esté a la altura de su naturaleza espiritual, y ciertamente de nada que sea superior a esa naturaleza; y lo que disfrutan contiene las semillas de la tristeza y la decadencia. No amando sino cosas mortales con un alma inmortal, pervierten el orden de su naturaleza hasta que sus deseos contradicen sus necesidades. Las flores de su alegría se marchitan y mueren, y en su lugar aparecen los frutos de la tristeza.

Se separan así del orden del universo, se separan de la Fuente Eterna de luz, vida y alegría, y se ven reducidos al aislamiento del Dios que da la paz y la felicidad, y de la sociedad de los bienaventurados que son felices en Dios. ¿Cómo pueden comprender esas alegrías del espíritu que brotan hacia la vida eterna? Están alejados de ellas por su estado de aislamiento. Pero el espíritu de caridad lleva la alegría a todas las partes de la vida; sus inocentes placeres y relajaciones tienen la misma base de amor de Dios que sus deberes más graves; de modo que mientras lo que es transitorio en ellos pasa rápidamente, lo que es divino en el motivo dura para siempre.

Las alegrías del espíritu son como el espíritu; no tienen forma visible por la que puedan ser vistas, ni forma sensible por la que puedan ser tocadas; son alegrías del espíritu que fluyen de los dones de Dios y de las virtudes del alma; están guardadas por la paciencia, poseídas en Dios, y dan un dulce y atractivo sentido de Dios. La alegría espiritual sólo puede pertenecer habitualmente al alma superior de aquellos que por paciencia amorosa han hecho la conquista de su naturaleza inferior, para que sus movimientos desordenados no se mezclen con los actos del alma superior para entristecerlos o perturbarlos. Lo que está debajo del alma superior, ya sea el cuerpo, los sentidos, la vida animal o la región inferior del alma que está en contacto con el cuerpo, todo esto puede estar expuesto a dolores, a aflicciones o a cualquier clase de sufrimiento; pero mientras el alma superior esté unida a Dios y responda al gobierno de su gracia con amor paciente, esos sufrimientos de la región inferior se mantienen en su lugar. No se permite que invadan el alma superior, que perturben su paz, que la vuelvan ansiosa, inquieta o distraída, o que disminuyan la alegría de su serenidad y resignación.

Nadie que no tenga experiencia puede hacerse una idea de cuánto de este desprendimiento de nuestra naturaleza superior de la inferior puede ser efectuado por el amor paciente de Dios, o qué poder da esto al espíritu para dominar la imaginación y los sentidos, capacitando al espíritu para elevarse por encima del sufrimiento y la tristeza. Entonces ese amor paciente lleva esos sufrimientos con espíritu alegre a Cristo Jesús en la Cruz, donde, mezclados con Sus sufrimientos, le abren los misterios de la vida eterna, allí vistos con maravillosa claridad, y la gracia y el consuelo fluyen al que sufre desde esa fuente dadora de vida. De ahí que San Pablo nos haya enseñado en muchos lugares que la esperanza brota del sufrimiento con Cristo, y trae alegría y consuelo al alma. "Gozosos en la esperanza, pacientes en la tribulación, constantes en la oración "5. Este hábito interior de tranquilidad, tanto en la prosperidad como en la adversidad, resplandece desde el interior en el semblante del hombre de caridad paciente con una irradiación suave. Una hermosa expresión se asienta como un sello del Espíritu Santo sobre los rasgos de los santos, y ha sido registrada a menudo por quienes los conocieron. San Atanasio, que conoció íntimamente al eremita San Antonio, y supo de su vida austera y de la gran paciencia de sus combates con sus enemigos espirituales, nos dice en su Vida del Santo que "si algún forastero venía a ver a Antonio, aunque no lo conociera personalmente, si lo veía primero de lejos, y entre una multitud de hermanos, reconocía al Santo en el momento en que ponía los ojos en él, y se apresuraba a pasar entre los demás para alcanzarlo. Porque la pureza de su alma brillaba a través de sus rasgos, y la gracia de su mente santa se reflejaba en su cuerpo terrenal; mientras que la alegría de su semblante nunca dejaba de mostrar que estaba ocupado en las cosas divinas".

Ruffinus también nos informa, que siempre que San Antonio tenía que probar la condición espiritual de otras almas, invariablemente aplicaba la prueba de la paciencia. Oyendo que los hermanos ensalzaban a un hombre hasta los cielos por sus maravillosas virtudes, San Antonio envió a buscarlo y puso a prueba su paciencia, y encontrándolo fallar en esa virtud no hizo más que menos caso del resto, y le dijo: "Hermano, eres como una hermosa casa con una puerta principal muy ornamental, mientras que dejas la puerta trasera abierta a los ladrones". Si veía signos de tristeza en alguien, le preguntaba la razón, y le decía: "Nadie debe estar triste en quien está la salvación de Dios y la esperanza del reino de los cielos. Los paganos pueden estar tristes, tienen motivos para estarlo, y también los pecadores impenitentes; pero que los justos se alegren en Dios". Este fue también uno de sus dichos: "Sólo hay un modo de vencer al enemigo, y es manteniendo el espíritu alegre y la mente fija en Dios".

Cuando nuestros corazones están libres de envidia, esa plaga mortal de la caridad que se manifiesta en palabras despreciativas, encontramos alegría en el bien que poseen los demás, y esto nos hace partícipes de su bien. Pero nos deleitamos en el bien que está unido a nosotros mismos. El deleite, por tanto, en su sentido espiritual, es el placer que recibimos del bien obtenido; pero la alegría es el placer que recibimos del bien que percibimos en los demás, o que esperamos recibir nosotros mismos. Pues la comunión de la caridad tiene una amplitud sin límites, en la que nos alegramos o deleitamos con todo el bien que vemos en Dios, y en todo lo que Él nos da a nosotros o a nuestros semejantes, conscientes de que por amor estamos en comunión con todo ese bien. Este gozo nos mueve también a desear que este bien aumente y se difunda cada vez más para honra de Dios y bendición de sus criaturas. Pero los dones espirituales que nos unen a Dios están más en Dios que en nosotros, y Dios es la causa de toda alegría espiritual; por eso San Pablo nos exhorta: "Alegraos siempre en el Señor; repito, alegraos "6.

Pero el deleite es el disfrute del bien en nuestra posesión real, que tranquiliza y satisface nuestro apetito por el bien, y lo hace pacífico, agradable y contento. Ensancha el alma hacia una vida más grande. Recordando que la mansedumbre es fruto de la paciencia, comprenderemos mejor las palabras del Salmista: "Los mansos heredarán la tierra, y se deleitarán en abundancia de paz "7. Y vuelve a decir: "Mi alma se alegrará en el Señor, y se deleitará en su salvación "8. Y muestra la recompensa de este deleite. Y muestra la recompensa de este deleitarse en Dios: "Deléitate en el Señor, y Él te concederá las peticiones de tu corazón "9. Nuestro Padre Celestial ama ver a Sus hijos libres en Su amor, sin temores serviles. Ama verlos confiando en Él y regocijándose en Él. Le gusta verlos vivir conscientes de su bondad. Deleitarse en Dios es honrarlo, alabarlo y glorificarlo. Deleitarse en Dios es la manera eficaz de abrir el alma a sus influencias divinas. Este deleite es una sombra brillante de las cosas buenas por venir.

Pero para tener este sentido tranquilo y alentador, el corazón debe mirar habitualmente a Dios, vivir en el sentido de Dios y conversar a menudo con Él. Digo conversar con Dios, porque el sentido del alma recibe las respuestas a nuestras oraciones. Hay dos estados del alma que desea a Dios que son inconmensurablemente diferentes. Hay un estado en el que el sentido interior del alma está puesto en Dios, con atención humilde, reverente y devota, y en el que el alma vive más en Dios que en sí misma. Y hay un estado en el que el alma vive más en sí misma que en Dios, consciente de Dios pero mucho más consciente de sí misma; en este estado el amor propio desempeña un gran papel. El alma se encuentra en una red de los sentidos terrenales, llena de autoconciencia, ensombrecida por la penumbra o inquieta por la frivolidad. Así aprisionada, el alma se imaginará que no puede elevarse por encima de su naturaleza para buscar la alegre luz de Dios. No, este amor propio en el alma inferior jugará trucos vergonzosos con el alma superior, sugerirá la vergüenza de sus faltas, o la súplica de su indignidad, y así la desalentará de hacer esfuerzos para levantarse de sus enredos. O el ajetreado sentido y conciencia del yo, infectado de frivolidad o imbuido de tristeza, según el tono y temperamento del momento, atenazará el corazón como con ligamentos de miedo o con lazos de dulzura, y hará que la voluntad se resista a romper las cuerdas del amor propio, para que la mente pueda elevarse hacia Dios. Entonces las oraciones son murmuradas distraídamente o murmuradas dolorosamente dentro del alma. No hay una mirada clara por encima de uno mismo, no hay elevación de la mente, no hay salida del corazón hacia Dios, no hay descanso de los afectos en Dios. De ahí la falta de ánimo, la impaciencia y la tendencia a la tristeza.

Pero prestar la voluntad a esos trucos del amor propio que inclinan el alma a temores irrazonables y a la tristeza, es indigno de un hijo de Dios, que debería abrigar una confianza ilimitada en un Padre de tan ilimitada bondad, y debería fomentar esa confianza ilimitada que inspira generosidad. Porque ¿qué ha hecho por nosotros el amor propio que no sea para nuestra vergüenza y desaliento? ¿Y qué ha hecho por nosotros el amor confiado de Dios que no sea para nuestra alegría y satisfacción? La verdadera fe conoce la bondad y misericordia sin límites de Dios, y cuán dispuesto está en todo momento a aceptar nuestra buena voluntad. La verdadera humildad sabe cuán débiles criaturas somos, y cómo nuestro Padre celestial está dispuesto a ayudarnos en nuestras flaquezas, cualesquiera que sean, siempre que recurramos a Él. La verdadera paciencia soporta todos los temores y recelos del amor propio que interfieren con la esperanza, y se adhiere con confianza ilimitada al Divino Auxiliador de nuestras flaquezas. El verdadero amor de Dios, por humilde que sea, nunca se avergüenza de llevar cada debilidad y defecto ante nuestro Padre Celestial; sabiendo con alegría que Él espera esto de nosotros, y que abrir el alma a Él es asegurar el perdón, la luz y la paz. "Espera en Dios con paciencia: únete a Dios y soporta, para que tu vida sea aumentada".

Sólo las almas disciplinadas en la paciencia de la caridad pueden estar verdaderamente alegres en las pruebas graves. Porque esto depende de la magnanimidad con que el espíritu se sostiene sobre la presión y el dolor de su naturaleza inferior, y esto sólo puede hacerse por el amor valiente y paciente del espíritu que mira a Dios, y en virtud de la confianza que inspira ese amor, de que si nos resignamos a la prueba, Dios nos mostrará un camino para salir de ella, y nos librará de ella a su debido tiempo. La alegría implica esperanza, valor, confianza en Dios, oídos sordos a las quejas del amor propio, y una cierta alegría modesta en la conciencia de que en las manos de Dios, "en quien vivimos, nos movemos y existimos", estamos seguros. Pero cuando nos vemos acosados por graves pruebas, se requiere un cierto esfuerzo de paciencia para mantener el espíritu en alto, y para mantener cerrada la puerta por la que la tristeza invadiría el alma. Sin embargo, sorprende a cualquiera que lo intente con qué pequeño esfuerzo de la voluntad puede recobrarse esta alegría, cuando se pierde, y cuántos males y molestias evitará este espíritu alegre.

Nadie debe permitir que su paz sea turbada por lo que no es un reproche de conciencia. Hay un número de personas piadosas que dañan grandemente su libertad, así como su alegría, atribuyendo sentimientos inquietos a su conciencia sin causa, y se hacen miserables por sus propias fantasías. Cavilando sobre sus sensaciones aburridas o desagradables, o sobre las pequeñas cosas que se dicen de ellos, se entregan al arte de atormentarse a sí mismos, y crean tal conjunto de incomodidades para sí mismos, que nada funciona a gusto en ellos, y no pueden regocijarse en Dios ni estar alegres en sí mismos. Sin embargo, estos malestares pueden no ser más que humores en el cuerpo, o pequeñas irritaciones en los nervios que no merecen atención, o depresión causada por el cambio en la atmósfera, o alguna obstrucción u otra en el sistema corporal, o algo de tristeza que se deja engendrar por una molestia sin importancia. Sin embargo, estas buenas personas confundirán estas pequeñas perturbaciones o depresiones de sus sensibilidades con algo malo en la conciencia, no saben qué, que los compromete consigo mismos, los alarma con aprensiones y los llena de inquietud. Pero estas cosas y otras semejantes no tienen relación alguna en su origen con la voluntad o la conciencia, y sólo se convierten en un mal al ser objeto de una gran cantidad de autoconciencia y amor propio, desgastando y malgastando los espíritus en malestar, tristeza y desaliento. No es éste el camino de la paciencia, sino el de la impaciencia; no es éste el camino de la paz, sino el de la tribulación; no es éste el camino del que da con alegría, sino el del egoísta que se desvive por sí mismo. El alma generosa pone su corazón en Dios, no en sí misma; piensa en Dios, y no en sus propias incomodidades mecánicas.

Si alguien tomara esta meditación sobre sí mismo por autoconocimiento, estaría muy equivocado. No hace más que crearse desalientos, buscándolos y conjurándolos. El conocimiento de sí mismo no se halla en nuestras propias tinieblas, sino en la luz de Dios. Hay una inmensa cantidad de egoísmo en esta aburrida y lúgubre auto-introspección, excepto cuando nos examinamos ante Dios, y a su luz.

La paz de la conciencia no debe ser turbada por las debilidades veniales; ellas no causan sorpresa en las almas humildes que tienen una sincera disposición para reformarlas. Tampoco se debe permitir que las faltas veniales de la voluntad perturben su paciencia, y abran así la puerta a la tristeza, causando irritantes inquietudes en lugar de pacíficos lamentos. Porque, como observa San Buenaventura, si conservamos nuestra paciencia, ésta eliminará nuestros pecados de debilidad; y el Concilio de Trento enseña que no hay obligación de confesar estos pecados veniales, porque todo acto bueno los elimina. Se recomienda, pero no se exige. Un buen acto del amor de Dios o por el amor de Dios hará más para quitarlos que la inquietud y el desconsuelo y la vergüenza por el fracaso que tienen menos de contrición que de amor propio en ellos, y por lo tanto son más ofensivos que las meras faltas de sorpresa, debilidad o inadvertencia de las que se ha permitido que surja esta perturbación interior. Cuidado con la vergüenza, la humillación y la turbación que no son ni humildad, ni paciencia, ni contrición. Es bueno tener contrición sincera incluso por las faltas más pequeñas, y someterlas al tribunal de la penitencia; pero no deben dañar nuestra alegría, porque eso es dañar nuestra confianza infantil en Dios. Sin fracasos de los que seamos conscientes, y que nos ayuden a mantenernos humildes, tendríamos pecados más profundos de orgullo de los que seríamos menos conscientes.

Las pruebas de oscuridad y sequedad no deben asumirse como pruebas de la presencia del pecado, sino como exigencias de paciencia y resignación. Si en el examen la conciencia calla, no tienen otro objeto que fortalecernos en las virtudes más sólidas, como la fe, la confianza, la paciencia, la humildad, el desprendimiento y la resignación. La paz de una buena conciencia inspira alegría en todas las pruebas, porque Dios en su bondad nos ha permitido guardar los grandes puntos de su ley. En palabras de San Pablo: "Nos gloriamos en esto, en el testimonio de nuestra conciencia, de que con sencillez de corazón y sinceridad de Dios, y no con sabiduría carnal, sino con la gracia de Dios, hemos conversado en este mundo "10.

Hay otro error de juicio, raramente advertido, pero que no es causa infrecuente de desaliento interior. Un alma que ha tenido un largo y penoso conflicto con la oscuridad interior, la tentación o la prueba, sufrirá fatiga y cansancio, e incluso puede confundir la consiguiente depresión con una herida en la conciencia. La voluntad puede haber sido firme y paciente, pero la fatiga será tanto mayor cuanto mayor sea la tensión. Que esa alma no confunda la depresión de la fatiga ni con tristeza ni con reproche de conciencia. Un poco de recogimiento tranquilo, que eleve el espíritu por encima del sentido agotado, le devolverá la alegría.

Nada contribuye más a la alegría que el hábito de mirar el lado bueno de las cosas. El lado bueno es el que Dios tiene de ellas. Pero incluso en su lado humano, lo que las hace parecer peores de lo que son les es conferido por la envidia, los celos y la malicia de nuestros corazones, imaginando falsamente que lo que deprime a los demás nos enaltece a nosotros mismos. Esta es una de las debilidades humanas más falsas y miserables. El mal que produce es incalculable; porque lo que comienza en los celos del corazón termina en el escándalo de la lengua. El amor propio desmedido nunca está exento de la inclinación a exaltarse a sí mismo a expensas de los demás, y a disfrutar secretamente de su humillación. De ahí viene la disposición a mirar el lado débil en vez del bueno de las personas y de las cosas; y de ahí el hábito de juzgar precipitadamente, haciendo que las cosas parezcan mucho peores de lo que son. Que la paciencia contenga la envidia y reprima la fantasía de nuestra propia superioridad, y veremos muchas más cosas por las que alabar a Dios, que nos harán más alegres y agradecidos. Porque todo bien viene de Dios y es para su honra y alabanza. Dondequiera que encontremos un pueblo católico de un solo corazón y lleno de fe, su constante alabanza a Dios por todo el bien que ven o reciben constituye el elemento más hermoso de su lenguaje. Pero el placer de ver e imaginar lo que hay de malo o imprudente en el prójimo, indica una celosa disposición del alma, que fructifica en la iniquidad y en el mal.

¿Por qué no habríamos de alegrarnos de las cosas buenas de Dios? Podemos alegrarnos de los bienes de los sentidos, ¿por qué no de los bienes del alma? Si el día es puro y sereno disfrutamos de su alegría. ¿Por qué no habríamos de regocijarnos en la serena luz de la verdad que brilla desde el cielo sobre nuestra mente? Si el sol nos calienta con sus rayos benéficos, todo nuestro ser está alegre. ¿Por qué no habríamos de estar alegres bajo la radiación de la divina caridad de Dios? Si miramos hermosas flores o escuchamos música deliciosa, nuestro corazón se expande con placer. ¿Por qué no habría de alegrarse nuestra alma cuando Dios pone en ella hermosas flores de gracia o nos hace sentir las armonías eternas? Encontramos un gozo en la presencia y el saludo alegre de nuestros amigos. ¿Por qué no mirar al cielo, donde tantos rostros puros y amantísimos nos contemplan con divino afecto, y con tiernísimos deseos de alegrarnos y ayudarnos? Nos sentimos honrados y animados por la llegada de hermosos regalos, principalmente porque están embalsamados con el afecto bondadoso de nuestros amigos. ¿Por qué no habríamos de deleitarnos con los hermosos dones de Dios, tantos, tan frecuentes, tan diversos, que traen a nuestra alma el bálsamo celestial de su amor eterno? Teniendo un Padre todopoderoso y amantísimo, en quien vivimos, nos movemos y existimos, gocémonos en Él. Teniendo un Salvador amantísimo, Dios mismo de Dios, que se ha hecho nuestro hermano y nos alimenta con su vida, debemos ciertamente regocijarnos en Él. Teniendo al Espíritu Santo de Dios con nosotros, morando en nosotros con maravillosa condescendencia, haciéndonos sus templos y derramando su amor en nuestros corazones, debemos ciertamente responder a su amor y regocijarnos en su desbordante bondad. "Alegraos en el Señor siempre; otra vez digo, alegraos".

El gozo sensual proviene de una causa mortal, y pronto descubrimos su mortalidad. El gozo espiritual proviene de una causa espiritual y eterna, y nada, salvo el pecado o la tristeza, puede acabar con él en nosotros. Porque el verdadero gozo espiritual brota de la verdad divina en la inteligencia y del amor divino en la voluntad, y es puro, sencillo, inocente, pacífico, satisfactorio para el espíritu y lleno de la promesa de bienes eternos. ¿Por qué habríamos de poner un rostro sombrío ante un huésped tan hermoso y generoso? Ese huésped celestial nunca nos perturbará, nunca trastornará el buen orden de nuestro ser como lo hacen los placeres sensuales; sino que dará al alma en que habite un dulce crecimiento, una tranquila energía y una amorosa alegría proporcionados a la bienvenida que demos a un huésped tan divino. Y, como Santo Tomás verdaderamente observa: "Esta alegría espiritual perfecciona el trabajo de la voluntad dando placer a sus operaciones"11.

Como todos los bienes espirituales que recibimos provienen de la Fuente Eterna de la felicidad, cuando se reciben con gratitud y se usan correctamente deben promover esa alegría que es el principio de toda felicidad. Porque lo que el Libro de la Sabiduría nos dice del maná con que Dios alimentó a los israelitas en el desierto es aplicable a todo don divino. "Alimentaste a tu pueblo con manjar de ángeles, y les diste pan del cielo preparado sin trabajo; que tiene en sí todo lo delicioso y la dulzura de todos los sabores. Porque tu sustento mostraba tu dulzura, y sirviendo a la voluntad de cada uno, se convertía en lo que a cada uno le gustaba".12 Pero el que nosotros probemos o no la variada y abundante dulzura de esos dones celestiales, depende del paciente control que ejerzamos sobre nuestros deseos terrenales y apetitos sensuales, que nos impiden saborear las cosas divinas y eternas. Cuando los israelitas perdieron este control y añoraron las carnes de Egipto, sus almas sintieron náuseas del alimento que Dios les había proporcionado, y cayeron en una tristeza y una murmuración con las que Dios se ofendió grandemente. ¿De qué aprovechan los dones divinos si no les entregamos nuestro corazón y nuestra voluntad? ¿Cómo pueden alegrarnos si preferimos la tristeza que engendra el amor propio sensual?

Luego, como hemos dicho de San Buenaventura, la paciencia de la caridad purifica el alma del pecado, que es el principal obstáculo para la alegría; y aquí daremos toda la enseñanza del Doctor Seráfico sobre este importante tema, y eso casi con sus propias palabras.

En primer lugar, la paciencia purifica el alma de los pecados pasados, y al apartar la voluntad de las tentaciones que nos mueven a pecar, nos preserva de los pecados futuros. La paciencia hace esto al impedir que la voluntad caiga en la tentación.

En segundo lugar, al mantener el alma en justo orden, regularidad y paz, la paciencia nos dispone para recibir mayores gracias y dones divinos, y nos prepara para el ejercicio de virtudes más fuertes.

En tercer lugar, la paciencia prueba y comprueba todas las virtudes. Porque, como dice San Gregorio: "Las pruebas de un hombre prueban lo que hay en él". El oro se purifica de la escoria en el fuego. El grano de hierro se prueba con la lima. El trigo se separa de la paja con el azotador. Lo que es falso o defectuoso en el alma es expulsado por la paciencia.

En cuarto lugar, el alma paciente perfecciona su caridad en alto grado, y obtiene mayor gloria en el Cielo. Por eso se alegra de los sufrimientos que le dan ocasión de ejercitar esta virtud, para poder decir con el Salmista: "Conforme a la multitud de mis dolores en mi corazón, tus consuelos han dado alegría a mi alma"[13].

En quinto lugar, cuando la paciencia actúa por la caridad, el alma es prudente en el gobierno de sí misma, enérgica en el combate por su propia protección, y reina como una soberana pacífica en su propio dominio, del que tiene libre y firme posesión; mientras que por su sereno vigor se convierte en la señora de sus adversarios.

En sexto lugar, la paciencia es un singular retribuidor de la Pasión de Cristo. Le devuelve en especie lo que recibimos de Aquel que llevó nuestros dolores. Esta es la alegría especial de los santos. Todo lo que les llega a semejanza de los sufrimientos de Cristo, eso lo acogen, lo sufren con paciencia y se regocijan en sus sufrimientos. Se regocijan porque tienen la oportunidad de retribuir al Señor, en la medida de sus posibilidades, el inmenso amor con que dio su vida por ellos. No es que Él tenga necesidad de nuestros bienes, que no tenemos nada propio que darle; pero cuando entre en juicio con nosotros, y nos presentemos ante Él con las marcas de Sus sufrimientos sobre nosotros, entonces tendrán gran confusión quienes no hayan tenido voluntad de sufrir por Su causa, y tendrán gran gloria quienes hayan soportado mucho con paciencia por amor a Él. Parecería, pues, que nuestro Señor muestra un amor especial a aquellos a quienes envía muchas cosas para que las soporten; los honra con una parte de Su carga, como honró a Simón de Cirene con una parte de Su cruz.

Varias personas, cada una con su propia carga, recorren el mismo camino en compañía. Si una de ellas se agota por la fatiga, naturalmente buscará a alguien en cuyo afecto pueda confiar para que le ayude por un tiempo con su carga. Confiará en el amor, y no en la ayuda a regañadientes de aquellos a quienes es indiferente. Así nuestro divino Señor, caminando con nosotros todos los días de nuestra vida, busca a aquellos que están dispuestos por su amor a llevar una parte de la carga que Él todavía debe soportar en su cuerpo místico que es la Iglesia. Él distribuye esa Pasión, que como nuestra Cabeza soportó por nosotros, entre sus miembros fieles y compasivos, quienes, siendo del cuerpo del cual Él es la Cabeza, aman sufrir con Él, para que con Él puedan ser glorificados. Porque así como abundan en nosotros los padecimientos de Cristo, así abundará también su gloria. Participando de su muerte, participamos también de su resurrección; y cuanto más padezcamos con Él, tanto más gloriosamente reinaremos con Él.14

Cuando el Salmista Real está en aflicción, y su vida está "consumida por el dolor", exclama a Dios: "¡Oh, cuán grande es la multitud de tu dulzura, Señor, que has escondido para los que te temen! Que has hecho para los que esperan en Ti, a la vista de los hijos de los hombres. Los esconderás en el secreto de Tu rostro de la perturbación de los hombres. Los protegerás en Tu tabernáculo de la contradicción de las lenguas.15

Entre los tesoros de Su bondad Dios ha provisto una dulzura indecible para aquellos que le temen con un temor amoroso, y una protección singular para aquellos que, con paciente esperanza, remiten las pruebas y contradicciones que soportan a su Divino Protector. El salmista tiene ante sí dos estados de alma: el de quien busca a Dios en la soledad y el silencio, y el de quien está expuesto a los combates y vejaciones de la vida activa, y a la contradicción de las lenguas. Las almas que buscan a Dios en el silencio, Él las esconde en su rostro, y les da una intimidad divina con Él. Para esas almas se oculta una gran dulzura, que unas veces se les da y otras se les oculta. Cuando se les comunica esta luminosa dulzura, las colma de delicias; cuando se les oculta, no se pierde, sino que se esconde en el secreto del rostro de Dios para ellas, a fin de que se ejercite su fe, se ponga a prueba su paciencia y aumente su deseo de Dios. La ley de la justicia está en su corazón, pero hay una nube delante de ellos; sin embargo, saben que el Sol de Justicia está en la nube. Entonces el deleite sensible se transforma en una fuerza secreta que los sostiene; y esperan en el atrio exterior. En la raíz del alma hay esperanza, deseo y un temor casto que no teme a Dios. Pero, ¿dónde está la fuente de la alegría? En la fe de que Dios está en la nube, y muy cerca del alma. En la confianza de que la dulzura no se pierde, sino que sólo se oculta en el rostro de Dios para ellos. En la confianza de que su prueba los está purificando para un bien mayor. En el valor que aún se adhiere a Dios con paciencia, y espera Su voluntad con magnanimidad. Mientras tanto está ordenado que el alma pruebe su amor por la constancia de su paciencia, y espere en paz hasta que vuelva el consuelo.

Dos cosas ponen a prueba la paciencia de las almas puestas en combate abierto: la persecución en sus personas o bienes; y los discursos provocadores, ofensivos o calumniosos. Pero cuando en silencio encomiendan su causa a Dios, y pacientemente se abandonan a su cuidado, Él protege sus almas de todo daño, y las esconde en su tabernáculo, o santuario, palabras que significan su unión secreta con Él, en la que les muestra favores especiales y pruebas de ternura.

A los que están en la caridad de Dios dirige San Pablo estas magníficas palabras: "¿No sabéis que vuestros miembros son templo del Espíritu Santo, que está en vosotros, el cual tenéis de Dios, y que no sois vuestros? Porque habéis sido comprados a gran precio".16 Y en otro lugar el Apóstol nos dice: "Los que son guiados por el Espíritu de Dios, ésos son hijos de Dios. Porque no habéis vuelto a recibir el espíritu de esclavitud en el temor, sino que habéis recibido la adopción de hijos, por la cual clamamos: Abba (Padre). Porque el Espíritu da testimonio a nuestro espíritu, de que somos hijos de Dios. Y si hijos, también herederos; herederos a la verdad de Dios, y coherederos con Cristo; y si sufrimos con Él, también seremos glorificados con Él".17

He aquí una lista de las más nobles prerrogativas y privilegios que pertenecen a los amantes de Dios. Son liberados del temor servil, y son libres con esa libertad con la que Dios los hace libres. Tienen la alegría de ser hijos de Dios, una alegría que debería quitar toda tristeza de sus corazones. Son templos vivos del Espíritu Santo de Dios, que les da testimonio de que son hijos de Dios. Son coherederos con Cristo de los bienes de Dios. Pero una condición está ligada a estos privilegios exaltados. "Así, pues, si sufrimos con Él, también seremos glorificados con Él". Esta condición se requiere como prueba y garantía de que amamos a Dios con sincero afecto y gratitud, y de que estamos dispuestos a sufrir con alegría por Él, que nos compró este amor con sus sufrimientos. Y como nuestros sufrimientos presentes nos preparan para la gloria futura, ya deben tener en ellos las semillas de esa gloria en la alegría y el gozo que proviene del amor paciente con el que sufrimos.

¿Por qué han de preguntarse con temor y tristeza los hijos de Dios, que no saben si aman a Dios o no? Tú sabes si prefieres a Dios sobre todas las demás cosas. Sabéis si deseáis a Dios sobre todas las cosas. Sabes si consentirías en morir antes que ofenderle mortalmente. Sabes si, confiando en Su gracia, estás dispuesto a sufrir con Cristo. Son estas disposiciones de la voluntad, y no las emociones de la sensibilidad, las que deciden la cuestión de si amas a Dios o no. ¿Por qué, pues, has de privarte de la alegría de amar a Dios? ¿Por qué has de frenar y refrenar la expansión de ese amor con pensamientos tristes y temores serviles? Los Apóstoles y los Santos nos dan la máxima de que la prueba de la presencia de la caridad está en su paciencia. Cuando estamos dispuestos, y alegremente dispuestos a sufrir y a soportar por amor de Dios, tenemos la prueba plena de la presencia de ese amor en nuestra alma.

¿Por qué han de exhortarnos tan continuamente las Sagradas Escrituras a que nos gocemos en Dios, a que nos deleitemos en Dios y a que nos regocijemos en sufrir por su causa, si hemos de hacer oídos sordos a ellas, como si no fueran la voluntad revelada de Dios a nuestra fe, como si no fueran sus propias invitaciones divinas a que le amemos y le sirvamos alegremente? Alegrarse en Dios es poner en fuga a sus enemigos. El amor alegre y el servicio a Dios dispersan las tinieblas, esparcen la morbosidad a los vientos y no dejan espacio para que el amor propio se entregue a la tristeza. Tampoco es necesario que esta alegría disminuya con el advenimiento de la tribulación, si hay paciencia para sostener el espíritu en su posición correcta. "Podemos alegrarnos siempre", observa San Crisóstomo, "si tan sólo mantenemos nuestras cabezas un poco elevadas por encima del torrente de las cosas humanas."

La alegría es la belleza de la paciencia, el juego de la libertad, la irradiación de la caridad, el resplandor de la salud espiritual. Es una emanación de los dones y de los frutos del Espíritu Santo, y un signo cierto del orden feliz de las virtudes, reforzadas en el amor de Dios por la paciencia pacificadora. Este espíritu alegre, esta alegría de entrega, completa y perfecciona nuestros actos al servicio de Dios y del prójimo. Corona nuestras buenas acciones, y sin él carecen de su mejor ornamento. Cuando nuestros buenos actos van acompañados de desgana o coacción, pierden su libertad, poder e influencia, porque van mezclados de dolor y tristeza.

Se dice en la Ética, que nos da la voz de la naturaleza, que "el hombre generoso, que gasta sus dones con alegría, realiza una acción noble; mientras que el que da de mala gana y con pesar realiza una acción indigna". La Sagrada Escritura proclama que servir a Dios con alegría y gozo hace que nuestro servicio sea aceptable. A los israelitas se les dijo: "Porque no serviste al Señor, tu Dios, con alegría y gozo de corazón, por la abundancia de todas las cosas; servirás a tu enemigo, que el Señor enviará sobre ti, con hambre, sed, desnudez y escasez de todas las cosas "18. Este fue su castigo por no servir a Dios con gratitud, sino de mala gana. El sagrado salmista nos exhorta: "Servid al Señor con alegría "19 . Y lo da como bendición de los esperanzados: "Alégrense todos los que esperan en ti: se alegrarán para siempre, y tú habitarás en ellos "20.

Si el Antiguo Testamento abunda en exhortaciones a servir a Dios con alegría y gozo, el Nuevo Testamento es aún más instantáneo en exhortarnos a estar alegres y agradecidos en los sufrimientos y pruebas. ¿Quién ha sufrido más que San Pablo? Sin embargo, dice a los Corintios: "En todas nuestras tribulaciones abundo en alegría "21. ¿En cuál de sus epístolas no proclama su alegría en medio de sus sufrimientos, profundamente consciente de que le ligaban a la cruz de Cristo y al amor de Dios? San Pedro da una razón sublime de esta alegría en el sufrimiento: "Si participáis de los sufrimientos de Cristo, alegraos, para que también vosotros, cuando se manifieste su gloria, os alegréis con gran gozo "22 . Pero la instrucción más conmovedora es la de nuestro Santísimo Señor después de la Última Cena. Dice a sus discípulos que va a dejarlos; les describe todos los sufrimientos que les sobrevendrán después de su partida. Luego les dice: "La paz os dejo, mi paz os doy; no os la doy como el mundo la da. No se turbe vuestro corazón, ni tenga miedo". Y después de exhortarlos a permanecer en Él, y en Su amor, les dice: "Estas cosas os he hablado para que mi gozo esté en vosotros y vuestro gozo sea colmado "23.

San Agustín explicará cómo la alegría se encuentra con el sufrimiento en el terreno de la paciencia. Exponiendo el texto del salmo: "No se te oculta mi hueso, que hiciste en secreto", se pregunta: "¿Qué es este hueso conocido por Dios, pero oculto al hombre? Es una cierta firmeza y fortaleza interior que no se quiebra fácilmente. Cualesquiera que sean los problemas, las pruebas o las adversidades que nos sobrevengan, Dios ha creado en nosotros una firmeza que no cede ni se quiebra bajo ellas. Esta firmeza es una cierta paciencia que Dios forma en nosotros, y de la que el Salmista dice: '¿No estará mi alma sujeta a Dios? Porque de Él es mi paciencia'. El Apóstol tenía esta firmeza: "Aunque triste, siempre gozoso". Los perseguidores se esforzaban por hacer miserables a los mártires y, juzgándolos por su propia debilidad, los creían miserables. A los ojos de los hombres parecían en una situación miserable; pero en su interior se regocijaban en Dios, a quien no se le ocultaba el hueso que había hecho por ellos".24

El ciego de nacimiento no tiene sentido de los colores. El sordo de nacimiento no conoce el sonido de la voz humana. Los peces que viven en las aguas no conocen el fuego. El cuerpo tiene ojos, pero éstos no pueden ver el alma. El hombre sin la gracia y la virtud de la caridad paciente no puede formarse un verdadero concepto de cómo la paz y la alegría pueden coexistir con un gran dolor y sufrimiento. No se examina sensorialmente, sino espiritualmente; pero en el caso supuesto esta unión de alegría con sufrimiento no está en el alma para ser examinada, ni está allí el poder espiritual por el cual puede ser examinada. Los dones del Espíritu Santo dan la alegría y el poder de sentir la alegría. Donde Dios actúa, y el alma actúa con Dios, la debilidad humana no es el punto a considerar, sino la fuerza divina; y la gracia de la caridad paciente es más fuerte que todo sufrimiento. De ahí que una Santa Felicitas pudiera animar alegremente a sus siete hijos a mirar al cielo, donde los esperaba Jesucristo; a ser fieles en su amor y a sufrir valientemente por sus almas. Con alegría los veía expirar en los tormentos uno tras otro, y luego los seguía en su camino ensangrentado hacia el cielo. Una Santa Inés, tan joven y tierna, contemplaba el fuego cruel y los instrumentos de tortura con semblante alegre, expresaba su gozo ante el espectáculo, y aún más ante la vista de su bárbaro verdugo; y "acudía más alegre a sus sufrimientos que otras doncellas a sus desposorios". Un San Lorenzo podía bromear alegremente con sus verdugos en medio de sus crueles tormentos. Un Sir Thomas More podía usar tranquilamente su gentil ingenio en el momento de poner su cabeza sobre el bloque. Cuando San Tiburcio fue condenado a amargas torturas antes del golpe mortal, dijo al juez: "Para el cristiano cuya conciencia es pura, todos vuestros tormentos no son más que bagatelas". Las Actas de los Santos Mártires y Confesores abundan en testimonios de los consuelos que les llevaron a través de sus sufrimientos. A cambio de su amor paciente, Dios les dio el hueso escondido de la fortaleza y el refrigerio de su Espíritu Santo, y experimentaron la verdad de la promesa eterna: "Clamará a mí, y yo le oiré: Yo estoy con él en la tribulación, lo libraré y lo glorificaré".25

Pero, al fin y al cabo, nuestras mayores pruebas son interiores. Las que vienen de fuera son abiertas, palpables y definibles en sus causas; pero las interiores son a menudo oscuras y misteriosas. Llegan a lo más íntimo de nuestros afectos, y a los inexpertos les causan ansiedad y preocupación, debido a la privación de luz y de alegría sensible. Sin embargo, son la parte más importante de la disciplina del alma. Corrigen la negligencia, castigan la presunción y el orgullo, y muy a menudo son pruebas de fidelidad. Son en todo tiempo grandes instrucciones para el conocimiento de sí mismo, la humildad y la paciencia. Bajo esta clase de pruebas se sienten agudamente las necesidades del alma; nuestra nada ante Dios se nos impresiona vivamente; nuestra dependencia de Dios se golpea profundamente en la conciencia; y el anhelo del corazón por Dios se despierta tanto, que, donde la paciencia está verdaderamente presente, el amor propio, que es el mayor enemigo de la alegría y el gozo espirituales, se purifica en gran medida del alma.

¿Qué diremos a los que están en las primeras experiencias de esta clase de pruebas? Que comprendan primero que tales pruebas no son excepcionales, sino comunes a las almas llamadas a una mayor perfección de vida. Primero viene la estación de la floración, luego la del fruto duro e inmaduro, y después la de la dulzura. Primero disfrutamos de la belleza y el perfume de las flores, pero éstas deben marchitarse antes de que llegue el fruto. El tiempo de la floración es el noviciado del alma. Luego viene el fruto duro, ácido e inmaduro. Es el tiempo de la paciencia y de la esperanza, del fortalecimiento y de la maduración. Pero durante todo este tiempo de paciente resistencia, el fruto duro, seco y ácido se fortalece en sus virtudes, aumenta y madura con el sol hasta la dulzura y la perfección, y entonces disfrutamos con deleite de su belleza madura y de su dulzura nutritiva.

No es razonable esperar el fruto maduro en el tiempo de la floración, o en el tiempo de la maduración. Sin embargo, podemos alegrarnos con su belleza y su promesa, y con la esperanza de un mayor disfrute en el futuro. No hay bien presente de tipo espiritual sin la promesa de un bien mayor, e incluso de un bien eterno. La prueba es la poda del árbol de sus superfluidades perjudiciales, dándole fuerza y vigor para ser fructífero. Sabed que debéis pasar de la flor al fruto verde de la piedad, y que el fruto debe endurecerse antes de madurar. No asustes tu imaginación como si el tuyo fuera un caso excepcional y singular. Tus libros de instrucción te dirán otra cosa. No mires a tu sensibilidad como si en ella consistiera la verdadera piedad, sino mira bien a tu voluntad y a tus deseos. En la estación invernal de tu alma no te preocupes por el sol del verano; eres blando y debes endurecerte. Es la estación de la paciencia, de la resignación, de la espera, del aguante. ¿Por qué no has de pasar alegremente el invierno? Nada lo impide, si con amor paciente alejas la tristeza.

El gran enemigo del alma no es la prueba, sino la tristeza, que es la herida sangrante del amor propio. Adopta muchas formas, y muchos matices de color, todos de las tonalidades más oscuras, y es a menudo sutil e imperceptible en su influencia deprimente. Es fértil en males, ahoga mucho bien, resiste las operaciones de la gracia divina y es el gran adversario de la alegría. Contrae el corazón, oscurece la mente e insinúa los elementos morbosos del amor propio como un veneno virulento en el alma. ¿Debemos llamarlo envenenamiento de la sangre o envenenamiento del alma? Es ambas cosas. Es nocivo para todo el espíritu de la vida, tanto natural como sobrenatural. Sólo hay dos remedios para este maligno mal. El remedio preventivo está en esa paciencia de la voluntad que resiste su entrada en el alma desde el principio, y adhiriéndose a Dios impide que el espíritu descienda a los enredos del amor propio. Pero cuando la tristeza ha surgido, se ha apoderado de la voluntad y ya ha causado mal humor y problemas, el remedio estará en un esfuerzo por romper la viscosa red en la que el espíritu se ha enredado.

Como el efecto de la tristeza es encerrarnos en nosotros mismos, el camino corto de la liberación es romper con uno mismo, y esto mediante algún acto de bondad y atención a los demás. Al principio será un esfuerzo renuente, pero con un poco de esfuerzo para vencer la renuencia, se obtendrá rápidamente la conquista de uno mismo y la libertad; y se descubrirá con sorpresa que no había nada en ese despreciable mal humor sino orgullo. Porque el amor propio se entretenía en la resolución de ser infeliz, y sentirá la humillación de renunciar a la oscura presunción, que no era más que la escoria del yo, nada más que la amarga conciencia de la naturaleza deformada hasta la hosquedad; mientras que el esfuerzo por ser alegre y amable es en realidad la separación de la voluntad del amor propio, al que se aferra como una lapa a una roca, no porque sea la felicidad, sino porque es el yo. Sin embargo, ninguna humillación impuesta por otro podría sentirse más severamente que este desgarramiento de la voluntad del propio yo morboso. Es como renunciar a una fortaleza.

Parece algo demasiado fuerte para conquistarlo, y sin embargo nada puede ser más débil. Todo lo que se requiere para romper el fascinante hechizo es un pequeño esfuerzo de la voluntad, y es asombroso cuán pequeño es el esfuerzo requerido. Unas pocas palabras amables, un acto amable, incluso una mirada amable, aunque renuente al principio, liberará la voluntad, y disolverá los fantasmas sombríos que han mantenido el alma en la esclavitud. Entonces la paciente caridad recobrará su ascendiente, y abrirá primero el verde capullo y luego la brillante flor de la alegría, dando gracia y belleza a las virtudes.

Concluyamos estas instrucciones. El corazón es el centro de nuestra vida corporal, del que cada miembro del cuerpo recibe su renovación. El tiempo tranquilo, regular y musical de sus pulsaciones nos da la mejor seguridad que podemos tener de que nuestro armazón material está en una condición saludable. En virtud de esas pulsaciones firmes y constantes, cada parte del cuerpo recibe nuevos elementos de vida y rechaza lo que es nocivo o destructivo para la vida. Del mismo modo, la voluntad es el centro de nuestra naturaleza espiritual, el manantial y la fuente de su acción. De ahí que las Escrituras pongan el corazón en lugar de la voluntad, que es verdaderamente el principio vital del alma, el principio de la acción, del amor y de la resistencia. Pero hay esta diferencia esencial entre el manantial de nuestra vida material y el manantial de nuestra vida espiritual, que el corazón material actúa por una ley fija que es independiente de la voluntad; pero el corazón espiritual, o fuente de acción es la voluntad, que es libre en su acción, y formada para obrar con la gracia sobrenatural de Dios.

Pero entre los dones divinos de la gracia hay dos principios principales de poder, y cuando la voluntad obra fielmente con ellos, dan al alma aquella perfección de vida que la prepara para su unión final con Dios. El uno es la acción fervorosa y generosa de la caridad, el otro es la acción reguladora y controladora de la paciencia. Este último poder es esencial para la protección y defensa del primero, mientras estemos en este estado mortal de prueba y probación. No la caridad sola, ni la paciencia sola, sino la caridad que es paciente prepara el alma para Dios. Como el doble movimiento del corazón da la acción que renueva la vida, y la acción que expulsa lo que es perjudicial a la vida; el movimiento de la caridad da la vida, y el movimiento de la paciencia repele lo que es perjudicial a la vida. La caridad de la voluntad hace al hombre entero caritativo y santo; la paciencia de la voluntad hace al hombre entero fuerte y pacífico.

La custodia del corazón es la custodia del hombre, y esta custodia del corazón es obra de la paciencia. Cuando la voluntad es paciente, la mente es paciente, el corazón es paciente, la lengua es paciente, la mano es paciente. Cuando la voluntad es paciente la caridad es paciente, y todas las virtudes son pacientes. Pero esto implica el ejercicio de una violencia tranquila sobre nuestra naturaleza inquieta y caprichosa; de la cual nos dice nuestro Señor: "Lo que es débil e inquieto en nuestra naturaleza busca en la paciencia fuerza y consistencia, y debemos reinar sobre nosotros mismos antes de poder entrar en el Reino de nuestro Salvador.

Para los ángeles, los cielos son naturales porque son espíritus puros; pero antes de que los cielos puedan ser naturales para nosotros, debe producirse en nosotros un gran cambio. Sin embargo, como observa San Jerónimo: "El que ha sido creado hombre desea ser ángel, el hombre terreno busca una morada celestial".27 La gracia celestial debe obrar el cambio, y ser entretejida por la voluntad en nuestra naturaleza a través de las virtudes. Pero esto no puede efectuarse sin hacer violencia a los apetitos, a las pasiones y a las irascibilidades de nuestra naturaleza, lo que la paciencia realiza mediante la instrumentalidad de las virtudes, sofocando los desórdenes que resisten a la luz de Dios y a las operaciones de su gracia, y que se oponen al libre fluir de la caridad celestial, que nos prepara para la atmósfera del cielo y para la más deliciosa visión de Dios.

Como última palabra de aliento a los cultivadores de la paciencia, puede ser bueno señalar una vez más cómo el Libro final de las Sagradas Escrituras atribuye toda la victoria de los Santos a su paciencia. "Desde la isla de Patmos, San Juan nos saluda y se llama a sí mismo nuestro hermano y nuestro "compañero en la tribulación, en el reino y en la paciencia de Cristo", y nos da a conocer las visiones que ha visto y las voces que ha oído, proclamando las recompensas de aquellos que se vencen a sí mismos, al mundo y a los espíritus malignos por medio de su paciencia. El amado evangelista contempla en una sublime visión al Hijo de Dios en Su gloria, revestido como el Eterno Obispo y Pastor de Su Iglesia, y registra Sus palabras a las iglesias de la tierra.

"El que tiene oído, oiga lo que el Espíritu dice a las iglesias. Al que venciere, yo le daré a comer del árbol de la vida, que está en el paraíso de mi Dios".29 "Al que venciere, la muerte segunda no le dañará".30 "Al que venciere, yo le daré el maná escondido, y le daré un mostrador blanco, y en el mostrador un nombre nuevo escrito, el cual ninguno conoce sino aquel que lo recibe".31 Este mostrador blanco, o maná escondido, es la Sagrada Eucaristía del cuerpo y sangre glorificados del Señor. El mostrador blanco es una alusión al símbolo de marfil con el nombre del donante, que los hombres de distinción daban a sus amigos como reclamo de su hospitalidad. Y aquí significa un reclamo a la hospitalidad de Cristo en Su Reino Eterno.

"Lo que tenéis, retenedlo hasta que yo venga. Y al que venciere y guardare mis palabras hasta el fin, yo le daré autoridad sobre las naciones". "El que venciere será así vestido de vestiduras blancas, y no borraré su nombre del libro de la vida, y confesaré su nombre delante de mi Padre, y delante de sus ángeles. "32

"Por cuanto has guardado la palabra de mi paciencia, yo también te guardaré de la hora de la tentación, que vendrá sobre el mundo entero para probar a los que moran en la tierra. He aquí yo vengo pronto; retén lo que tienes, para que nadie te quite tu corona. Al que venciere, yo le haré columna en el templo de mi Dios, y nunca más saldrá fuera; y escribiré sobre él el nombre de mi Dios, y el nombre de la ciudad de mi Dios, la nueva Jerusalén, que desciende del cielo de mi Dios, y mi nombre nuevo".33

"Yo te aconsejo que compres de Mí oro afinado al fuego, para que seas rico; y te vistas con vestiduras blancas, para que no aparezca la vergüenza de tu desnudez; y unjas tus ojos con colirio, para que veas. A los que amo, los reprendo y los castigo. Sé, pues, celoso y haz penitencia. He aquí que yo estoy a la puerta y llamo. Si alguno oye mi voz y me abre la puerta, vendré a él, cenaré con él y él conmigo. Al que venciere, le daré que se siente conmigo en mi trono; como yo también he vencido, y me he sentado con mi Padre en su trono".34

"Y me mostró un río de agua de vida, claro como el cristal, que salía del trono de Dios y del Cordero. En medio de su calzada, y a ambos lados del río, estaba el árbol de la vida, que daba doce frutos y daba sus frutos cada mes; y las hojas del árbol eran para la sanidad de las naciones. Y no habrá más maldición, sino que el trono de Dios y del Cordero estará en ella; y sus siervos le servirán. Y verán su rostro, y su nombre estará en sus frentes. Y no habrá más noche; y no necesitarán la luz de la lámpara, ni la luz del sol, porque Dios el Señor los iluminará, y reinarán por los siglos de los siglos. Y me dijo: Estas palabras son muy fieles y verdaderas. "35

1 2 Corintios ix. 7.

2 Eccius. xxxv. 20.

3 Santo Tomás, Contra Gentiles, L. i. c. 90.

4 Id. Sum. 2. 2. q. 136. a. 1-3.

5 Romanos xii. 12.

6 Filipenses iv. 4.

7 Salmo xxxvi. 11.

8 Salmo xxxiv. 9.

9 Salmo xxxvi. 4.

10 2 Corintios 1. 12.

11 Santo Tomás, Contra Gentiles, L. i. c. 19.

12 Sabiduría xvi. 20-21.

13 Salmo xciii. 19.

14 S. Buenaventura, De Profectu Religiosorum, L. ii. c. 36.

15 Salmo xx. 20-21.
16 1 Corintios vi. 19-20.
17 Romanos viii. 14-17.
18 Deuteronomio xxviii. 47-48.
19 Salmo xcix. 2.
20 Salmo v. 12.
21 2 Corintios vii. 4
22 1 Pedro iv. 13.
23 San Juan xv. 11.
24 S. Agustín. en Salmo cxxxviii. 15.
25 Salmo xc. 15.
26 San Mateo xi. 12.
27 S. Hierón. Epist. ad Algiasim.
28 Apocalipsis xiv. 12.
29 Apocalipsis ii. 7.
30 Ibid. ii. 11.
31 Ibid. iii. 17.
32 Ibíd. iii. 5.
33 Ibíd. iii. 10-12.
34 Ibíd. iii. 18-20.
35 Ibid. xxii. 1-6.

www.ingramcontent.com/pod-product-compliance
Lightning Source LLC
Chambersburg PA
CBHW050252010526
44107CB00003B/293